让阅读闪耀个性的光辉

——小学生个性化阅读教学的探索和实践

方秀梅　主编

吉林人民出版社

图书在版编目（CIP）数据

让阅读闪耀个性的光辉：小学生个性化阅读教学的探索和实践／方秀梅主编. —长春：吉林人民出版社，2020.12（2023.11重印）

ISBN 978－7－206－16039－4

Ⅰ. ①让… Ⅱ. ①方… Ⅲ. ①阅读课－教学研究－小学 Ⅳ. ①G623.232

中国版本图书馆 CIP 数据核字（2020）第 244634 号

让阅读闪耀个性的光辉：小学生个性化阅读教学的探索和实践
RANG YUEDU SHANYAO GEXING DE GUANGHUI；XIAOXUESHENG GEXINGHUA YUEDU JIAOXUE DE TANSUO HE SHIJIAN

主　编：方秀梅
责任编辑：田子佳
装帧设计：书鼎文化
吉林人民出版社出版发行（长春市人民大街7548号　邮政编码：1330022）
印　刷：北京一鑫印务有限责任公司
开　本：787 毫米×1092 毫米　1/16
印　张：15.625　　　　　　字　数：300 千字
标准书号：ISBN 978－7－206－16039－4
版　次：2020 年 12 月第 1 版　　印　次：2023 年 11 月第 2 次印刷
定　价：62.00 元

如发现印装质量问题，影响阅读，请与印刷厂联系调换。

编委会

点亮阅读的个性

(代序)

　　人是有个性的。"世界上没有完全相同的两片树叶"。不同的人有不同的个性，正是因为个性的差异，才会使阅读带有了个性的色彩。

　　阅读应该是有个性的。同写作一样，写作要有个性，"写他人所未写，写他人所未能写"，这是写作个性的一种表现。阅读，也是应该有个性的，自己独特的阅读方式、阅读方法，别人没有读过的书，没有读透的书，我们去读，去探寻新的阅读领域，我们说这是阅读个性的表现之一。"一千个人眼里有一千个哈姆雷特"。这是个性阅读的魅力所在。

　　以前，我们一提阅读，人们首先想到的是语文阅读，后来扩展到文科的阅读，近几年来，我们又开始重视理科的阅读，现在，我们提倡全科的阅读了。阅读是有共性的。就是在阅读中增长知识和能力，在阅读中开拓视野，在阅读中使自己的学习的基础知识得到升华和提高。这是阅读的最重要的共性之一。

　　但仅有基础性的阅读是不够的，我们应该追求个性化的阅读。我们提倡的个性化阅读，不是"啃别人嚼过的馍"，而是要读出自己独特的味道，要有自己独特的感受和更深度层次的认知。当然，个性阅读不是单纯的求异阅读，是在求同的基础上追求个性化的创新。个性阅读首先是基础阅读，就是基础性的学习和阅读，个性阅读需要扎实的基本的阅读来巩固，没有这个根基，阅读的个性就是舍本逐末。个性阅读的本质是自主阅读意识的提高，从个性阅读的外延来说，个性阅读的内容更多、更广泛，别人未曾读的你拿来读，别人未曾经涉猎的知识你来涉猎，当然这要符合一定的规则，不是什么东西都可以拿来读，符合当前教育教学的发展需要，要符合我们社会的价值观，符合新时代教育的要求。从内涵上来说，个性阅读要求要有阅读的深度，要有创新，同一篇文章，我们要读出更多的味道，需要我们挖掘出更深层次的内涵，需要我们在对基础知识巩固提高的基础上，有独特的感受，独特的认识，在自主意识的主导下，产生自己的思想，将其融合为我们创新思维体系的一部分。这是个性阅读的目标所在。

没有尝试就没有创新。个性化阅读的尝试正是个性化教学的一部分，个性阅读与个性化的教学一样，使教学更有生命力。近些年来，我们在个性阅读方面进行的这些有益的探索和实践，使我们对阅读教学有了更多的选择和认知。

阅读使我们求知的天空更加广阔，阅读的个性会点亮更多的智慧之星，使我们学习和成长的星空更加灿烂。

寿光市实验中学校长　高文春
2020 年 9 月

目 录

第一部分

个性化阅读教学

教师篇

第一节
开展个性化阅读教学的构想

方秀梅

阅读教学是一个老课题,也是常规性的教育教学活动。如何让它在新时代绽放异彩,让它最大限度地促进我们的教育教学改革是我们一项新的课题。个性化阅读给我们提供了一个很好的思路。

一、问题的提出

正如著名教育家乌申斯基所说:"只有个性才能作用于个性的形成和发展。"我们设想:通过个性化阅读这个切入点,使每位教师在自己的专业领域有所创新和发展,都可以在适合自己的专业领域靠自己的特长成为名师,让每一个学生发展自己的个性特长,形成个性品质,从而对知识学习和全面的发展产生良好的促进作用。正是基于这种认识,我们开始了个性化阅读的尝试探索。个性化阅读在于以阅读为切入点,在巩固和发展基础知识和基础性教学的基础上,培养师生的阅读个性,唤醒师生的创新意识,使师生开拓阅读视野,创新性地开展教育和学习活动,实现自我教育、自主发展和自我创新。

二、设想

1.结合学校实际情况,特别是师生的现状,开展全科阅读教学。

2.探索教师、学生、家长、年级、学科自己的个性化阅读模式,鼓励他们有自己的个性阅读。

3.以年级和学科教研组为中心,加强集体研究和集体备课。

4.注重以点带面,先推出部分学科、部分业务尖子的个性化阅读精品课,提供

样板,共同探讨,百花齐放,百家争鸣。

5.每个年级、每个学科总结出自己的个性特色并加以推广,然后每个教师、学生、家长都总结和发展出自己的阅读个性。

6.走出去,请进来,多与同行交流学习。碰撞出智慧,只有思想与思想碰撞才会产生新的思想,只有多交流才能使自己不断提高。

三、实施原则

1.轻负高效原则。个性化阅读的目的是优化阅读教学,提高阅读质量,促进教学水平的提高。因此,应该在阅读内容的精选,阅读教学的深化和创新环节上下功夫,不过多地占用师生的课余时间,不增加师生的课业负担。

2.以点带面原则。先推出精品课和阅读个性化的优秀师生、优秀家长,以点带面,逐步推进。个性化阅读的认识需要有一个过程,它如何搞,怎样搞,有待于进一步探索。可以先从业务尖子入手,取得经验然后再从面上铺开。

3.科学评价原则。个性化包括师生、家长、班级和学科各个层面,只要有特色有创新成分,都要积极评价。

4.主动发展原则。杜绝强迫性,注重自主意识的培养,好多活动都是倡议性的,让师生家长自愿、自发、自主参加。在这一过程中,注重推出经验和典型,并创造良好的舆论氛围,引导师生自发、自愿参加。

5.成熟精进原则。各学科组、各年级的个性化阅读教学本着成熟一个、展示一个、推广一个的原则,加强培养一个、成熟一个的原则,不贪多求全。

6.兼容并包原则。每个师生家长都有自己的个性,他们在阅读活动中,可以充分发展自己的个性,展示自己的个人魅力,不强求统一化、格式化,鼓励与众不两同,鼓励在传统阅读教学中的传承创新与个性发展。

四、方式方法

1.美文美读,激发学生的阅读兴趣。在阅读教学中,选取经典文章,让学生精读。

2.处理好模仿与创新的关系。好的文章提供给学生,是为了让学生受到启发,而不是为了模仿和照搬。要让学生明白,学习经典,是为了学其精髓,而不是为了套公式。

3.多元阅读。鼓励师生和家长阅读的多元化,教师在指导学生阅读时,注意提

供多元化的阅读材料,同一个主题,提供正面、反面、侧面,古今中外不同角度、不同时期的文章。不仅语文和英语学科开展阅读活动,其他文科和理科学科,都可以搞,并且要出特色。

4.立体式阅读。不要为阅读而阅读,阅读中要有指导,让学生有积累、有感悟、有体验、有交流。把多个个性化阅读的体验进行交流,有助于去伪存真,相互碰撞,共同提高。一个主题的立体式阅读,有助于师生全面地了解这一主题反映的人、事、理,避免片面了解,有助于向探究问题的深度和广度发展,极大地提高师生的发散思维能力。

5.创新形式。个性化阅读决不是单纯地搞阅读,要搞好阅读活动的延伸,表演课本剧、演讲、辩论等都是阅读活动的深化和延伸。

6.亲子共读。学生的在校学习时间是有限的。学生很多的课余时间还是在家中度过的,那么课余时间学生选择做什么,与家长有直接关系。因此,提倡和鼓励亲子共读,让家长为学生提供有质量的阅读空间,创造读书的氛围。家长要多读书,给孩子做出榜样。必要时家长和学生共同阅读,相互交流。

五、评价措施

1.成立个性化阅读教学评价委员会,由分管副校长、学科组长、优秀教师组成,定期评价、验收。

2.学校出台有关个性化阅读表彰奖励政策,鼓励先进,促进活动的深入开展。对个性阅读的先进个人、优秀论文作者进行表彰奖励,并在个人绩效和评优晋级中进行加分体现。

3.成立课题组,对个性化阅读教学进行专题研究。对个性化阅读的效果进行跟踪和分析,定期总结,树立典型,形成模式,推广交流。

4.适当时机将个性化阅读的经验和材料结集出版。

第二节

个性化阅读教学课堂模式的构建

书卷多情似故人

——我与群文阅读课

王方方

我爱读书,且乱且杂,且读且思。

"我闭南楼看道书,幽帘清寂在仙居"的缥缈悠然;"读书之乐乐如何,绿满窗前草不除"的自得其乐;"问渠那得清如许,为有源头活水来"的百转千回,无一不是对书逍遥怡然的诠释。

正因我爱书,所以希望我的学生们也能在反复诵读中,体会阅读的乐趣,获得满心芬芳。因此,除了早读经典,晚读名著,我最喜欢和孩子们一起上群文阅读课。

群文阅读,就是围绕一个主题,把几篇文章整合在一起,孩子自主阅读,并能主动在阅读中发表自己的观点,从而提升学生的阅读能力和表达能力。这种课堂模式极大地提高了学生的阅读数量和速度,更对每个单元的语文素养进行了强化练习。更是为"新课标"中提出的"培养学生广泛的阅读兴趣,扩大阅读面,增加阅读量,提倡少做题,多读书,好读书,读好书、整本的书"奠定了坚实的基础。

首先,确定本节群文阅读的篇目。既然是想象,那么选择为文章应以想象为主,三到五篇为宜。

其次,根据单元主题确定目标,让学生们走进想象的世界,感受想象的神奇。在阅读中学会大胆表达自己的想法,学会如何让想象更有趣,并积累好词好句,提高自己的阅读量为主。

然后,是教学过程。可以以单元回顾导入课题,鼓励学生打破习惯思维,发挥自己的想象力,大胆想象。进而实现美好的愿望,拥有神奇的经历。

在教学过程中,鼓励孩子自主阅读,老师对学生有效率的阅读做好指导。比如朗读的方式是大声还是默读;朗读过程中需要解决的问题都要有明显的提示,比如语句标画,用自己的方法解决难懂词语的意思,读批注、写想法等。

阅读结束后,孩子们分组合作,分别就老师提出的问题发表自己的想法,集思广益,小组内整理出最优秀的观点进入到班级展示环节。班级展示汇报时,方式可以多样,做到仪态大方,声音清晰洪亮,语言简洁有条理。展示后经行组间相互评价,在激烈的交流与讨论评价中,获得更有价值的信息,丰富自己的观点,达到深化单元主题的目的。

最后,每节课都要做好教学反思。首先反思自己,思考教学过程和自己的教学行为、教学方法、教学手段是否合理,以及有没有达到预期的教学效果,从而在下一节课中有所改进。然后反思学生,反思学生在解决问题中存在的差异,师生互动的参与度,学生采用反馈方法是否合理有效。

在交流与展示中,群文阅读课越来越受到孩子们的欢迎。他们在课堂中充分地展示自己,获得了极大的自信心,越有信心越爱读书。如此循环,必将得益!

生活因书香而精彩

桑惠芹

知识的获得跟广泛的阅读积累是密不可分的。要提高小学生的阅读能力,光靠课内学习是不够的,还必须有课外阅读作为补充。因此,近几年来,我校十分重视小学生的课外阅读,培养他们良好的课外阅读习惯,广泛开设了"玉兰课程""玉兰杯戏剧节"等,以此来调动学生个性化阅读的积极性,在班级里我也采用了一些

方法来激发学生的阅读兴趣,提高学生的个性化阅读能力。

一、课前微课,促成阅读

兴趣是最好的老师。因此,要激发学生课外阅读的兴趣,让他们愉悦地进行课外阅,必须有一个好的读书氛围。为此,为了达到"人人参与,人人发言"的目的,我利用课前微课程来锻炼孩子,刚开始只有两三个同学愿意分享,慢慢地分享的同学越来越多,内容也越来越丰富,从刚开始的背一首学过的古诗到讲一个有趣的故事再到复述整本书的内容,一段时间下来,孩子们的表达能力有了很大的提高,尤其是那些不爱说话、不善表达的孩子。

二、故事导入,激发兴趣

故事人人都爱听,一听到老师说要讲故事,学生的喜悦之情溢于言表,迫不及待地想一听为快。为了激发孩子们的阅读兴趣,从一年级开始,每周我会抽出一两节课的时间跟孩子们共读一本书,在每次阅读课开始前,我都会通过一个有趣的故事把孩子们提前带入到有趣而又奇妙的世界,正当孩子们听得津津有味时,我戛然而止,然后不紧不慢地告诉孩子:故事情节交错复杂,心中是不是产生了很多疑问呢,想要知道后面发生了哪些奇妙的故事呢? 就从这本书中寻找答案吧。课余时间,孩子们会经常凑在一起学着我的样子互相讲故事,我也经常讲述自己阅读后的收获和体会,激起孩子们情感上的共鸣,使之产生强烈的阅读欲望,这样他们就会在课余时间主动地进行广泛阅读。

三、读书漂流,书香相伴

读书,说实话是一项成本比较高的投资,家长和孩子们想要"少花钱,多读书,读好书",可以说并不现实,但是,我们级部的奇思妙想恰巧能满足家长和孩子们的要求,从一年级开始我们就实行了"读书漂流"活动,一个级部六个班,每个班分别买一本书,一个月一轮,这样一个学期下来,孩子们就可以花一本书的钱读六本书,这样一举好几得的事,大家何乐而不为呢?

四、班级图书角,共享你我他

每学期一开学,我都会让孩子们选择自己最喜欢、最想跟同学分享的三至五本书带到学校,不但可以充实我们的班级图书角,而且可以将好书分享给更多的人。

一到下课时间,图书角那里就围满了人,一人独享、两人一组、四五成群拿着一本书津津有味地读了起来,就连中午去小餐桌的路上很多孩子都抱着书,有的还抱

着三四本。记得一次，我抓住一个抱着五本书的孩子，问他为什么抱这么多书，很沉重不说，而且一中午根本看不完。学生的回答也足以显示他是个爱读书的孩子，他说："一中午是看不完，可是我可以先大体看一下哪本书好看，之后我就先看哪一本，这样不是更节约时间吗？"

"黑发不知勤学早，白首方悔读书迟"。这是颜真卿对于读书的理解，其实，课外阅读的习惯不是一朝一夕就能养成的，为了让孩子们坚持阅读，培养阅读习惯，提高阅读质量，我们每学期会进行多次定期和不定期的阅读检查、评比，比如读书报告会、经验交流会、制作思维导图、书香伴成长等，并对课外阅读取得一定成效的学生及时鼓励，让他们体验到成功的喜悦，进而激发其他同学的阅读激情。

追寻爱的足迹，品悦世间平凡爱
——《爱的教育》阅读汇报课

刘　霞

有人说，爱是一抹温暖的阳光；有人说，爱是一把雨中的小伞；有人说，爱是一句风雨中的问候；还有人说，爱是一个关怀的眼神；也有人说，爱是一把打开心扉的钥匙……在你的心中，爱到底是什么？是什么让你懂得了爱？这段时间，我很开心经常看到同学们手捧一本《爱的教育》，今天这节阅读课我们一起走进《爱的教育》，去追寻爱的足迹。

一、导入环节

采用谈话导入的形式，以一句爱的语录导入谈话的主题，激发孩子共鸣：在你的心中，爱到底是什么？是什么让你懂得了爱？抓住这个契机，切入主题！和孩子一起走进《爱的教育》，去追寻爱的足迹！

二、寻爱交流

开始"追寻爱的足迹"，分为了六个环节，分别是寻找爱的词语；品读爱的语言；走近爱的人物；品味爱的故事；吐真言，谈收获；寻找身边爱的故事！这六个环节衔接自然，层层深入，紧紧围绕"爱"这个主题，让孩子们感受到爱的真谛。

(一)寻找爱的词语

读书重在积累。学生们在读书的过程中,积累体现爱的词语记录在积累卡上,课上先小组内交流,然后在班内汇报展示。在小组内交流的同时,老师巡视指导,发现个别孩子不会找体现爱的词语,我随机进行指导,在班级汇报展示后,在大屏幕展示我找到的能够体现爱的词语和孩子们进行分享,并让他们积累背。他们很轻松地就记住了这些词语,再次体现了读书重在积累的理念。

(二)品读爱的语言

让学生们找出书中最让他们感动的句子,读一读,并说说他们的感受。先在小组内交流,然后小组在班内汇报展示,在班内汇报展示的过程中,我引导学生结合具体的语境,抓住描写人物的动作、神态、语言、心理等关键词语指导朗读,体会爱是什么。随后,在大屏幕上出示我找到的感人语句和学生一起阅读,分享其中的感受。其中有一句出自《卡隆的母亲》:老师立即跑过去,把卡隆拉到自己的怀里,说道:"哭出来吧!孩子!不过,你要坚强!虽然你的母亲再也不能来看你了,但是,你要相信,她永远和你在一起!……你要坚强些啊!"是卡隆母亲去世后,老师对卡隆的安慰。我结合故事前后的语境,提醒学生作者此处用了感叹号,以引导读者注意感情的体会。朗读时,要把这种强烈而复杂的情感表达出来,我进行了朗读示范,并让几个学生进行朗读,他们的朗读和表达各有特色,由于大家都很投入,并且极具感染力,我发现有些女同学的眼角闪着泪光!通过这种有感情的朗读,学生感悟到了爱的真正含义。

(三)走近爱的人物

在之前的阅读推进课中,孩子们对人物已经有了初步的了解和感知,因此,我尝试放手,让学生谈故事中最令他们感动的人物。学生的表现着实令人惊叹!他们借助思维导图和手抄报对自己喜欢的人物有了更深的挖掘。例如,当他们谈到卡隆时,通过故事中具体的事例,把卡隆的路见不平、拔刀相助,见义勇为,对人友善,帮助弱小的品质表达得淋漓尽致。我抓住此契机,对孩子们进行人物专题的写作指导,通过具体的事例,表现人物的优秀品质。

(四)品味爱的故事

《爱的教育》这本书之所以感人,源自一个个看似平凡却又伟大的故事,我请同学和大家复述最令人感动的故事。为什么让学生复述故事呢?在三年级上册第八

单元中,要求学生复述故事。因此这里我采用了复述故事,想对复述故事的方法进行渗透指导。学生对于复述故事,只能复述其中的大概,我适时引导,引导他们抓住故事的关键情节,这是复述故事常用的方法之一;还有的学生借助绘制的思维导图,理清人物关系来复述故事;有的学生竟然想到了我们在二年级下册学习编写童话故事的方法,根据故事的起因、经过、结果列提纲来复述故事。当我问还有什么方法可以展示你的动人的故事时,有几个学生跃跃欲试想来演一演,几个同学悄悄告诉我他们在教室排练过。看到学生们意犹未尽,我建议他们课下用自己喜欢的方式来讲一讲或演一演。

(五)吐真言,谈感受

看到孩子们此时深深地陷在爱的故事的包围中,我趁热打铁,进入第五环节——吐真言、谈感受,让孩子们谈一谈《爱的教育》这本书带给他们怎样的感受,他们又有怎样的收获。孩子们积极发言,结合生活实际,表达了自己的真实感受。

(六)寻找身边爱的故事

结合3月是我们学校的"学雷锋月",借着这次"寻爱"活动,寻找我们的身边像书中一样的充满爱的人物和故事,进行习作。最后,我把《爱的教育》中的"爱"梳理成一首小诗,让学生配乐朗读,再次体会爱是什么,感悟爱的真谛,真心希望我们的学生都成为一个心中有爱的人。

浅谈阅读能力在小学数学教学中的培养

范媛媛

《给老师的建议》真的是一本好书,令人百看不厌。没事儿闲来翻翻,会有意外的收获;有事儿带着问题看看,找找想要的答案。当读到"不要让能力和知识关系失调"这一节时,我深有感触。许多学生之所以不能掌握知识,是因为他们还没有学会流畅的、有理解的阅读,还没有学会在阅读的同时进行思考。所谓流利的、有理解的阅读就是一下子能用眼睛和思想把握住句子的一部分,或者整个较短的句子,然后是眼光离开书本,念出所记住的东西,并且同时进行思考,不仅思考眼前所

读的东西,而且思考与所读材料有联系的某些画面,形象、表象、事实和现象。不动脑筋没有思考的阅读,只能使儿童的头脑变得迟钝。

在我们的小学数学教学中也经常出现这样的问题。有的学生是因为不会阅读造成了数学学习困难,有的没有读懂题意而造成了没有解答问题。老师或者家长帮助他读一下题,或者他自己多读几遍题就可以解决了。那么在数学学习中如何培养学生的阅读能力呢?

一、方法指导是关键

数学语言简练、叙述严谨,对学生来说比较枯燥,不易理解,这就需要我们给予适当的方法指导。可以通过创设情境、设疑问难、组织活动等方式让学生亲临其境去感悟。比如学生读问题时,我要求大家放慢速度,把重点知识、关键词语、有关数学术语等,用圆点、勾画、批注、标记等形式画出来,小组内解答。数学逻辑严谨性及数学"言必有据"的特点,要求对每个句子、每个词语、每个图表都应细致地阅读分析,领会其内容、含义。

二、培养兴趣是条件

兴趣是最好的老师。学生如果对阅读没有兴趣,阅读的效果可想而知。对于小学生来说,结合他们的心理特征,我们可以见缝插针地利用一切条件来培养学生的阅读兴趣。譬如,在课前开设"五分钟讲故事",分享读书心得,请同学读一篇自己喜欢的课外阅读文章,或者交流自己最喜欢的数学故事、数学家的名言等。这不仅使得数学学习由枯燥变得生动有趣,而且,有些故事本身还包含数学家解题的独特思路,一些独特的思路,使得他们解决了前人和同时代的其他人所没有解决的问题,相信这对学生是有所启发的。另外,我会让学生把数学阅读上的阅读所得写成数学日记或手抄报,进行成果展示,让学生在交流展示中品尝到成果的喜悦。同时,我也会让他们以思维导图的形式做成读书笔记进行交流评比。通过这些评比活动,充分调动学生的竞争意识和读书兴趣。有对比才有借鉴,读别人的日记,看别人的数学报,既是对优秀者的勉励和提高,也是对落后者的一种鞭策和激励。

三、课内阅读打基础

对于教材上的概念、定理、性质、公式、图形、符号以及信息窗等,课堂上要求学生"三读一画一议":内容读三遍,一二遍初读感知并记忆内容,第三次阅读的过程中画出关键词,然后与同桌交流阅读的内容以及关键词的意义和解答方法。教学

过程中不同的题目有不同的阅读方法,如对信息窗情境图的阅读,我要求学生按一定的顺序阅读,读出情景图中的信息,圈画关键信息,并找出与新课有关的信息提出问题。而对于解决问题,要求学生把题目完整读三遍,搜集有用的数学信息,找出关键词,寻求解题思路。学生带着自己的所得,带着自己的疑问,与老师和同学交流自己的观点,互换解题思路,反馈阅读信息,最后老师结合学生们的反馈情况进行总结。

四、课外阅读作拓展

当前,有关数学方面的书籍多数是习题集或是同步练习册,可供学生阅读的数学读物少之又少。经过查找资料、严格甄选,我们为学生列出了"小学数学阅读书目",按照低中高年级筛选出最适合孩子阅读的数学读物,包含数学游戏、数学绘本、数学故事、数学童话等。把这些读物和学生的数学学习进行合理的编排,使其进入数学课堂,让学生在听故事、读故事的同时感受数学就在身边。

总之,小学阶段的数学阅读涵盖数学教学中的方方面面,对于培养学生学数学、用数学的能力起着举足轻重的作用,借用"新课标"的话来说就是"不仅有利于学生理解所学知识的内涵,还能够更好地揭示相关数学知识之间的内在联系,有利于学生从整体上理解数学,构建认知结构"。

让阅读充盈你的金色童年

姜　娜

小学生阅读主要是从识字、词到句、到段、到篇,但由于孩子年龄小,欠缺生活经验,更不具有足够的知识储备,所以,他们的阅读需要精心、具体的培养和指导。下面我从三方面阐述我的阅读课堂模式。

一、阅读的步骤

初读——通读全文,了解全文大意,利用工具书,结合上、下文自学字词,这样让学生从整体上初步把握文章的内容,同时也对文章的语言、结构、写作目的有一个大致了解,为进一步深入理解课文打下基础。

精读——按自然段边读边想。弄清句与句之间、段与段之间的关系,进而掌握文章的中心思想。做到读懂内容,理清思路,通晓全文。在阅读中发现问题,提出疑难,深入思考,解惑释疑。同时对课文的重点段落和美词佳句仔细揣摩,体味文章的思想感情,分析文章的表现形式和写作技巧,汲取文章的精华,进一步对全文加深理解。

熟读——学生在理解文章的基础上要多读,达到熟能成诵,消化后,使课文的语言变成自己的语言。尤其对那些词句优美、文质兼优的课文或段落,应熟读成诵,以便在自己的写作中也恰如其分地套用仿写。

悟读——学生的阅读往往只是停留在字面或文章的表面感受上,并不能做到"真知"读。学生要理解体会出这些思想内容,只凭故事内容是不会捕捉到的,必须要通过语言文字,进行深入思考,从中悟出作者的真正意图。

二、读书方法

浏览性的泛读——对大部分浅显易懂的书或阅读价值不高的书籍报刊,可采取浏览法,即通过"随便翻翻"以大致了解其主要内容,或通过看标题、目录、内容提要、前言等,在有限时间内获取更多有价值的信息。

探求性的速读——有时读书是为了达到某个特定的目的或完成某项任务,如寻求某个问题的答案,专门搜集某方面的知识等,这就要求"一目十行"。快速阅读的奥秘在于让大脑跑在眼球前面,掌握快速阅读的孩子每分钟能读 200 多个字,未受训练的每分钟只能读八九十字。

品味性的精读——对名篇名著和其他文质兼美的优秀作品,需要静心细读,体会立意构思,揣摩布局谋篇,欣赏妙词佳句。像人吃东西那样,经过细嚼慢咽,才能把书中的精华变为自己的知识营养。有的好文章要反复地读几遍,甚至熟读成诵。

三、开展创意读书游戏

"我就是主角"——读完了一本书之后,问问孩子,喜欢不喜欢故事的主角?如果孩子说喜欢,那么这次就把故事主角的名字变成学生自己的名字。还可以把学生的玩具、朋友等等的名字都加到故事里面。于是,一部以学生为主角的故事大戏就上演了。在读完之后,一定要问问学生,感觉如何?喜欢这样读吗?

"给故事画一张故事发生的时间表"——就像我们学历史,会画一条历史发展的时间线一样。一本故事书读完了,也可以和学生一起来画一张故事发生、发展、

结束的时间线。因为故事是以画为主,配合一些口语表达,学生会很投入、很喜欢的。学生画得不好没关系,只要将前后顺序搞清楚就达到这个活动的目的了。长期坚持下去,孩子的逻辑思维能力和归纳能力也会得到很好的开发。

"我是小记者"——和学生一起读完了一本书,老师和学生可以轮流扮演故事主角和记者,让记者来采访故事主角。如果孩子是记者,就需要想出5个和故事主角相关的问题来提问。如果老师是记者,正好将故事中的一些情节,如何发生、发展的,作为采访的问题,来问孩子。这样一来一去地问答,故事就以另外一种形式,过了一遍,充分调动了学生的大脑,又让孩子进行了一次主动的思考。

"故事的前传和后传"——读了某本故事之后想想,在这个故事发生之前,会发生过什么故事呢?同样的,读过之后,也可以想想,这个故事之后,又会发生什么呢?

小学生阅读,是人生阅读学习的起始阶段,是"一张白纸画最新最美画图"的良机,如果能让学生爱上阅读,定会受益匪浅!

浅谈小学语文"幸福共读"课堂模式的构建

齐　萌

阅读教学能够提高学生的核心素养,增强学生阅读幸福感,不仅能够有效激发学生的阅读兴趣,还能够让学生更好地参与到课堂中来,让学生各抒己见,表达自己的观点,逐渐达到增强语文学习兴趣的目的。

"幸福共读"的目的在于让学生和老师在阅读的过程中,让学生产生一种阅读的快乐。课堂是开放式的,学生们能够自由地抒发自己见解,畅所欲言。在读完《智慧引领幸福》这本书后,我和学生们一起思考:幸福是什么?幸福不是在于拥有金钱,而在于获得成就时的喜悦,以及在生活中产生各种创造力的激情。手里捧着刚到手的书的时候是幸福的,书里的思想可以为迷茫中的我们指明方向。

曾经读过余秋雨先生的《文化苦旅》这本书,总感觉在人的一生中,有幸可以和一位儒雅、潇洒的智者分享他对人生的感悟心得,这会是一件非常幸福的事情。学生们有机会通过作者睿智的语言思维,去更深层次地了解自己的内心,理解自己和

周围世界的关系,就像沙漠里苦苦跋涉的旅人终于发现一片绿洲,发现一眼泉水的心情,今生有幸,没有错过。每每想起这些,仿佛又回到了当时,咀嚼当时的心情。师生共读,共同发表自己的见解,就会产生思想碰撞,取长补短。

因此,有效的阅读策略,对于激发学生们的阅读兴趣,就显得格外重要。在教学工作中,我会从课本读物中节选部分来引导学生的阅读兴趣。例如在学习课文《少年中国说》这篇文章的时候,我会给学生介绍许多有关于作者和时代背景的情况。课文是节选的一部分,我会及时地引导学生去深入了解这篇课文的全文,并引导学生去读作者的其他作品。只有这样,才能让学生能够深入作者的灵魂深处,不至于与所读文章脱节。所以,抓住每节课的教育契机,及时推荐更多的课外阅读篇目,从而引导学生乐于阅读,做到教师与学生一起读,一起分享书中的见解。

阅读可以让学生更加理性地认识社会。在现在这个飞速发展的社会中,我们每天都在忙碌中奔波,没有时间去反思自己。因此,孩子们在阅读了更多的著作之后,会更加理性地认识社会,获得精神的洗礼。

有人说,幸福就是你已经失去的,每当想起就会有一种深深留恋感的过去,就是你满怀希望对未来的憧憬,也是你现在普普通通、平平凡凡没有一点波澜的生活。的确,阅读的幸福感正是如此,我们要珍惜现在拥有的,不要失去以后再想珍惜,为时已晚。所以,珍惜现在,就是在享受幸福。

当然,我们也可以认为幸福在于我们可以做自己喜欢的事情,从事自己喜欢的工作。每次想到这里,我总觉得我是幸福的。每当我走到教室,看到那些天真烂漫的面庞的时候,我觉得我的教学工作是幸福的;每当我看到学生因为一件小事欢呼雀跃的时候,我感到自己是幸福的,特别是在看到学生的笑容时,尤为感动。和学生在一起的时间,是最单纯、最无瑕的。

让广泛阅读成为一种习惯,成为一种幸福感。读书让我们获得了灵魂的享受,在品味亲情和友情中获得了生命的享受。人最宝贵的两样东西,生命和灵魂,不就是在这两件事情中得到了妥善的安放和真实的满足吗?幸福其实离我们并不遥远,一个人如果能做自己喜欢做的事情,读自己喜欢的书,理解书中的人物,深谙人物的命运,与作者产生一种共鸣,这何尝不是一种阅读的幸福。

因此,在语文教学中,作为教师要积极引导学生开展广泛的个性化的阅读,与学生一起读好书,做到师生共读,一起品味书中的酸甜苦辣,让学生爱上阅读,爱上

语文,在阅读中获得幸福感,这对于培养学生在阅读方面的浓厚兴趣,构建一种"幸福共读"的课堂模式,影响深远。

让阅读走进数学课堂

王玉洁

一提到阅读,我们自然而然地想到了语文,我们知道语文需要多读书,从而培养语感与积累素材,增长知识,拓宽眼界。其实不仅是语文,数学同样也需要阅读。虽然阅读在数学教学中的作用不那么明显,但是阅读在数学教学中也有着举足轻重的作用。

小学数学的教学不仅要教给学生基本的数学知识,还肩负着发展学生智力、培养学生良好的学习习惯、提高学生综合能力的使命。因此不可忽视,让阅读教学走进数学课堂。

从教三年来,我发现学生们在课堂上学习新知识点时,会做题,对应的课后习题等都会做。但是在整本书的知识点都学完进行综合练习时,总是出现简单题目做错的现象。由此我做了一些调查。我发现学生在做题时,不会读题,找不到关键信息;读不懂题目意思,列不出关系式;读不完题目,就开始做题;读不到题目中的隐含信息就做题,结果导致出错。

针对这种现象,我想到了俞正强老师,俞老师说过,在做数学题目时,首先要弄明白这三件事,谁在什么地方做什么事情。这告诉我们怎样去阅读数学题目。

因此在数学教学中我们必须注意阅读教学,只有把题目读明白了,才能保证把题目做正确。在我的课堂上我是这样引导学生进行读题的。

首先是粗读,先把题目通读一遍,明确题目的主要内容:是谁、在什么地方、做什么事情。例如:"四年级栽了 168 棵树,比三年级多栽了 32 棵,求两个年级一共栽了多少棵树。"

其次是细读,是对题目逐字逐句地读,通过细读找到关键信息,并用笔圈出或画出,对于特殊的字眼,例如一周,就是指 7 天。大约,就是估算值等等。这些要特

别注意,然后再去列出数量关系。例如四年级栽了 168 棵树,比三年级多栽了 32 棵,求两个年级一共栽了多少棵树? 要想求一共有多少棵树,就要知道三年级多少棵树,四年级多少棵树,列数量关系为:三年级多少棵树 + 四年级多少棵树 = 一共多少棵树,也就是先求三年级多少棵树,再求一共多少棵树。

最后根据数量关系,列式解决问题。例如,三年级多少棵树 + 四年级多少棵树 = 一共多少棵树。列式为:168 – 32 + 168。

数学阅读不同于语文阅读,数学阅读注重的是对文字内容的理解。学生在解数学阅读题时,强调能不能把题目读通、读懂,直到把题目读通、读懂了,再进行解题,而为了达到这个目标,就要进行多次阅读。明确求什么,从问题出发,思考要解决这个数学问题需要哪些条件,然后从大量的信息资料中进行筛选,筛去不必要的枝节,从中选出解决问题所需要的有用条件,从而进行题目的解答。

在科技迅速发展的今天,我们的数学不应局限于课本,还需要去阅读数学读物,不断充实自己的数学宝库。把数学阅读重视起来,通过不断地阅读,开阔自己的眼界,找到阅读数学的技巧,从而增强分析问题与解决问题的能力。

第三节

个性化阅读教学的经验和反思

让孩子从小爱上阅读

王　莹

今年我执教一年级语文，从课间小书橱的利用程度来看，一年级学生较爱看图书但持续时间较短；大多数学生阅读图书只是看热闹，走马观花地翻一遍而已；大部分喜欢阅读有关奥特曼等动漫图书，而对于一些知识较丰富的书不感兴趣。而从每次小测验中的阅读理解和看图写话中，我更是发现了学生与学生之间的差距。万丈高楼平地起。培养孩子的阅读能力应越早越好，这样才会让他们之间的差距越来越小。

小学一年级学生的阅读能力重点应该放在培养阅读兴趣上。兴趣是儿童学习最好的老师，孩子的阅读兴趣直接影响其阅读行为、阅读理解。愉快的情绪能使孩子乐于看、愿意听，并与成人进行信息上的交流。所以把阅读活动建立在他们感兴趣的基础上，这是指导阅读的关键。

在语文课堂教学中培养学生阅读兴趣。教师在教学活动中设法运用一定手段调动学生阅读的兴趣。比如读一读、演一演、画一画、唱一唱、比一比等。其中情境表演是最受儿童欢迎的表现形式。小学低年级的课文大多是声情并茂的文章，富

有童趣,适合用表演的形式来帮助学生理解课文内容。通过表演化抽象为形象,化难为易,使其突出重点,突破难点,突现特点。只要教师想一些策略和方法,学生对阅读一定会有很大的兴趣的。有了阅读兴趣对提高阅读能力是很有利的。

故事制造悬念,激发阅读兴趣。小学生爱听故事,特别是一些童话、寓言更是百听不厌。因此,可以利用读物本身的特点,如果从讲故事入手,让学生在趣味盎然的故事中体验到阅读的快乐,阅读的兴趣就会油然而生。学生刚进入小学时,他们的识字量比较少,根据这个实际,可以经常给孩子们讲故事,有时在故事讲到精彩处戛然而止,然后告诉学生故事的结局就在哪一本书上,这样,孩子们就会根据信息,迫不及待地到课外阅读中去寻找答案。这就是"悬念激发兴趣"法,这种方法可以说非常有效。

选择适合于孩子的阅读的书籍。一年级的孩子入学后主要是学习汉语拼音,为了提高阅读的兴趣,可以根据学生学段特征提供一些图文并茂并有注音的儿歌、童话、故事等读物。学生可以一边借助拼音阅读课外书,一边通过阅读巩固拼音。学生在课外书上也能找到语文书上学的音节,会觉得很有趣。学生通过拼拼读读也能把一个简短的故事完整地读完,这样不仅会让他们体会到阅读的快乐,还可以享受到成功的喜悦。

总之,从一年级开始培养学生阅读兴趣,让他们喜欢阅读,感受阅读的乐趣,把听、说、读、写、思等有机结合,互相渗透,使其相得益彰。这样,提高一年级学生阅读能力,培养学生的阅读修养就不会是件难事。

浅谈阅读教学的经验和反思

张倩倩

苏霍姆林斯基说:"让学生变聪明的方法不是补课,不是增加作业量,而是阅读、阅读再阅读。"阅读是每个学段的重要组成部分。一年级阅读在平时的教学过程中也不容忽视。针对一年级学生,我在阅读教学中有如下收获。

对于一年级学生来说,由于接触的课文不多,加上他们年龄小,生活经验少,理

解能力又不够,朗读尚处于起步阶段。因此阅读教学先以学习兴趣为先导。一年级的学生对于图画是最敏感的,文章中如果配有图画,他们都愿意第一时间去看。一年级的课文一般都图文并茂,比如在《小猴子下山》一课课堂教学中充分利用课文中的插图,让学生先看图,说说图上画的是什么,然后图文对照读课文。由于这些插图就是一个故事情节的体现,所以学生说得非常生动形象,并富有想象力,紧接着让学生读课文,看课文是怎样写的。就这样由图像信息,转化为文字符号,这对理解课文内容是很有帮助的。这样安排既培养了学生的观察能力,又培养了学生的口语表达能力,同时对读懂课文、理解字词句都是大有裨益的。在课外阅读中,老师们针对一年级学生选择《大卫不可以》《爷爷一定有办法》等八本适合学生课外阅读的读物,并且把每天阅读半小时作为一项常规任务,阅读完成后家长签字确认,也会利用课堂前五分钟让学生来讲一讲自己最喜欢的小故事,采用给相应的给学生加分、赞美等鼓励性的做法,这样也大大提高了学生的积极性。当然好的开端是成功的一半,但由于低年级的学生自律性、自控性相对来说比较薄弱,有些学生就会出现应付老师或者是直接不读的现象,于是老师们借用"班小二"小程序让学生每天录制阅读视频进行打卡,比一比谁读得好、谁坚持的时间长、谁的阅读姿势最标准等,让学生互相交流借鉴学习。前段时间我们班还进行了"古诗大比拼",老师们会通过班内小评委举手投票点评来进行加分。学生使出了浑身解数,从站姿、神态、动作等方面纷纷模仿诗人的样子,有的学生甚至给他的古诗配上了背景音乐,让听者纷纷沉浸在古诗的情境之中,就这样一个个小诗人诞生了。阅读无处不在,学生不仅在课堂、课外阅读,还会利用课间时间来进行阅读,在班级内有专门为学生建立的读书角,开学前期每个学生都会把自己最喜欢的书带到读书角来分享给大家,这样一个小小的"图书馆"就完成了。每到课间学生会挑选自己喜欢的书,然后坐在自己的位置上安安静静地沉浸在书海中。

在小学阶段中我们可以把阅读分为课内阅读和课外阅读。课外阅读是课内的延续和补充,反过来丰富并深化课文的阅读学习。以学生已有的经验为基础,以读书发展为主线,在生动活泼的学习情境和学习活动中,促进语言与精神、学语文与学做人的同步发展,全面提高学生的语文综合素养。经过一年的一年级教学,我对低年级的阅读教学有了初步了解,在今后的教学过程中我会不断地学习、分析与总结,提炼出更多更好的教法与学法。

个性化阅读对数学学习的重要性

袁爱玲

阅读是人类社会生活中的一项必不可少的活动,是人类汲取知识和认识世界的重要途径。在平时教学中,我们总认为阅读是语文教学的手段,其实不然,数学学习同样离不开阅读。在数学阅读中可让学生亲近数学、理解数学。但在我们教学中有很多现象却令人遗憾——培养学生的阅读能力、提高学生的语言叙述能力为广大教师所忽视。许多教师可能都有这样的体会,在解决问题教学中,由教师读题学生大都可以理解题意,可是让学生独立完成时往往错误不断。这也说明了没有阅读能力的培养,学生的数学能力是受局限的。数学课的阅读教学正是以培养学生的阅读能力、理解能力、语言叙述能力、自学能力和创造能力为目的。要想使素质教育目标落到实处,使学生最终能独立自主地学习就必须重视数学阅读。

今年我从事的是一年级的教学,在教学中我发现学生的识字量以及对应用题的理解能力存在很大差距。应用题更加贴近社会生产、生活的实际情况,除文字叙述外还可以用表格、图画、对话等方式,适当增加有多余条件和开放性的问题向学生提供鲜活的、真实的、有趣味的数学问题,在平时的应用题教学中我注意从以下几个方面培养学生的阅读能力。

一、让学生把题目读完整

我习惯让学生齐读或者一个学生读其他学生听,并运用简短的词语表达出题目意思

二、注意找出题中的关键词

在应用题的解题过程,关键词起了非常重要的作用,学生在解题的过程中往往没有注意到某个字的存在,把本不应错的题目做错了,所以在读题时一定要要求学生圈出题中的关键词,养成认真、细心的阅读习惯。

三、对于表格、图象式的应用题让学生学会用语言将其叙述出来

在新课改的背景下出现一些和人们生活密切相关的开放题,这样的题目可能

是以图表的形式出现的，要求学生通过观察从中找出有价值的数学信息，这同样也要建立在一定的数学阅读基础之上，我就像语文教学那样让学生用自己的话把意思表达出来，学生的理解能力提高了，表达能力也得到了训练。

学生学习到一定的数学知识以后就会不满足于课本上的知识，希望通过课外阅读来扩大自己的视野、拓宽知识、发展特长、增长才干。比如我班的图书角不仅只有语文课外读物，也有数学绘本，使学生通过阅读关注我们日常生活中的数学，捕捉身边的数学信息，体会数学的价值。

总之数学教学中的阅读教学应是一种意识，一种旨在培养学生阅读、理解、自学能力和习惯的意识，它应渗透到教学的各个环节中。数学阅读既可以拓展学生的知识广度与深度，增加学习兴趣，又可以使学生学会用数学的眼光看待生活，并能提高数学自学能力。

读书，让我们共成长

张松君

研究发现，阅读不仅仅和语文有关系，也是其他各科学习的重要手段。人们发现读书多的孩子，在学习数学时的反应速度和理解能力都要比同年龄段读书少的孩子强，他们的数学成绩要好一些。这说明，这些学生的理解能力强，这与他们的数学阅读能力有关。

很多学生数学学不好，很大的一部分原因是觉得数学很难、很枯燥。为了激发学生学习数学的积极性，提高学生的学习兴趣，我尝试把数学阅读融入到日常数学教学中。

在平时的教学中，除了教给学生新知识外，我还选择合适的数学绘本和学生一起阅读。比如在学生学习了《认识钟表》这一单元后，我带领孩子们一起阅读了《数学文化读本》中的《奇妙的计时工具》一文，和孩子们一起了解了计时工具的演变，并鼓励学生在家尝试自制沙漏计时。通过阅读，学生对认识钟表这一单元的知识理解更加深刻，而且兴趣高涨，很多学生回家后又查阅了好多资料带回学校和其

他同学分享。

通过阅读数学，学生的思维变得更加活跃，理解力也得到了很大提高。有时候碰到一个问题的时候，我都没想到的解题思路，孩子们自己就能想出好几种方法。有一次，我们在学习圆的面积公式推导时，动手操作环节我想到的是课本和教参中提到的把圆形转化成长方形来计算。在课堂展示环节的时候，除了把圆形转化成长方形外，还有很多学生想到了把圆形转化成三角形来计算，并且思路讲解得也非常正确。课后我问他们是怎么想到的。很多同学说在家的时候查阅相关资料。借此机会，第二节上课的时候，我和学生一起阅读了有关圆的数学绘本《圆的魅力》和《Ⅱ的传奇》。通过阅读学生对圆的相关知识有了更深的理解，课下针对圆的相关知识还做了思维导图。

除了阅读数学绘本之外，在平时的教学中，我们还会组织各种活动来丰富学生的数学阅读，比如办数学手抄报；课前讲数学小故事；写数学日记；推荐数学课外阅读书籍等等。数学阅读不仅拓宽了学生的知识面，也让学生体会到了生活中处处有数学，激发了学生学习数学的兴趣，更重要的是锻炼了学生理性思维的能力，为学生以后的学习生活奠基。不仅孩子们从数学阅读中收获很多，我也收获满满。从阅读中我学会了很多有用的教学小技巧，并把它们应用到教学中，学生更加喜欢上我的课了。数学阅读也让我学到了很多知识，有时会在课堂上和他们分享，学生就会很惊叹我怎么知道那么多知识，对我的喜爱也更多了。

个性阅读和我一起成长

李晓琪

很多人说过"要让学生喜欢读书，首先自己要喜欢读书"这样的话，不错，教师读书，从读书的内容到读书这个行为本身都是相当有益的。很难想象一个不喜欢读书的教师怎样拓展课堂的知识，怎样用生动活泼的内容启发学生的心智。这里根据我自己的阅历和经验谈谈教师阅读应该注意的问题。

首先，教师要挤出时间进行阅读。很多教师的职业生活是非常忙碌的，工作之

余的时间并不多,再加上需要为家庭腾挪的时间,几乎没时间阅读。没空阅读是大部分教师的现状。除了教科书、教辅书,他们可能不再看其他书籍,这是常见的事情。但这样的后果就是课堂上除了书本还是书本,虽不一定是照本宣科,但也会显得内容贫乏,对于现在接受了大量外界信息的学生而言,显然是不够的。"时间就像海绵里的水,只要愿挤总还是有的"。教师阅读,要有一种"挤"的精神。

广州特级教师陈琴在她的《经典即人生》一书中表露读书是她生活的一部分,很多时候,等到她有自己的时间,已经是晚上十点半以后了。但是不管怎样她还是要读一会儿书才睡觉。读书如果成为一种习惯,要找出时间就会变得更加容易。很多人有随身带书的习惯,在不经意的等待时间里就可以翻上几页。习惯的力量也能让人觉得一天不看书就欠缺了什么,总是会想方设法地去寻找属于书本的时间。而事实上,我们教师也并不见得非要见缝插针才能找出时间。有些时候,没时间只是一个托辞,没有动力和毅力才是问题所在。

教师看什么书要有所讲究,有所选择。爱默生读书有三条实用准则:第一决不阅读任何写出来不到一年的书;第二不是名著不读;第三只读喜欢的书。现在的出版物浩如烟海,要全部读完是不可能的事情。怎样选择读物对任何读书人而言都是很重要的事情。作为教师,选择学科专业、教学策略和方法、教育心理等方面的书籍阅读,对教学工作是大有益处的,但是也不应该只是局限于这些实用性强的读物。阅读是种输入,要让阅读的知识产生输出的动能,那就必须对它进行加工。很多人阅读时做读书笔记,或者写书评,这样的阅读会收到更好的效果。动笔读书是更高层次的阅读,它需要有一定的毅力才可以实现。

读之,用之,得之

刘 珍

人生是一场修行,道行的深浅还需自身的努力。踏入教师这一行,伴随终生的应该是阅读。对普通人来说,阅读,可以让人远离平庸,阅读,可以增加睿智;对教师来说,阅读,还可以滋养教师的底蕴与灵气,促进教师的专业成长。要让学生喜

欢阅读,首先自己要喜欢阅读。教师处在这一特殊的位置上,更需要以身作则,给学生做一个好榜样。而且,在拓展课堂知识、激发学生兴趣方面,单纯依靠课本上的知识是远远不够的。

散文,可以带领读者或徜徉于美景中,或沉醉在情怀里,总之,它可以让一颗浮躁的心归于平静,让世俗的心洗尽铅华,归于自然。我曾经安排学生共读余秋雨的《文化苦旅》,在阅读结束后,与学生一起探讨,在思想的旅途中沉思、积淀。这时,你会发现,那些用心阅读的学生在交流时妙语连珠,他们之间的思维碰撞会让人怀疑,这些话是否出自一位少年之口。苏轼可以称得上是一位大文豪,但他一生中的成就并不仅限于此。在学过苏轼的部分诗词后,学生对苏轼、对苏轼的文章也有了一定的认识。但如果仅仅照本宣科,关于苏轼的生平也就说"烂"了,没有新意。因此,再次遇到苏轼的诗文时,我会引用林语堂所写的《苏东坡传》,讲述课本中没有的故事,让学生在枯燥的课堂学习之余,体会苏轼曾经的百味人生。如此一来,再遇到苏轼的文章和诗词,学生必会在经历过一番头脑风暴后,得出自己独到的体会与感悟。

曾有幸教授过历史这门学科,中国近代史部分内容需要记忆的时间点多,内容琐碎,很多学生面对这样的知识根本提不起精神来。而当时的我在不经意间接触到了《半小时漫画中国史》这本书,虽说是漫画,书中的手绘和段子却让人在大笑之余明晰历史脉络,印象深刻。课堂上,我不再拘泥于传统的讲解,而是在学生自学完之后,借助这一个个小故事,将历史课本上的一个个事件串联起来,不仅课堂内容更加紧凑、有联系,同时也吸引了原本昏昏欲睡的学生。

教师的专业实践需要阅读的支撑,试想一下,如果一位教师抓起课本和参考书就往教室走的话,这堂课可能就会缺少某些灵性。一节好课,需要教师做大量的准备,参考各家意见,博取各家所长。古有诗云:"吟安一个字,捻断数茎须。"教师的专业成长更需要这种精神,唯有"苛求"二字,才能对得起一堂好课。让阅读成为一种习惯与信仰,厚积薄发!

莎士比亚曾经说,生活里没有书籍就好像没有阳光;智慧里没有书籍就好像鸟儿没有翅膀。愿所有人都能拥有阅读这一对翅膀,飞向心中更高更远的地方!

吾生有涯而知无涯

朱 萍

在国家教育部新颁发的《语文教学大纲》中,对学生的阅读速度做了明确规定:小学生阅读效率300字/分;初中生阅读效率500字/分;高中生是600字/分。从这一规定可以看出,近年来教育部对中小学生的阅读能力提出了更高的要求。这一要求将会直接体现在语文高考卷上,卷面字数将很有可能增加到1万字。这项决定实际上就是要提高中小学生的阅读速度和阅读量,进而提高学生的阅读能力。所以,小学生必须要从小就要开始阅读,养成阅读的好习惯,并且要乐于读书。

我们必须要读书,不仅是因为教育部规定了我们读书,而是因为书籍本身是前人智慧的结晶,是历史文化、前人的经验、知识的载体。"书犹药也,善读之可以医愚",上苍赋予了我们雷同的肉体,却赋予了我们不同的灵感和才能,而当有的人的灵感和才能不能被开采和挖掘时,他们就成了现实的奴隶。但读书就是让你开采和挖掘我们灵魂和能力的工具,当你心中有了想法,胸有成竹,你就有足够的能力来把握生活,让生活过得富足而有滋味。

书籍是人类智慧的结晶,布满了历史的脚印。每一个时代的书籍都反映了当时的历史特点。像脍炙人口的四大名著,它们不仅是小说,是文学作品,它们反映了当时的社会现实,也有对当时统治阶级的暗讽,和对不平等的封建社会的抵触。就拿《红楼梦》来说,"满纸荒唐言,一把辛酸泪。都云作者痴,谁解其中味"。本书以贾、史、王、薛四大家族由盛到衰的描写为背景,以含玉而生的贾宝玉为视角,以林黛玉和贾宝玉的爱情悲剧为主线。其作者曹雪芹也是寄情于书,抒发自己对当时封建王朝的不满。我们从一本小说的背后,就可以了解整个时代的背景,从而品读学习前人的智慧。

世界之大,人间百态,我们不可能一一去践行,一一去认识。但是,书籍可以,书籍可以带领我们去我们去不了的远方,不但可以让我们领略当代远方的风土人情,还能让我们知道两千年前发生过的故事。我们的内心世界将因读书而广博,因

读书而更会做人、更会做事,从读书中获得的能力将给我们带来更为广阔的社会空间和舞台。

人心不同,各如其面,有的人对生活充满激情,有的人对生活充满敌意,有的人则有张有弛,有的人性如烈火,有的人温良恭俭谦让。人可以有很多个性,但心中不能没有正义,不能没有是非观念。读书可以让人有礼,可以使人谦逊,可以让人成熟稳重,可以体现一个人的教养。

书籍赋予我们心灵的慰藉和正能量,质同金玉,价值无限。吾生有涯而知无涯,我们应该用无限的书籍来充实我们有限的生命。

数学个性化阅读与数学能力的培养

王琳琳

"新课标"提出,通过数学的学习,学生要能够初步学会运用数学的思维去观察、分析并解决问题,增强应用数学的意识。这就需要学生具有一定的阅读、分析、理解能力,所以在数学学习过程中,培养数学的阅读能力就显得尤为重要。

小学低年级阶段如何培养学生的数学阅读能力呢? 我们进行了一系列的探究,首先给孩子们推荐了许多数学阅读书目,从绘本到故事集等等,再次借助潍坊市教育局下发的《数学行知天下》进行数学阅读能力训练。

《数学行知天下》结合学生的年龄特点,每一册都会设立不同的故事情境。一年级上下两册,每一册都是应用同一系列的故事来贯穿整本书。比如说一年级上册,借助同学们最喜欢的动画片《喜羊羊与灰太狼》创设各种数学问题情境,用一个个关于喜羊羊与灰太狼的故事将单元知识点贯穿起来,在阅读中提升学生的数学思维能力。《数学行知天下》在提高学生阅读能力方面有很多优点。

数学阅读能够有效地激发学生的数学学习兴趣。通过阅读《数学行知天下》中的《学海导航》《数学日记》《开心阅读》《智力冲浪》等等,孩子们不再感到数学是"枯燥乏味的",不再是一个个无趣的知识点。借助一个童话故事,帮助小动物解决数学问题,提高学生探究热情,培养数学研究的兴趣。《智慧园地》《趣味数学》等

栏目,通过一些有挑战性的题目来激发学生的学习欲望,让数学学习充满了"冒险精神"。

数学阅读有助于培养学生良好学习习惯的养成。《数学故事》栏目借助一些历史小故事,以及名人名言,引发学生进行数学思考,同时又提升了学生良好性格品质的形成。《迷津导航》《智慧阅读》《轻松驿站》等栏目,在故事中融入一些解决问题的方法策略,学生的数学思维在这些趣味性的故事中受到了潜移默化的影响。数学阅读大大提高了学生敢于质疑、善于思考的习惯养成。

数学阅读有利于提升学生的数学思维能力。《数学幽默》栏目通过发生在人们身边的一些数学常识性错误,让孩子们在哈哈大笑中避免易错点的出现。让孩子们不断反思"错误背后的原因","错误背后的数学道理",对数学知识中的重难点有了深度的思考,大大提升了学生的数学推理、数学思维能力。数学阅读让学生在"亲自操作"中感受"数学价值",提升了学生勤于动手、乐于探究的能力。

数学教学就是数学语言的教学!同时,"新课标"也指出,数学为其他学科提供了语言、思想和方法。语言是思维的外壳,阅读是语言的脊梁。叶圣陶曾经说过"教是为了不教",要使学生的数学素养得到更好的提高,让学生能够独立自主地进行学习,就必须从重视数学阅读教学开始。

小学英语个性化阅读教学的经验与反思

张甜甜

俗话说:"活到老,学到老。"阅读是获得人类知识经验的主要来源。培养学生良好的阅读能力,交给学生一把开启知识大门的"钥匙",激起学生的求知欲,增加学生的阅读自信心,消除学生的畏难情绪,让他们能读懂简单的文章并掌握一些阅读技巧与方法,是阅读教学的主要目的。阅读教学作为英语教育中的一个重要环节,是英语教学中的重点和难点。如何上好阅读课也是我们英语老师关心的共同话题,我们也一直在这个方面不停地探索、努力。我们在每节课都注重培养学生独立阅读的能力,给他们锻炼的机会。

"授之以鱼，不如授之以渔"。作为英语老师，我们的任务就是："Teach students how to learn English"而不仅是"Teach students English"。学生是学习的主人，在英语阅读教学中，我们要教会学生阅读的方法。

采用恰当的导入方式，激发学生的阅读兴趣

良好的开端是成功的一半。导入成功与否直接影响阅读教学的效果。教师在教学过程中可以根据不同阅读材料，开展恰当的导入，激发学生的阅读兴趣。如在阅读《拓展读与写》中，教师结合第一个单元中有关将来时的知识，让学生向教师提问教师国庆节将要进行的行程，通过简笔画的形式导出第二单元的其中一篇短文《Sanya》。这样既复习了旧的知识，也通过图画这种比较直观的导入方式，降低了学生学习的难度。

设计多样的阅读形式，保持学生的阅读兴趣

小学生有意注意保持时间较短，对事物的兴趣持续的时间也较短。在饶有趣味的导入后，如果没有灵活多样的阅读形式设计，学生的阅读兴趣将只是昙花一现，得不到保持。所以设计灵活多样的阅读形式是上好一堂阅读课的"重要武器"。教学中我尝试了一些方法。

一、小组朗读法

分小组（两人或四人）解决某些段落的理解，然后以小组汇报朗读的方式解决该段的理解问题，并鼓励他们找出该段的难点。每个小组负责的段落篇幅较短，而且又是合作完成，这样难度降低了，也能让大多数学生比较容易地参与其中。

二、先解难后整体感知

先让学生自己阅读文章，把不懂的词句画出来。在通过全班同学中找"小老师"或老师点拨的手段解决问题。接着，教师根据课文内容提出相关问题，学生带着问题进行再次的阅读，根据课文回答问题，做些巩固性练习，最后听录音、跟读，进行习题训练小组活动等。过程中没有什么特别招数，但是对于一些生字词较多、趣味性不太强的短文来说，起码让多数学生理解该篇文章的内容了。

三、故事与图画结合

对于一些故事性较强的但新词又较多的文章，例如《Cinderella》，可以利用故事与图画结合的方法。如布置他们回家就其中的一个情节画简图并配上适当的英语文字。画画是很多小学生爱做的事情，要求他们为图配字又可以促使他们去理

解文章的内容。

四、仿写练习

写作是一项对英语运用要求较高的作业,很多学生都视作难事。对此,教师可以鼓励学生多多模仿例文。例如写有关"city"的文章。教师可以鼓励学生学习《拓展读与写》里的《Shanghai》《Paris》《New York》等文章,写有关 GuangZhou 的内容。很多学生模仿范文的句子,写出超出平时容量的文章,也在一定程度上建立了写作的自信。

数学个性化阅读中的习惯养成

刘　威

2020 年的春节是不一样的春节,没有以往的喧嚣,"少出门、戴口罩、响应国家的号召"成了人们关注的焦点。全国各地、各部门有一个共同的"战役",那就是防控疫情。那么,怎样让枯燥的超长假期变得有趣呢?这让家长们非常头疼,我认为阅读,可以很好地解决这个问题,书中有黄金屋,还有天下事。阅读不仅可以缓解学习压力,还可以减少电子设备的使用时间,保护视力。

一提到阅读,大多数人立刻就会想到是语文和英语的专项内容。随着人类社会的快速发展,科学技术发达了,人们的总体生活水平提高了,生活中出现了越来越多新奇的电子产品,已经渗透到我们生活中的各个角落,成为我们日常必不可少的一部分,社会也变得越来越数字化,慢慢地暴露出人们的阅读能力的不足,不仅表现在语文和英语方面,还有数学阅读方面。数学学习不是单纯的背公式,列算式,算得数,最重要的是先学会阅读,也就是我们平日教学里常说的"会看"和"会想"。数学阅读已成为促进学生全面、持续、和谐发展的基础能力。苏霍姆林斯基也曾说过,让学生变聪明的方法就是阅读、阅读、再阅读。在小学里没有学会阅读,就不会分析题意,理不清数量关系,这将会使学生今后的学习越来越吃力。

怎样学好数学呢?我认为,首先要培养良好的阅读习惯,学会圈画重点,理解题意,然后再分析数量关系,最后算对得数。尤其是近几年,阅读理解能力贯穿所

有的学科中,比如数学学科,在检测孩子们的知识掌握情况时,会将所学的知识综合在解决问题中考查,这对孩子们的阅读能力要求很高。所以在日常教学中,我非常注重孩子们的"会看"和"会想"等基础的阅读能力的培养,现如今绝大多数的孩子已经可以将多、繁、杂的数学信息变简单化,可以快速捕捉关键的数学信息。经过长期的阅读能力的培养,我真切感受到学生们的巨大变化。他们不仅可快速理清数量关系,建立良好的逻辑思维,而且做题时间也是大大缩短。因此,我认为要想使数学素质教育目标落实到位,使学生不再感到难学、难做,就必须重视数学阅读。

学会阅读和养成自觉阅读的良好习惯,对于学生学好数学具有重要的作用和意义。数学阅读不同于一般阅读,它具有一定的特殊性,因为数学具有抽象性,所以在阅读时需要较强的逻辑思维能力。因此,我认为孩子们可以阅读数学绘本,让枯燥无味的文字变得生动有趣,在提高阅读能力的同时,最主要的是激发孩子们的阅读兴趣,养成自觉阅读的良好习惯,而且能够更加直观地感受到数学之美。

品群文之法,悟神话之奇

高赛梅

团队刚刚下发了一本蒋军晶老师的《让学生学会阅读》,我便迫不及待地打开来读,因为前几天刚刚执教过一节群文阅读课,或许是想从书中找到能与蒋老师不谋而合的设计思路吧。

当我翻开第一章《群文阅读到底长什么样》,便愣住了,因为我似乎把群文阅读上成了主题阅读。蒋老师对主题阅读和群文阅读进行了一个对比分析,指出主题阅读是采用链接阅读的方法,一篇为主,其余几篇为辅,而我出示的《美丽的神话》这堂课,就是带领孩子们共同学习了《盘古开天辟地》,通过找"神奇的人物——读神奇的故事——品神奇的语句"这样一个思路,引导学生感受神话故事神奇的特点,然后让他们自主阅读《西王母》《奇米恰瓜造日月》,继续感受神话故事的神奇。这显然是不符合蒋老师所强调的群文阅读应多篇并重的要求的。

巧的是书中也有蒋老师设计的有关神话的群文阅读课。他把不同地域、不同

国度的几篇创世神话进行了对比阅读,引导学生从中找出创世神话之间的共同之处。我不禁想起我在执教《美丽的神话》时,在自主阅读环节,有个孩子问:"老师,到底是盘古创造了天地,还是奇米恰瓜创造的?"我灵机一动,说:"这个问题提得真好,谁能帮他解答?"一个孩子站起来说:"《盘古开天辟地》是中国的神话故事,《奇米恰瓜造日月》是印第安神话,神话都是远古时期的人们想象出来的,因为国家不同,地域不同,文化不同,所以他们的传说也不同。"

此时,台下听课的老师都不约而同地给予热烈的掌声,我也趁机强调不同的国家有不同的神话故事,它并非现实生活的科学反映,而是由于远古时代,人类开始思考与探索自然并结合自己的想象力所产生的,所以无论是人还是事都充满神奇的色彩,这样在无形中又一次回顾了神话的神奇特点。这样的课堂生成要比提前预设更能体现学生的阅读效果。

读了蒋老师设计的神话群文阅读以后,我也在反思,《盘古开天辟地》《奇米恰瓜造日月》既然国度不同,我也可以采用对比阅读的方法,引导学生从阅读策略上来感受神话的神奇。尤其是看了部编三年级教材之后,更让我感受到以前对阅读策略的忽视,像新教材中提到到预测和猜想,蒋老师在书中也做了强调,可我们在以前的教学中却忽视了这些,致使我们的课堂太按部就班,不敢大胆放手。

那么,神话的群文阅读到底怎么教呢?蒋老师在书中给我们提出了很好的建议:教神话首先要引导学生感受神奇,其次要关注故事中的"神",体会他们的牺牲精神,最后要注意神话的叙事结构和叙事语言。当然,具体到一节课要把哪一项作为教学重点,我觉得还需要考虑学生的年龄段特点,比如,如果在三年级的课堂上来教神话的叙事结构,就有点"拔苗助长";而在六年级的课堂上去教神话故事,那就太过简单。到底怎样教,需要我们动一番脑筋,深入研究教材和学生。

正如蒋老师所说:"教师这份工作你可以把它做得一板一眼,一成不变,几十年挨过去,学生也跟你一起挨过去;也可以把它经营得风生水起、创意无限,你愉悦着,学生也跟你一起愉悦着。"唯愿我们每一位教育者跟我们的学生都能被我们的课堂愉悦着!

学生数学阅读中的个性化成长

张振芬

作为一名从教 22 年的数学教师,我深刻体会到数学阅读的意义和重要性。每接一个新的班级,我总是结合寿光市"五会课堂"要求,从培养学生的数学阅读能力做起,并取得了一定的成效。

首先,从讲故事入手,激发学生的阅读兴趣。

一年级小学生识字量少,我根据他们的年龄特点和心理特点,利用每天课前 5 分种的微课程时间给他们讲一个数学小故事,引导他们认真听,并尝试用自己的话说出故事的内容,这样学生的倾听和表达能力也得到了训练。《数学课程标准》指出:数学应结合教学内容,采用"问题情境——建立模型,解释、应用"的模式展开。在情境中,学生可以通过数学阅读,寻找数学信息,从而提出并解决问题。课堂上,我从读懂青岛版小学数学教材情境图做起,让学生说一说,看到了哪些数学信息。引导学生学会阅读(读图),做到有序地看,并找到有关的数学信息。我还充分利用《行知天下》的"智慧阅读""数学氧吧"等栏目,先由我讲给学生听,然后,鼓励学生回家进行亲子阅读,尝试用自己的话讲故事,并在第二天的 5 分钟微课程时讲给同学们听,同学们跃跃欲试,班内掀起讲数学故事的热潮。有一次,平时很腼腆、也不太爱说话的晓琳大胆地举起了小手,她为大家绘声绘色地讲了《谁的脚最多》的故事,同学们个个听得津津有味,故事的最后,她还提出了一个问题:"同学们,你们知道蜈蚣有多少只脚吗?"引发了同学们激烈的争论,我适时地参与其中,引导学生可以回家与爸爸妈妈一起查阅资料,明天交流答案并让晓琳揭秘。接着我说:"大家觉得晓琳的故事讲得怎么样?谁来评价一下?"一个同学说:"她讲的数学故事很有趣,我很喜欢听!"另一个同学说:"她还提了一个很好的数学问题,让我们再去阅读找到答案。"瞧!孩子们多么会听,多么会点评呀!就这样,他们个个乐此不疲,不知不觉中阅读兴趣也提高了。

其次,从读数学绘本做起,提高学生的阅读能力。

　　到了二三年级,随着学生的识字量增大,我鼓励学生读一些数学绘本。我会向学生推荐一些好看的数学绘本和数学游戏书,如《走进奇妙的数学世界》《揭秘度量衡》《走进奇妙的几何世界》等,学生读后,我利用微课程时间组织学生交流一下阅读的感受与收获,并及时评价,我适时点拨提升,提高学生的阅读技巧。

　　另外,在解决问题的过程中,提升学生的阅读能力。

　　无论信息量有多大,我总是结合"五会课堂",培养学生从会看题目要求、读懂题意做起,比如谁在做一件什么事? 怎么做? 结果怎样? 你能不能用自己的话说一说,引导学生边看边想,读懂题意。学会看关键信息,筛选有用的数学信息,会找隐藏的数学信息,知道信息的背后在告诉我们什么,培养学生边读边圈画关键信息,做到"做题留痕",理清数量之间的关系,从而学会阅读,提升阅读能力。记得六年级我们遇到一个问题:"北京人成年女子平均身高只有 144 厘米,现代人成年女子的平均身高比北京人成年女子的平均身高高 1/8,现代人成年女子的平均身高是多少厘米?"有的同学一遇到信息量大的题目,就发懵,不知道题目说了什么意思。我让同学们先不着急解决问题,先阅读,读懂了,再行动,可以用画线段图的办法帮助他们分析数量关系。学生独立思考后,全班交流。但仍有同学紧锁眉头,我便引导学生再次阅读信息:说一说题目中有几个量? (两个)哪几个量? (北京人成年女子平均身高、现代人成年女子平均身高)它们有怎样的关系? (现代人成年女子的平均身高比北京人成年女子的平均身高高 1/8)那这句话是什么意思? 谁在和谁做比较? (北京人成年女子平均身高和现代人成年女子平均身高)结果怎样? (高 1/8)高谁的 1/8? 你能在线段图上表示出来吗? 我引导学生这样边读边想,同时在题目中圈画出关键信息,引导学生学会用声音提醒,做到边看边想。在利用运算律进行简便计算时,也是引导学生阅读,看出数的特点和算式的结构特点,做到一看二想三算,从而顺利解决问题。

　　数学阅读不等同于语文阅读,我注意选取阅读材料,激发学生的阅读兴趣,丰富阅读体验,引发学生的联想、想象,做到用数学的眼光去看,学会分析,从而理清关系,解决问题。

绘本阅读在英语个性化学习中的作用

房 洁

近些年,阅读能力在教与学的活动中体现的价值,大家有目共睹,教材的改版、阅读检测的增加,不只出现在语文学科,我迫切地认识到英语学科在阅读教学中亟待解决的难题。

我们都知道,绘本教学对于小学生英语阅读的水平有很大帮助与提高,不仅锻炼了孩子的语感、兴趣,更锻炼了孩子的英语思维。小学生长期存在"不爱阅读""不能阅读"和"不会阅读"的"三不现象"。为此,学校特开展了"双师双线"课堂,既有绘本的依附,又有外教的本土语言参与,可谓一箭双雕。

"新课标"要求,英语课程要力求合理利用和积极开发课程资源,给学生提供贴近学生实际、贴近生活、贴近时代的内容健康和丰富的课程资源;要积极利用音像、电视、书刊杂志、网络信息等丰富的教学资源,拓展学习和运用英语的渠道;积极鼓励和支持学生主动参与课程资源的开发和利用。而双线英语的课本资源完全依托教材资源,每个模块知识点都能做到良好的延伸和拓展,外教的点拨也精准到位。

在课堂上,学生们欣赏着美妙的图片,聆听着优美的真人配音,精彩动人的故事,闻所未闻的文化,这些绝对是同学们平常的生活中见不到的情景。由于是讲故事,外教需要夸张的语言和丰富的表情,把同学们带入角色。同学们感受抑扬顿挫的语调,既培养了兴趣,又锻炼了听说能力。

绘本阅读正是通过学生高效阅读达到会说英语的目的。新课程标准提出英语课程的学习,既是学生通过英语学习和实践活动,逐步掌握英语知识和技能,提高语言实际运用能力的过程;又是他们磨砺意志、陶冶情操、拓展视野、丰富生活经历、开发思维能力、发展个性和提高人文素养的过程。想象在续写绘本中起重要作用,离开想象不可能续写好的结尾。想象的运用离不开生活经验,通过这一系列精心编排的环节锻炼学生的英语听力、英语口语能力、英语思维和语感、想象力、表现力、动手能力、审美能力……通过亲身体验感受阅读带来的乐趣,从而完成一场美

妙的绘本之旅！

　　课堂阅读教学的时间是有限的,然而网络环境在时间和空间上为有效教学的延伸活动提供了可能。延伸活动以"开放、探究"为着眼点,其主要目的是给予学生时空的自由,帮助学生内化新知,体验图画故事阅读的快乐。学生可以利用网络App做好前期预习与课后练习,观看"外教讲单词"模块,了解更多内容,使学生的学习时间由课内延伸到课外,学习空间由校内拓宽到家中。

　　多种手段并用的绘本阅读教学大大提高了学生们的英语听说能力,现在的学生不仅能与外教自如交流,而且在英语的读写能力方面也得到了提高,大大提高了英语学习水平。

让英语阅读拥有个性

姜　娜

　　怎样让孩子走上个性化的英语阅读之路? 这是我在英语阅读教学中一直思考的问题,下面浅谈一下我的几点做法。

一、激发阅读的兴趣,加强体验性阅读

　　对于小学阶段的的初学者来说,首先要让他们对阅读内容感兴趣并且能主动积极地投身阅读。学生英语阅读内容主要以有故事情节的、人物个性鲜明或者熟知的人物形象为主。例如对于四年级的学生,选择 Counting numbers,这里的故事情节学生已是耳熟能详,很容易理解内容,故事中对话以口语为主,短而精炼,学生易于模仿和阅读。而对于五年级的学生,Whose egg is this 这一课时对原有的故事进行了删减和提炼,故事短小了很多。为了呈现更原始的故事,还原这个故事,在学习这一课的基础上再次阅读原文,更加完整地感受原有故事的情节。

　　著名教育家乌申斯基说过:"儿童是用形象、声音、色彩和感觉思维的。"教师要有意识地提高学生的语言素养、加强生活体验。通过身临其境或创设教育情境等方式,把文本所描绘的客观情景和现象生动形象地展现在学生面前,让学生身临其境。例如给三年级的孩子选择阅读内容要简短,以生活常见为主。给他们的阅读任务是:

"在你回家的路上看到哪些地方用英语字母或者单词标示的,请你记录下来并查一查它们的意思,然后带到学校与老师和同学一起交流。"当教师把他们的内容汇集起来的时候,教师都感到很意外,平均每个孩子找到了五个用英语字母或单词标示的地方。有路上的路标,他们知道了"P"表示 park,有衣服上印刷的单词:love, you, miss, cat。有学习文具上的名称:pencil, made in China, notebook。因为他们刚接触英语,对于英语的一切都是新奇的,所以他们很乐意去生活中发现。这也无形中拉近了孩子、生活、英语三者之间的距离,也让学生体验了英语作为一门语言的功能。

二、培养主动阅读习惯,促使阅读能力提升

首先,了解小学生的阅读心理,驱动小学生的阅读需要,探索在小学英语阅读教学中如何改变学生体验渠道,从单一体验走向复合体验。由于学生年龄小,客观理解能力较弱,因此我们在阅读教学中需要遵循着"感性——理性——再感性——再理性"的阅读心理程序来发展学生的认识,诱发学生的阅读内在驱动力。比如,对于初学者我们采取图片、动画阅读模式;中年级学生采用对话阅读或文字配图阅读方式,篇幅在 80 个单词左右;高年级学生就可以采用纯文字阅读方式。

其次,促成阅读习惯的养成。好的学习习惯可以使学生受益终生,也可以最大程度地发挥学生阅读的主观能动性。学生良好的阅读习惯的养成不是一蹴而就,它是一个循序渐进、不断深化的过程。根据已有的教学经验,阅读习惯的养成有一个"强制入轨"的过程。在开始阶段,在维持学生高昂阅读兴趣的同时,教师要趁热打铁,每天一阅读,定时、定点、定量地引导学生进行阅读。

三、优化学生阅读技巧,组织开展探究活动

使英语阅读教学由单一的语言智能展示向多元智能展示转变。尽量与学生的生活英语的主题式教学相结合,注意形式与内容的搭配,逐步发展学生的阅读能力。社会生活中有取之不尽的阅读资源,把文本阅读与社会生活联系,使学生对书本的阅读变为对社会生活的阅读,扩大了阅读的外延。

培养学生的阅读能力,是一个循序渐进的复杂的过程。兴趣是动力,养成良好的阅读习惯是前提,小学生的学习动力往往来自教师的鼓励以及引导。教师要善于发现学生在阅读中的亮点,及时给予帮助和鼓励,并给学生展示自我的机会,切实增强学生自主阅读的意识,培养学生浓厚的阅读兴趣,养成良好的阅读习惯,使学生的阅读能力得到根本提高。

第四节
班级个性化阅读文化的构建

感悟读书乐趣，打造书香班级

周　敏

《语文课程标准》中也提到"要重视培养学生广泛的阅读兴趣，扩大阅读面，增加阅读量，提高阅读品味"。实验中学一直都特别重视阅读教学，努力打造"书香校园"。而对于一年级的学生来说，阅读显得更为重要，所以在阅读方面，我也做了一些尝试。

开学之初，我们一年级语文老师便选择了《猜猜我有多爱你》《小猪唏哩呼噜》《大卫不可以》《爷爷一定有办法》等8本适合低年级孩子阅读的书，作为一学年的阅读书目。我们将每晚阅读半小时作为一项语文常规工作推进，学生们可以优先阅读语文老师们推荐的阅读书目，阅读完后，学生们都会做好阅读记录。语文老师也会不定期抽查孩子们的阅读记录情况，并对表现优异的学生进行表扬奖励。不仅如此，我们还会不定期开展班级阅读交流会。在班级阅读交流会上，孩子们可以尽情分享自己读过的好书，喜欢的片段和故事等。通过阅读交流会，孩子们不仅了解到了更多的好书，更是体会到了读书的乐趣。

早读时间，我重视诵读经典和优秀诗文。我们一年级选定《弟子规》和几十首

优秀诗文作为我们的诵读内容。通过诵读,让学生们感受语言之美。孩子们早上来到教室收拾完书包,便会自觉地诵读《弟子规》和古诗。另外,我也充分发掘、利用课间等零碎时间,让学生们每人自愿带来四五本好书,充实班内的图书角,学生们可以利用课间自由阅读图书。通过这种方式,课间纪律变好了,还多了一处阅读的美好风景。

为给学生们提供阅读展示的机会,激发学生们的阅读兴趣,我还开展了班级阅读打卡活动。学生们可以自愿朗读自己喜欢的书中的某个段落,然后用语音或者视频的形式上传到班级小程序内,与同学、老师一起分享自己的读书乐趣。线上要与线下相结合,我也会利用课前的几分钟,在班内分享点评孩子们上传的古诗背诵展示视频。通过朗读展示,调动了学生们阅读的积极性,营造出了人人爱读书的良好氛围。

让陋室溢满书香

刘 鹃

"读万卷书,行万里路","读一本好书就如同和高尚的人对话"。孩子们需要一盏灯去引导他们,因此书籍的意义非常重要,生命是不可逆的成长,如何让孩子能在可能的条件下将自己的生命质量提高到最高水平,需要激发学生的读书兴趣,培养学生读书的习惯,孩子都有天生的求知欲,因此引导很重要。

为了进一步激发学生读书的热情,增长学生的知识,真正营造浓郁的"书香校园",我校注重学生综合素养的提升,重视学生阅读习惯、兴趣和能力的培养,每年都会开展各种各样的读书活动。我班也积极投身于读书活动中。"营造书香班级,让好书陪伴学生"是我班级工作中一项很重要的任务。在书香飘逸班级的新阅读理念的指引下,结合实际情况,我班切实有效地开展了各项工作。

一、制定有序的计划

为保证班级读书活动有序、有效地进行,在每学期一开始我都会利用班会,与学生共同制定出读书活动计划,确定每学期的读书篇目与实施方案。做到一步一

个脚印,有目的,有步骤,有实效。

二、积极动员,激发读书兴趣

在实施读书计划伊始,我会在班级里进行一次以"我读书,我快乐"为主题读书动员班会。班会上,同学们向大家介绍了自己读过的好书,讲述读书带给自己的好处。让学生们踊跃上台向全班同学展示自己在阅读中摘录的一些好词、好句、好的片段。"我读书,我快乐"的主题班会中,学生们更深刻地认识到了"书"带给他们的无穷乐趣。

三、营造阅读氛围

班级氛围也是一种语言,是一种传递信息的独特的交往形式,蕴含着巨大的潜在的教育意义。作为语文老师的我会与学生们约定:读好一本书——师生携手共读一本书,读完、读懂;做好一件事——教师领导学生精读一本书,写好一篇读后感;树好一榜样——树立一个读书好榜样,实践一种读书精神。

1. 建设和利用好班级图书角。班级图书角以学生自愿捐赠为主,加上学校给各班购置的图书,每学期班级的图书量已经达到 150 多本,涉及人文历史、天文地理以及童话动漫等。为了提高班级图书的流通率和进行有效地管理,制定班级图书借阅制度,班中特设了一名工作责任性强的同学作为图书管理员,负责做好同学们每天借阅和归还的记录,同时也负责做好图书的更新、交换和补充。

2. 落实好读书时间。为了让读书活动有序开展,我认真制订了"书香班级"的读书计划。计划中为了保证学生读书时间,安排学生每天晚上阅读 1 小时。每周两节固定为学生自由阅读课外书的时间。

四、培养学生的读书习惯

1. 为学生开出推荐书目。通过对孩子和家长的调查,了解孩子的阅读兴趣和实际需求,根据新课程标准的要求及高年级学生的经历、知识和经验,在班级开展"好书推荐"活动,让同学们把自己喜欢的书推荐给大家,写明推荐理由,让学生们互相影响,养成选择读好书的习惯。为了让学生读更多的书,每学期都开展级部读书漂流活动。

2. 倡导有序阅读和定量管理。为了使孩子们读书走向持久性发展,我积极倡导有序阅读和定量管理,规定孩子每人一学期的最低阅读量为 6 万字,利用早读背诵诗歌不少于 20 篇,写读书心得不少于 5 篇。

3. 让读书实践活动落到实处。我每天利用语文课前 5 分钟让学生们轮流上讲台来介绍自己的阅读收获，可以讲一个故事、笑话、科学常识，或是谈谈自己喜欢的书。之后，教师要稍加点评，拓展些相关知识，注意提炼发言学生的读书方法，或是提些建议，启发学生的进一步阅读。在班内组织开展读书心得交流会、飞花令、成语接龙等活动来激发孩子的阅读兴趣。"授之以鱼不如授之以渔"，在读书交流汇报时，注重学生阅读方法的指导，教会学生如何有效地进行阅读。

书香班级的创建，大大激发了学生的阅读兴趣，使很多学生读到了品味较高的书籍，使得更多的学生爱上了阅读，也有力地强化了班级的文化氛围，一定程度上提高了学生的文化品味，促进了学风的良好发展，使班级管理更上一层楼。

我在班级个性化"阅读班"中的尝试

王小静

阅读的好处和意义早已逐渐深入人心，阅读更是成为了一种习惯。现如今，不仅对于学生们来说必须要重视阅读，全民阅读的趋势也是势在必行。

阅读要从小抓起。实践证明，学习过程是一个逐步积累的过程，语文学习更是如此，只有增加阅读，才能激起学生的阅读兴趣，才能有更多的积累。久而久之，通过大量阅读才能培养学生良好的语感，培养真正的听、说、读、写的能力。当学生们有了充足的阅读量，才能真正提高对语文的感悟。所以，阅读必须从小抓起。

就拿此次寒假学习中的阅读学习来说，我们的孩子可谓是畅游在书海中，对每本书中的故事和人物都有着不同的看法和认知，真正做到了"有一千个读者就有一千个哈姆雷特"！其实，阅读教学一直是我校的特色，作为一年级的孩子们来说，由于自控力和识字量的原因，更为了提高孩子们的阅读效率，学校因此制定的"书香伴成长"就成为了督促学生在家阅读的重要方式。另外，每个学期都会安排适合年级学生特点的学习阅读书目，让孩子们能够根据自己的年龄特点和接受程度来阅读，这样会有针对性地逐步提高孩子们的阅读水平。其次，学生们每天都会进行阅读打卡，挑选读得最好的片段进行视频或语音展示，最后会选出最优秀的"阅读小

达人"。

亲子阅读拉近距离。通过和家长们的交流，孩子们在家的阅读习惯也越来越好，方式也变得新颖多样。由之前的家长读孩子听转变为现在的孩子读家长听；有的孩子还通过各种肢体动作表现故事的精彩之处；还有部分孩子现在已经会完整地复述故事。另外，通过亲子共阅读更好地拉近了亲子之间的关系，加强了亲子间的交流。就拿我班里的一个小男孩来说，他很喜欢科学类的小故事，个性也比较"高冷"，他经常给妈妈讲述一些科学小知识，再加上妈妈的鼓励，体会到了小榜样的作用后，他在家里也变得越来越活泼，什么话也跟妈妈说，性格上有了很大的改善。所以说，亲子阅读不仅拉近了孩子与家长之间的距离，更为孩子的个性发展提供了很好的帮助，也为今后的家校合作奠定了坚实的基础。而且在这期间，学生和家长如果有什么不明白的地方可以随时请教老师，这样学生在老师和家长的指导下，自控力慢慢改善，阅读水平也越来越高。

阅读交流会的开展愈演愈活。通过阅读，孩子们对于故事的了解和认读都各不相同，这时候阅读交流会就越发重要。在老师的引导下，激发更多的学生参与进来，不仅倾听了其他学生的想法和见解，也提高了自己的表达能力，提高了自己的自信心。

个性化阅读班级伴学生成长

魏 珍

有这么一位"小书虫"围绕在我身边，她从上幼儿园之前就很喜欢书，也读了不少的书。她不仅喜欢读书，还喜欢做笔记。才上一年级孩子，翻开她看过的所有的书，你会发现她还喜欢圈圈画画，只要是自己认为好的、有意思的，还有各种结构的词她都会用笔圈画出来。不仅如此，回到班级里，每每课后有时间都能看到她站在班级读书角或者坐在自己的座位上翻看课外书，还会读给同学们听。别的孩子也会见样学样的跟着读。通过了解孩子的家长，我发现，孩子自己喜欢读书很重要，父母培养孩子阅读习惯更重要。对于读书，孩子的妈妈一直是放下手中的所有事

务专心陪伴孩子读书,我很敬佩这位妈妈! 有很多家长跟我反映孩子在家阅读都是应付任务,甚至是不读。于是我利用"班小二"这个小程序设置了每天的打卡阅读,并且统一阅读页数,于每晚点九点半结束打卡时间,只要打卡成功的我会利用"班级优化大师"辅助学习软件进行加分,每坚持 10 天打卡成功,我会奖励一些糖果、可爱的小橡皮等小奖品,这样一周下来等我再去了解情况,家长们反应效果相当不错,孩子们能够主动地去阅读,自己还多读几遍,争取读得熟练了再上传,现在每天的打卡率都在上升。当然我们校长自己研发的"书香伴成长"还要继续填写,每写完一本可以拿旧的来换新的,每换一本新的也会有个小奖励。我还会再推荐阅读书目给家长们,家长们自行购买后我会继续用这个方法来督促孩子们每天晚上的阅读。

我还发动学生把每个人的图书带到班级,建立班级图书角,组织学生自己管理借阅。让学生们都来学习这位"小书虫"方法,每天的课余时间都到图书角阅读或者带回自己的座位阅读。让学生感受到图书角是一个学习的乐园,是遨游知识的好场所。只要我们平常也注意训练,坚持不懈地培养学生的阅读能力,学生的阅读能力一定会提高,相信所有的同学都会向这位"小书虫"看齐,那么我们的教学一定也能上新的台阶。

建设个性化阅读班级的几点做法

李建云

阅读是生活的基石,是所有和世界接轨的人们乐此不疲的一项学习活动。所以要想让学生爱上阅读,作为一名教师在班里营造浓厚的读书氛围以引领他们读书是不可或缺的。

良好的开端是成功的一半。开学之初的第一次家长,我向家长们介绍了我校的办学理念以及阶梯阅读教学法,并对班级共读书目、级部漂流书籍的购买等问题向家长们一一作了说明,得到了家长们的认可和支持。

为让学生们能够享受阅读的乐趣,我每年都会依据学生的年龄特点,为孩子们

创设出"阅读基地",同时动员学生把自己认为好的图书带来,放到班级的书橱里,做到好书共享的同时,也便于学生们进行阅读交流和知识分享。一有空,孩子们就会拿上自己喜爱的书,在"阅读基地"周围或坐或躺,静享读书之乐。孩子们爱上阅读,"阅读基地"功不可没。

读书名言是一种隐性的教育力量,无形之中将会激励孩子们自主阅读。开学初选取简单易懂、朗朗上口的诗句名言,是我布置教室文化首先要做的事情。所以教室内的空白墙壁我也不会让它闲着,它自然成了读书名言的好去处。"书籍是人类进步的阶梯""鸟欲高飞先振翅,人求上进先读书"之类的句子,孩子们能够张口就来。"读书名言"成了孩子们爱上阅读的催化剂。

黑板报作为班级文化的一块阵地,在渲染学生文化、培养学生能力等方面具有举足轻重的作用。因此在板报上呈现"本周推荐阅读书目",公布"阅读之星"等,让板报成为学生展示自己阅读能力的一个平台,让他们在这个平台上收获自信、自强的学习品质,同时通过每周的"阅读之星"评选,让学生发现他人的阅读之长,弥补自己的阅读之短。"黑板报"成为了学生爱上阅读的指明灯。

我们都知道21天养成一个好习惯,新学期开始,我们都会结合学校倡导的"21天美丽行动",督促学生阅读习惯的养成。每晚阅读半小时是我们雷打不动的常规,并且家长在学校下发的"读书伴成长"上签字,督促孩子完成每天的阅读任务。在学校我们还利用每周2节课的阅读时间,让学生交流自己喜欢的片段,精彩的故事情节,自己的读书感受,对自己感兴趣的内容展开讨论交流……交流了,认识才会更深刻;展示了,理解才会更深入。

自信是一盏明灯。为了能让学生的读书成果得到展示,还不能给学生制造压力,我设计了"读书卡""吉祥物"活动,让学生简单地记录自己读完书后的心得体会。学生以自己喜欢的样式自由设计读书卡、吉祥物,完成后我们统一挂在我们的读书角里,既能起到装饰读书角的作用,又提高了学生阅读的自信心。

并不是每个孩子都喜欢读书。如何让全体学生都能参与到阅读中来? 我觉得绘本能够起到决定性的作用。记得有一个绘本故事《是谁嗯嗯在我头上》,讲述了一只鼹鼠想出来晒太阳,结果刚一露头就被一泡屎盖住了头,继而鼹鼠就对这泡屎的主人展开了追查。学校的阅读时间我一般都会用播放课件的形式和孩子们一起读绘本故事。当和孩子们一起读这个绘本的时候,我用极度夸张的语气,对动物们

屎落地的声音进行了配音,并让他们观察插图中鼹鼠的表情,想象和体验它的心情,结果最不喜欢学习的王鹏皓同学笑得趴在桌子上直不起腰来了。从那以后他爱上了读绘本,然后由绘本又引申到了故事书、历史故事、名人传记,我把他的事迹在班里进行了表扬,让他的名字每周都出现在"阅读之星"上,这也激发了班里其他不爱读书的同学的阅读积极性。就这样班里的同学都渐渐爱上了个性化阅读,班里的读书氛围也越来越浓厚了。

班级个性化阅读文化创建的几点尝试

王琳琳

班级阅读文化是以阅读为核心,形成的班集体内部的独特价值观,共同的思想、作风、行为准则的总和。英国哲学家培根说过,读书之用有三:一为怡神旷心,二为增趣添雅,三为长才益智。

学生喜欢什么样的班级文化,什么样的班级氛围呢? 在闲聊中发现,孩子们喜欢的班级环境是自由的、开放的、益智的、有趣的。

在我的班级文化的创建中,主要通过以下两个方面来进行创设,首先是通过对教室环境的布置以及班级制度的制定,构造一种外部的文化环境,培养学生养成良好的文明行为习惯以及学习习惯,培养正确的审美观,锻炼创造能力,提高班级的凝聚力。另一种是以阅读为基础的内部的文化环境的打造,其核心是班级精神文化的打造,通过对于学生阅读能力培养,进行文化建设形成班级行为规范,培养学生正确的价值取向,让学生形成共同的追求、共同的意志、共同的情感等等,也就是班级精神。

班级阅读文化的创建主要从以下三个方面进行。

一、成立"阅读吧"

收集孩子们家庭阅读中的优秀书籍,每人至少两本,由组长和老师对书籍内容进行审核,可以是童话故事、历史故事、科学漫画、传统文化经典、语文主题丛书等内容积极向上的图书,符合三年级学生的特点。放在"阅读吧"的书架上,鼓励孩子

们利用课间的时间、上学早到的时间段等进行阅读，也可以借阅回家进行阅读，共享全班同学的阅读资源，扩大知识面，形成"爱读书"的阅读氛围。每个月都要进行一次"大更新"，让孩子们把书籍带回家，重新换两本不同的书籍带来共享，让"阅读吧"的书籍永远都是"新奇"的，不会令人失去阅读兴趣。

二、成立"我读书，我快乐"作品展

阅读很重要，阅读后的收获和感受更加重要。成立这个展示区域，旨在让孩子们带着思考去阅读，书中讲了什么样的故事，出现哪些人物，这些人物都有什么特点，从这个故事中你明白了什么道理，读完之后要有反思，有感悟。可以通过书画或文字的形式记录下来，对优秀作品进行张贴、展示。感受阅读带给人们的变化。

三、建立"读书我成长"手册

"不积跬步，无以至千里；不积小流，无以成江海"，阅读是一件日积月累的事情，更是一种优秀的学习习惯。每天都要有充足的、固定的阅读时间，让学生能够静心阅读，感受阅读的快乐。借助"读书伴成长"手册，记录每天的阅读时间、阅读内容，感受"日积月累"带来的巨大变化！

阅读，能够启迪智慧，陶冶性情，温暖心灵，充盈精神。通过班级文化的创建，大大提高了学生的而阅读兴趣，学生在阅读中开拓了视野，充实了心灵，也提高了班级的凝聚力。

个性化阅读润"生"细无声

刘 霞

为了激发学生阅读的热情，增长学生的知识，打造"书香校园"，结合我班实际情况，我开展了以下几项工作。

一、晨读

早晨的时间最佳，最有利于孩子的诵读。每天早上让学生背一首古诗或是背上几句朗朗上口的《千字文》，在抑扬顿挫中感受中华文化的博大精深。

二、课前五分钟播

"家事国事天下事事事关心"。每天利用课前五分钟在班级内开展"课前微课程",播报时事新闻,或者是讲解有趣的小故事,同学们即时发表见解或感受,既增长了见识,又锻炼了语言表达能力。

三、每天阅读半小时

每天坚持读书半小时,激发孩子的阅读兴趣,让孩子爱上阅读。把每天的读书过程记录在"书香伴成长"中,并记录自己的阅读感受,见证自己的阅读成长的点滴过程。

四、亲子共读一本书

在家庭中开展阅读活动,有利于培养孩子的阅读兴趣。亲子共读一本书,父母以身作则,为孩子创设一个浓厚的阅读氛围。家长与孩子在读书活动中相互影响,相互作用,营造出一个良好的家庭文化环境和氛围,增进了父母与孩子之间的亲密关系。读书的过程充满乐趣,孩子才会乐此不疲,养成爱读书的好习惯。

五、班级图书角

动员全班学生每人捐出自己认为可读性强的图书,成立班级图书角,贴上专门印制的图书漂流专用书签,推荐给自己的好朋友进行图书漂流。图书漂流活动不仅丰富了孩子们的读书内容,更让我们提升了自己的思想境界,养成了良好的阅读习惯,把读书当作一种享受,让更多的学生参与进来。

六、坚持写日记

写日记是一种好的生活习惯。记录生活留下美好的回忆,把自己每天见到过的人和事,自己一天所感受的有意义的事,或者伤心难过之事记录下来,从中获取更多的生活经验与教训,对身边的人和事发表自己的正确见解看法,深深浅浅的文字,长长短短的文章,既很好地表达自己心中的诉求,又锻炼了语言表达能力,还积累了写作素材。

七、建立积累本

俗话说:"好记性不如烂笔头。"我们要学会经常从文章中摘录有用的好词好句,反复品读积累的好词,体会作者用词的奇妙之处,学会分类积累好词,运用到日常的写作中,让我们的语言更加生动,让文章更有感染力。

八、阅读经典

全班同学确定阅读的经典书目,制定阅读计划推进阅读,绘制思维导图整理阅读思路,班内交流读书感受。

创设环境在个性化阅读班级中的作用

李冠军

"天堂应该是图书馆的模样"。为创造一个良好的阅读环境,我们和孩子们共同打造了我班的个性化阅读文化。利用现有资源,把教室布置得五彩缤纷,既富有创意和特色,又充满着浓郁的文化气息。

一、设计班徽,引领班级个性化阅读文化

为了引领班级个性化阅读文化,提升班级凝聚力,我们设计了班徽。班徽是学生们自己设计,融合学校"玉兰花开"的育人理念、我们的班级文化和对自己的期待设定的。孩子们以小组为单位进行设计,投票评选出最有特色的作品作为班徽。

二、设置班级图书柜与阅读角,创设个性化阅读环境

学校为每个班级购买了班级图书柜,通过学生捐书,或者由家委会统筹购置的方式配置图书柜的书,让孩子能用一本书换40多本书读。为了能舒适阅读,我们在图书角配置了地垫、靠垫、抱枕、小桌子等,阅读课上或下课后学生们可以根据自己的喜好,或靠或坐或躺,自由舒适地阅读课外书。

三、走廊文化

因为学校的统一规划,在每个班级的走廊都建立了文化墙,其中包括好书推荐。新学期伊始,我会把本学期的班级阅读计划中要求的必读书目公布,进行一次推荐介绍,内容包括书名、作者、推荐理由等等。为了激发学生的阅读兴趣,还让已经看过这本书的孩子根据书中的主要人物进行童谣创作,丰富推荐内容。学生作品展等栏目,每周一换,我们实行栏目分责制,学生们根据自己的任务要求自己邀请其他同学创作作品,进行展示,每个学生都有机会展示自己的作品。

教室门口设置了班级名片,把班徽、班级口号、班级合照、任课老师、个性化阅

读之星展示在醒目的位置。

每个班级的走廊墙壁上还设置了阅读树。我们充分利用这一点,加大同学们的阅读量,每月读完一本书获得一个小苹果,每五个苹果获得一颗星,最后根据星星和苹果的多少评选出本月的阅读小明星。这种做法大大激发了学生们的阅读积极性,他们每天到校后的第一件事情,就是去数一数自己获得了多少星星多少苹果,和其他同学有多少差距,大家争先恐后想当第一名。

为点燃孩子们的写作热情,激发想象力,我们还设置了创作墙。无论哪个孩子,都可以把自己满意的"作品"张贴在墙上"公开发表"。

班级阅读文化建设与个性化阅读相得益彰,无论是早读课、课间时间、午餐后时间,我们班孩子都会沉迷在书海中。让环境会说话,吸引孩子主动投入到个性化阅读中去。

第五节

个性化阅读对师生成长的意义

在阅读中遇见更好的自己

方秀梅

　　身为教师，我们都明白，只有不断地读书学习，充实自己，才能有不竭的知识，才能有资格做学生成长的领航人。读书早已成为我的一种生活方式。无论是床头还是案头，无论忙碌还是闲暇，总会有一本书陪伴着我。因为自己的成长从阅读中获益良多，所以，曾经有一段时间我常常绞尽脑汁地想：如何让自己的学生也爱上阅读呢？

　　如今，在我的影响和带动下，我的学生们也喜欢上了阅读，并逐渐养成了习惯。

　　陪着孩子们在阅读之路上行走已近十年，经过这些年的努力，阅读成果已初步显现。回想孩子们从被动到主动再到痴迷的阅读历程，这期间的点点滴滴，都让我感觉既幸福又感慨，想说的话实在是太多太多。

在兴趣中起步

　　教低年级的时候，为了培养学生的阅读兴趣，我把读书的原则定位在有趣、自由、闲适，主要是让学生先喜欢上读书，没有把读书的意义强调得太重要，标准和要求也不是太严。刚入学时，因为学生识字有限，要让他们自己读书难度不小，如果

操作不当甚至会挫伤他们的阅读积极性。小孩子对故事基本是没有免疫力的,所以,我先从培养学生"听"书的习惯入手。在学校,利用课前几分钟听老师读有趣的故事,回家后听爸爸妈妈读或者听有声故事。后来,我开始推荐一些字少而想象空间大的绘本读物给孩子们;学习了拼音以后,我又开始推荐一些图文并茂的拼音读物。再后来,随着学生识字越来越多,拼音运用也越来越熟练,渐渐地班里多数孩子开始甩掉"拐棍"自己津津有味地阅读了,有几个识字量比较大的孩子甚至可以当小老师了。

在采撷中丰盈

曾经,一位当律师的家长跟我说起一件事。有一次他无意中发现儿子翻看他的专业书籍,问孩子能不能看懂,孩子摇头说只是看着玩,而父亲立刻醒悟到需要给孩子买书了。毋庸置疑,这是一位称职的好父亲。从这次谈话中,我也受到了启发:课外读物与生活同在,色彩斑斓,生机盎然。要想让孩子对阅读始终保持浓厚的兴趣和探索的精神,就需要不断地补充、丰富学生的读物,让他们不断地感受到新知识带来的乐趣,从而激发主动阅读的愿望。

对此,我多少动了点小心思。每学期开始我都会给学生列一个推荐书目单,让他们自己选择喜欢的书目。不过,总有个别学生对此兴致不高。于是,平时上课时,我会有针对性地涉及到其中某些书籍的精彩篇章,在学生们正听得津津有味时戛然而止,卖个关子:这只是这本书的一部分,有兴趣的同学可以课下找来读一读哦;或者范读一些经典美文片段,引学生"上钩"。在我不动声色的引导下,班里很多孩子会主动去购买或借阅这些好的文学读物,并在班里掀起讨论交流的热潮。有时候,我也会联合家长利用节日活动做些文章,比如儿童节的时候,家长事先买好书籍由我出面当作节日礼物赠送给孩子,既有惊喜又有意义。有时候,课本中涉及某部名家著作或经某个同学推荐的心爱读物,如果大家普遍感兴趣,那么全班约好网上团购,在班里开展整本书阅读。不知不觉中,学生们的藏书越来越丰富。

在指导中提高

好读书是前提,爱读书是目的,而引导学生"会读书"则是关键。学生阅读数量增加了,如何提高其阅读质量呢? 我认为应该是"得法于课内,得益乃至成长于课外"。在课堂教学中我不但让学生掌握精读的方法,还教给学生略读法、速读法、跳读法、批注法等,并充分利用每周一节的阅读指导课对学生跟进阅读指导,这基本

上就是一个"教——扶——放"的过程。学生初步阅读时,往往方法掌握不是太好,像批注法的运用,我要求把自己认为优美的语句画出来,在旁边写一写感受,结果有些孩子把文章大部分内容画出来了,批注也写得乱七八糟。不过,经过一段时间的指导和练习,学生慢慢有了自己的价值判断,开始把方法转化为能力,阅读效率也有了大幅提高。

在落实中强化

读书必定是要下苦功而且要带有严肃的思考的,因为兴趣和热情总有消退的时候,如果不加任何督促和约束的话,是很难持久的,尤其是小学生。所以,等学生们的阅读进入常态轨道,那就得重新定规矩了。为了巩固强化学生的阅读习惯,每天我都把阅读当作一项常规作业来布置。周一至周五每晚阅读三十分钟,周末适当延长阅读时间,坚持填写学校印制的"书香伴成长",家长签名确认并做好监督。在学校,每天的"课前三分钟演讲"和每晚阅读内容概括,每周一次的"阅读分享卡"填写等都有效地保证了学生课外阅读的落实。

在交流中成长

书读完之后不管不问的话是不行的。为保证阅读效果,使学生养成良好的阅读和交流习惯,教师能做的就是积极创设多元交流平台,为阅读助力。这些年来,通过读、写、画、演等多种形式进行阅读展示交流,我们都尝试过。让学生有感情地朗读自己喜欢的情节片段,在提前发动和充分准备的基础上,自编自演课本剧,让学生在表演中展示读书收获,享受读书乐趣。

"主题阅读"是我们经常采用的交流形式,即设置一个主题,向学生推荐相关书目,然后以比赛的形式展示读书成果。全班读完《狼王梦》,我们就开展了"狗尾续貂"写绘比赛,以及"母狼紫岚是位伟大的母亲还是一个野心家"的辩论赛。读完《三国演义》,我们就举行了"我最喜欢的三国故事"讲故事比赛,和"我最喜欢的三国人物"为主题的读书小报评比。学生的参与热情十分高涨。通过这些活动,学生对这些书的认识也达到了一个崭新的高度。

另外,每月一次的"读书交流会"也是深受大家喜爱的一项活动。学生之所以喜欢,是因为这是一场从备课到制课件再到主持,完全由他们自己完成的"读书嘉年华"。交流会一般由小组之间轮流主办,学生交流当月读到的好书和优美片段,并把自己的阅读收获和大家一起分享。从开始的家长帮忙制作课件,结结巴巴地

登台主持,到现在自己熟练制作 PPT,大方得体地侃侃而谈,每个学生都从中得到了锻炼。通过读书交流会,大家交流了思想,启迪了思维,得到了成长。

在扶持中行稳致远

阅读活动之所以取得这样的成果,与家长的积极参与是密不可分的。回想刚开始阅读的时候,有不少家长是不以为然的。于是,我召开了读书动员大会,向家长阐述了亲子共读的重要性,并发出倡议:播种别错过春天,读书别错过童年。为了孩子的长远发展,绝大多数家长表示理解、支持并配合。不过,一段时间后,部分家长对陪读、每晚签到开始有所抱怨。于是,我利用家长会的机会提醒大家:"陪孩子读书,陪的不是时间而是责任。"

到了三年级,学生阅读已开始有了量的积累,而学习写作也开始提上了日程。一段时间后,又有家长开始质疑读书的必要性:书是读了不少,但是孩子仍然不会写作文,读书好像没有什么用处啊? 这种情况下,我提出了"阅读吧,总有用得着的时候"这样的主张,并强调:书到用时方恨少。阅读,绝不是为了功利性地用在作文上,而是应该将其蕴含的知识、道理和人文精神融入孩子们的日常生活,提升他们的文化品位和个人素养。

渐渐地,家长们开始主动参与阅读活动,并且乐在其中。整本书阅读时,大家一呼百应,各尽所能,有的主动帮全班同学到网上购书,有的帮忙送书、发书。为了给孩子们创造一个更好的阅读环境,有的家长主动给班里捐赠书橱,有的家长则缝制图书吧桌布,给每个孩子缝制小书袋……

一个人可以走得很快,但只有与人为伴才会走得更远。读书的日子还将继续,让我们结伴同行吧,在阅读之路上我们将看到更多更美的风景,也必定会遇见一个更好的自己。

个性化阅读在教师职业成长中的作用

郭丽丽

书籍给我们带来了知识,带来了快乐,它在潜移默化中影响着我,教给我怎样

为人处事,怎样工作生活,怎样教育好我的学生们。茶余饭后,我常常捧着一本好书,沉浸在书的海洋里,流连忘返,读书成为了我的乐趣。

个性化阅读更能促使教师成长。不知不觉中,阅读已经成为了我们的一种习惯,成为了我生命中的一部分。在从教以后,每当我在教育教学工作中遇到困惑的时候,我都会从书中去寻找解决的方法,前人的经验和方法,可以让我站得更高,行得更远,使我不再迷茫,在教学的道路上越发坚定。我深知这份自信和力量正是得益于长期的阅读。无独有偶,曾经在一篇文章看到:"几乎所有的名师都在持之以恒地做一件非常普通但又非常重要的事情,那就是读书。大量地、广泛地、坚持不懈地阅读,是教师成长为名师的秘诀。"我认为这句话很有道理。要脚踏实地的做一名好老师,前提就是要有深厚的文化底蕴。书读得多,不一定文化底蕴就深厚。但是,不读书、少读书,是一定没有文化底蕴的。我们现在处于一个信息化高度发达的时代,对于我们教师来讲,不读书、少读书,会使我们与时代脱轨,跟不上时代的步伐。假如我们老师的知识储备量不够,又如何能解决学生所提出的一个个问题呢?所以,唯有多读书,才是解决这些问题最为重要的途径之一。教师与学生是一对互相依赖的生命,是一对共同成长的伙伴,教师的幸福不仅仅是学生的进步与成长,同时还应该包括自己的充实与成长,吾生有涯,而知无涯。教师的职业特点决定了我们只有通过阅读、个性化阅读,不断地给自己"充电",才能拥有源源不断的"活水",给自己和学生的双重成长以坚实的保证。

个性化阅读更强调选择性。读书不是一件任性随意的事,尤其是当了老师,不能说自己喜欢哪种类型的书就一直读此类书而拒绝阅读其他的书,教师的个性化阅读要有计划、有目的、有选择,要以提升自身修养和业务水平为目标,要广泛涉猎,更要读有深度有厚度的书籍,尤其是那些专业领域的经典著作,只有这样,才能做到不断完善自己的知识结构,才能拥有丰厚的理论基础和支撑,才能有具备开阔的人文视野,看待问题才能有独特的视角和独到的见解,这对分析教材很有帮助,教学过程也会更加应用自如。

总之,个性化阅读不仅可以增长自己的学识,丰富自己的文化底蕴,更能影响学生、熏陶学生,促使学生形成终身学习的良好习惯。

个性化阅读教学中个人气质的涵养

刘 鹃

对于小学生来说,阅读是学好语言,用好语言的法宝。它不仅能拓宽学生的知识面,更能提高学生的阅读分析能力,陶冶学生的情操。所以我在进行语文课外教学时把阅读列为主要内容之一。

一、学生的语言表达能力和习作能力,在阅读中得到了很好的提升

阅读让每个孩子的内心得到了更好的充盈,书中优美的语句和词语在他们的心中生根发芽。在习作中,他们可以从脑海中提取自己积累到的好词佳句,在表达中他们变得更加胸有成竹,更加自信满满。孩子们从开始写作时的记流水账到后来的文思泉涌,落笔生花;从羞于表达变得落落大方,正是阅读的魅力与功劳。

二、学生思想道德品质得到了提高,班级管理事半功倍

大多数学生都会在自己心中树立一个英雄形象或学习的榜样,而老师、科学家、工程师等这些崇高的职业从业者往往会成为他们学习和崇拜喜欢的对象,相当一部分学生通过阅读各类书籍认识"偶像",学生在阅读时会潜意识地将自己的思想和行为与书中所描述的人物形象进行比较,无形中就提高了自身的思想意识和道德素质,并积极地履行自身的思想及行为方式。在班级管理中,学生课余时间阅读的多了,追逐打闹的少了,那些调皮的孩子越来越懂事了,因此班级管理起来也就事半功倍。

三、学生的各科学习得到了共同提高

阅读不仅有利于语文水平的提高,同时对其他学科的学习也有很多正面的影响,阅读不仅可以使学生开阔视野增长知识,还可以进一步巩固学生在课内学到的各种知识,学生会将自己从课外学到的知识融会到他们从课内书籍中所获得的知识中去,融会贯通,形成一种良性循环,使知识更加牢固。

四、学生智力得到了更好的开发

阅读可以扩大学生的智力背景,书读得越多,知识面就更开阔,同时会让学

生在阅读中丰富头脑,使他们的思维更活跃,更具有灵活性。广泛地阅读是学生搜集和获取知识的一条重要途径,通过这条途径,学生的知识面开阔了,思维也相对灵活起来,这就为学生提供了丰富的智力来源。

如何才能让孩子喜欢读书

李　敏

如何才能让孩子喜欢读书,让阅读成为孩子的一种生活方式呢?

谈到这个问题,总是令很多家长头疼。因为生活中我们常常看到很多孩子不愿读书、讨厌读书。在他们看来,读书是一件很枯燥的事情,有一点空闲时间,他们都用来看电视、玩电子游戏了,实在是静不下心来看书。

所以,要培养孩子对读书的兴趣,是一项长期的工程,不是一朝一夕能够做到的,需要耐心和信心。

一、读书要趁早

培养孩子的读书兴趣,越早开始效果越好。让孩子从小就懂得读书是一件甜蜜而快乐的事情,以此唤起孩子对书、对文字的兴趣。

二、保证读书时间

读书贵在坚持,让阅读成为生活方式,是一个长期的过程,不能松一天紧一天、读一天歇一天。如果每天都给孩子一段读书的时间,哪怕只有十分钟,日积月累也是一个惊人的数字。

三、营造读书氛围

读书需要有一个良好的氛围,如此才能保证孩子心情愉悦、注意力集中地读书。所谓书香门第多才子,一个最重要的原因就是他们家庭读书的氛围好。如果父母本身都有阅读习惯,言传身教,自然能给孩子良好的影响。

四、感受读书的乐趣

孩子之所以喜欢玩游戏,是因为游戏让孩子感到快乐。那么要想让孩子喜欢读书,也要让孩子感受到读书的快乐。当孩子在认真看书的时候,我们不要去打搅

他，更不要根据自己的兴趣对孩子提出一些要求。因为这个时候孩子正沉浸在享受读书的乐趣中，你要做的是分享这种乐趣，而不是破坏孩子的心境。另外，当孩子向我们讲述自己阅读的快乐和收获的时候，我们一定要表现出和他一样的开心，分享孩子的读书成果，这会让孩子更有成就感，并对读书产生更浓厚的兴趣，并爱上读书。

心灵的净化器——个性化阅读

李颜秀

每天在忙碌的工作之余，我都会多多少少地阅读一些教育书刊，每每读完都会有种豁然开朗的感觉。书中借助一个个通俗易懂的教育故事，帮助我们解答教学中的困惑，漫步书中，好像与名师面对面地交流一样，真是妙不可言啊！

在我读过的一期《山东教育》中，曾有这样一个问题让我陷入了沉思："为什么在小学一年级就开始出现落伍的、考试不及格的学生，而到了二三年级甚至有落伍得无可救药的学生呢？"是这些学生天生太笨，是他们上课不专心听讲，还是从教师自身寻找原因？作为教育者，自己是否做到了教育的公平性？是否做到了面向每一个学生特别是学习能力稍弱些的孩子？每个学生都有自己的思想和情操，有他独特的思维和心灵。我们应该多一份关爱，多洒一些阳光给那些"落伍得无药可救"的孩子们。苏霍姆林斯基曾提到，对那些学习有困难的学生，要走到他们跟前，看看他们有什么困难，拿出专门为他们准备的习题。这是我从书中所收获的，当然我也在教学中不断践行着。

阅读，是修身立行之根本。教师的成长离不开个性化阅读，作为一名教师，更要时时刻刻以书为友，让书使自己变得更聪明、更能干、更睿智。让书净化自己的心灵，充实自己的内涵，让书伴随自己不断进步。在教育教学过程中，要不断丰富自身学识，努力提高自身能力、业务水平。在教学业务上有时会产生一种倦怠感，缺少了一份热情。通过读书会让你有一种冲动，一种积极向上的激情。现在的学生接受新知识的途径越来越多，在某一方面往往他们懂得的要比我们多得多。因

此,教师必须不断地学习,向书本学习,不断地扩大自己的知识面。只有这样,才能将课堂驾驭得游刃有余。

个性化阅读,让我的教育理论更丰富。教师需要读一些教育类书刊,通过读书可以加深自身文化底蕴,提高自身修养。利用课余时间,多读教育专著和教育教学报刊。像李镇西老师的《爱心与教育》使我的心灵受到激荡。他独到的教育阐释给我深深的启迪,也改变了我的生活观和教育观,为我的教育工作指明了方向。

个性化阅读,让我更自信地面对生活。当我们因辛勤工作收获甚微而感到牢骚满腹时,书会告诉我要笑对生活,这时我会浑身充满工作的激情。读了一些书,也有了一些自己的想法,禁不住拿起手中的笔,写下自己的所见所感所悟,每当自己完成了一篇又一篇的作品时,一种满足感便在心底涌动,这是一项极大的自我挑战。当自己取得些许成绩时,那种成就感是笔墨难以形容的,那种感觉,别提有多么欣喜,虽微不足道,却由衷地感到兴奋不已。这也许就是阅读的另一种乐趣吧!阅读,也让我对生活更加自信。

把个性化阅读当作一种习惯,日积月累,博览群书,真正体会到个性化阅读的快乐;让阅读掸去心灵上的灰尘,还我们一个恬静纯洁的心灵!

在个性化阅读中成长

齐红蕾

"师者,所以传道授业解惑也"。这是我们再清楚不过的事实了,但我们凭借的基础是什么呢?假使只是四年或五年的师资养成过程,以及一年一年在教学过程中累积的经验,再加上成长期间的时代限制而导致的精神贫血,也许我们很快就会面临"黔驴技穷"的窘境。

教师的职业特点,决定了教师的读书风气最能影响学生和社会的风尚。只有热爱读书的教师,才能培养出热爱读书的学生,才能营造出整个社会热爱读书的良好氛围。热爱读书的教师,是社会的一笔无形资产。苏霍姆林斯基认为:"如果你的学生感到你的思想在不断地丰富着,如果学生深信你今天所讲的不是重复昨天

讲过的话,那么,阅读就会成为你的学生的精神需要。"教师,需要学识。精深的专业知识和广博的相关知识常常能让一个教师在课堂上左右逢源、神采飞扬。学识源于读书,处在不断地发展变化之中。《学习的革命》一书中指出:"我们的孩子们将生活其中的世界正在以比我们的学校快四倍的速度变化着。"如果教师不能把准时代的脉搏,不能不断地读书、拓展视野、增长学识,不仅不能教好学生,反而会因为自己的落伍而妨碍学生的发展。可见,读书是教师的立身之本。教师,要做好教书育人的工作,首先要做个真正的读书人。

教师爱上阅读,会对学生阅读产生重要的影响。于永正说:"学生时代啊,一定要多读一些经典著作,这是为人生奠定底色的。"吴非更是强调:"教育就是要教会学生思考,通过广泛的阅读,培养一种批判意识,这样才会更好地看清各种历史和社会现象。"一个人,如果到了十七八岁,还不能认识到人文精神的重要,还没有独立思考的意识,指望进了大学再修炼,性情心灵和教养已经有很多补不了的"空洞"了。

今天的师生,身处信息化社会的洪流之中,在阅读习惯的培养方面又多了一些障碍。信息传播手段的快捷化、碎片化,浅阅读的流行,对阅读的冲击很大。为此,华应龙特别提醒大家:"少上网,上网会不经意地流失我们的读书时间。"《浅薄:互联网如何毒化了我们的大脑》的作者卡尔也说:"从纸面转到屏幕,改变的不仅是我们的阅读方式,它还影响了我们投入阅读的专注程度和沉浸在阅读之中的深入程度。"

读书的过程,实际上是在两个方面不断探索的过程。

一个方向是向内,不断探索自己的内心,尝试正确地认识自己。王崧舟说:"我们不断地向外求,心灵变得四分五裂,对自己内心的需求关注得越来越少。实际上,阅读是唯一能让人找回自我、感知自我存在的方式。"窦桂梅强调在阅读中要对文字保持高度敏感:"凭借文学的力量,一位语文教师把心中积蓄的情感散发出来,并将之弥散到课堂中去,是一件非常幸福的事。"

另一个方向是向外,不断地探索与自己生活工作相关的领域,建构起自己对世界的认识。李镇西说,古今中外教育家所面临的主题是共同而永恒的,这就是"人的解放"以及由此而来的对人性、个性、创造性以及师生关系、学校与社会、教育与生活等一系列根本问题的思考与探索。这就是他对这个教育世界的认识。

"读书其实就是与作者约会,幸福着他们的幸福,悲伤着他们的悲伤"。张云鹰

的这句话，或许很代表众多阅读者的心声。钟志农说的也很有意思："人生很短暂，好书跟人一样，错过了就永远错过了。我不想带着遗憾离开。"

将自己写成"耐读的书"

王　莹

身为一名教师，在日常的教学生活中，我们的身体与灵性都处于一种磨损状态，如果再不读点书，没有好的书籍为我们提供一些补给，那生活岂不是太无趣了？想想你有多久没有抬头看看蔚蓝的天空，看看初升的太阳，看看多情的落日，看看绚丽的云彩了？要知道，只有爱生活的人才会真正爱教育，而只有真正爱教育的教师，才会品尝到生活的真正滋味。执教一年级语文这一年来，我深深感受到了阅读的重要性，不管是对于我自己还是对于学生们。

我认为，教师就是一本书。如果把教师比作一本书的话，那么教师就应该是一本让学生爱不释手的书，就应该是一本让学生百看不厌的书，还应该是一本值得学生细细品味的书。要想将自己写成一本"耐读的书"，本人有以下几点拙见。

一、教师必须有自己的底气

如何做到有底气呢？需要勤奋学习，自我修炼，要"苟日新，日日新"，不要满足于老经验，要永远处于阅读状态，探索状态，不断有新的发现。需要不断更新自己的教学思路、教学方法，将新理念、新观念运用到新班级、新学生当中去，每天给学生传授一些新鲜的东西，学生才会对你百看不厌，久处不烦。要想做到新颖，有高度，有内涵，需要长期地读书和积累，除此之外没有捷径可走。执教这一年来，我每每从书中或从别处学到了新的教学方法，总会在我的课堂上试验一番，而孩子们的反馈效果也特别好。

二、为学生打下精神底色

教师应当创造条件，多和学生一起读书、写作、听讲座、练书法、吟诗歌，利用这些活动提高学生的人文素养，为学生打好"做人"的底子。我们不仅要关心学生的今天，更要关怀学生的明天，是谓"终极关怀"。利用自己课堂上的小环境，努力将

学生培养成爱读书、会读书、知识渊博、兴趣广泛、有责任感、懂感恩的真正大写的"人"。后期班级进行了诗歌录制视频比赛，由学生自己在家背诵诗歌并录制视频，第二天由班内其他学生评价并投票，学生在点评了他人的同时也意识到了要让自己做得更好。

三、可以适当"偏题"

"偏题"指的是插上几句题外话，一首诗、一个历史故事或者是自己经历的一件事。这些所谓的"东拉西扯"有时更能吸引学生的注意力，对学生产生深远的影响。因为求学之路，终有尽头，而为人之道，不曾结束。学生最终都要走出学校，走进社会的。对于年纪小的学生来说，老师讲的小故事比课本里枯燥乏味的知识更能吸引他们的注意力，并且记忆还会更牢靠。

我们应当把阅读视为自己专业成长的必经之路，在阅读中接触更广阔的天地，在阅读中丰富自己的人生，在阅读中完善自己的教育教学。没有阅读的人生是不完整的，是枯燥的、乏味的、苍白的。阅读的时光，是美好的、甜蜜的、耐人寻味的。努力把自己打造成一本"耐读的书"，让学生百看不厌，爱不释手吧！

最是书香能致远

张松君

从踏上三尺讲台到现在，不知不觉已经过了八九年的时间了，自己也从一名新手教师成长为一名相对有经验的青年教师了。在这八九年的时间里，自己无论教育教学水平还是班级管理水平都有了比较大的提高。能有这些进步除了要感谢学校领导的栽培和同事们的帮助之外，还要感谢的就是阅读。是阅读让我知道了自己存在的不足，也是阅读让我知道了进步的方法，拥有了前进的动力。

以前我总认为阅读是语文老师的事情，和我这个数学老师没有什么关系。自我感觉自己也不需要阅读——自己堂堂的一个大学生还教不了一群小学生。但是一件事让我真切地感受到了阅读的紧迫性。那是六年级的一节数学课，那天上午要进行《圆的面积》一课的学习。因此前一天晚上，我布置学生自己在家想办法把

圆剪拼成我们曾经学过的图形并找到它们之间的联系。当时还觉得自己精心设计的教学设计很棒呢,没有什么遗漏,毕竟自己认认真真地看了课本和教参。第二天上课后刚开始还比较顺利,到了展示交流环节,学生拿着前一天剪拼的图形上来汇报的时候,前面的几个同学都是把圆转化成了长方形来计算,这也正好是我们课本和教参提供的方法。但是后面的几位同学是把圆拼成三角形来计算的,因为课本和教参中没有提到这种方法,当时自己也没有认真思考就把这几种同学的方法否定了,认为计算不出圆的面积。下课后这几个同学来找我说他们昨天做作业的时候查阅资料,发现把圆转化成三角形是对的,这样也能计算出圆的面积来。听了他们的话,我当面查阅了资料,发现确实是这样。还记得自己的脸当时一下子就红了,觉得特别尴尬。很感谢这些同学,当时没有在课堂上让我下不来台。

虽然过后学生依然喜欢我和我的课,但是那种尴尬的情境随时提醒着我不能再固步自封了,要开始学习了,因此阅读开始走进我的生活。刚开始的时候我读的都是一个个的教学设计案例,慢慢地自己开始尝试着对别人的教学设计进行修改完善,试着把同一节课的几个案例进行整合,让自己的课更加充实。后来除了看教学设计外,自己又开始针对教学内容进行相关数学史资料的阅读,以增加自己的数学素养,让自己的课堂内容更加丰富多彩。后来自己又开始阅读有关教育的书籍,不断丰富自己的教学思想,学习顺应教育教学规律做一名合格的数学老师。这几年随着自己结婚生子,为了教育自己的孩子,自己尝试跳出数学教育的范畴,开始阅读历史、文学、心理等方面的书籍。正是阅读丰富了我的知识,开阔了我的视野,增加了我的思想深度,推动着我一步步前进。

做最好的老师

周　敏

从毕业到踏上教师工作岗位不知不觉已经好几年了,这几年里,我有过当老师的自豪感,也有过面对调皮孩子的无奈。回想自己的学生时代,虽然成绩不是格外突出,但也是非常勤奋努力的好学生。成为老师之后,我也积极认真地上课,努力

想做个学生喜欢、教学成绩好的老师。可是毕竟缺乏实际的教学管理经验，结果总是不那么尽如人意。

这些年教育界流行这么一个说法："北有魏书生，南有李镇西。"趁着暑假，自己比较有时间，就去书店逛了逛，结果被李镇西老师的《做最好的老师》这本书吸引了。做最好的老师不正是自己一直以来追求而又没达成的目标吗？就这样，我买了《做最好的老师》这本书读起来。

李镇西老师写的《做最好的教师》这本书，是李老师25年教育教学思想和智慧的精华集萃，全方位地阐述了李老师的教育观、学生观、班级管理、思想工作、心理教育以及语文教学的理念与实践。书中从李老师步入教师岗位初期写起，从青涩写起，到有一定的经验，到经验丰富、满腹经纶，将自己的成长与成熟一步步介绍给了我们，李老师的教育思想、教育机智、教育技巧，让人不禁为之激动、赞叹、折服！

那么怎样才能成为一位好老师呢？李镇西老师给出了答案——好教师要有童心和爱心。

"乐于保持一颗童心，善于在某种意义上把自己变成一个儿童，这不但是教师最基本的素质之一，而且是教师对学生产生真诚情感的心理基础——也正是在这个意义上，我甚至把童心视为师爱之源"。李镇西老师是这样说的。确实是这样，随着我们年龄的增长，我们与孩子的心理差距不断拉大，我们如果总是以年长者的身份和心理来面对孩子，孩子势必会产生逆反心理，反而会疏远我们。只有带着童心，我们才能真正走进学生的心灵世界，与学生相处愉快。

工作以来我总是要求孩子们达到自己心目中的标准，总是觉得孩子们不听话、不长记性，说过的事情总是不记得，强调过很多次的知识点还是错，上课坐不好……时间久了，我总是只看到孩子们的错误，经常责怪他们。慢慢地，我发现孩子们没有像当初刚来到这个班级时那样喜欢我了，甚至我成了孩子们眼中的凶老师。我的生气和责怪并没有换来孩子们成绩的进步，后来我改用了鼓励孩子的方式，努力看到孩子的进步，及时表扬他们，孩子们的进步越来越大。

回想自己这从教的几年，我不禁惭愧万分。读了李镇西老师的书，感觉受益匪浅。从今天开始，我不仅要多读书，努力汲取前人的教学经验，还要保持一颗童心和爱心，努力走进学生的心灵世界，学会与学生愉快相处，以"做最好的老师"为目标不断奋进！

书香润泽人生

杨凯玲

前段时间看到央视的董卿主持了一档节目《朗读者》，当时就被董卿深厚的文化功底所折服。正所谓"腹有诗书气自华""读书万卷始通神"。一个人读书读多了，身上自然而然就有了不同寻常的气质。阅读让我们原本枯燥无味的生活变得多姿多彩，让我们更深刻地感悟人生真谛。

小时候家住农村的我，经济条件不好，父母也是普普通通的农民，所以在读书方面没有人引导，除了学校发的书几乎没有接触过其他课外书籍。随着年龄的增长，越来越觉得书到用时方恨少，于是开始想方设法多读书，向他人借，去书店买书。从书中我增长了不少见识，从别人精彩的生活中也感悟了很多，更给了自己努力读书的动力。虽然没有周恩来"为中华崛起而读书"那么伟大的志向，但是也希望自己能实现自己的梦想，有自己的一番作为。"书中自有颜如玉""书中自有黄金屋"。在书的海洋里，我感受到了各种快乐，在知识的海洋里遨游。在书中行走，我感觉到的是释放，是享受，是智慧，是人生的起起伏伏。

读书丰富了我的人生，令我感悟到许许多多的人生哲理，学会如何与他人相处，如何为人处世，让我不再孤独，它是我精神的伙伴。一篇篇梦幻的童话故事给了我快乐的童年，幻想着白马王子和公主的浪漫故事；优美的散文犹如一股清泉，净化了我们的心灵，那感觉似乎雨后呼吸到新鲜空气，沁人心脾；一部部小说中精彩绝伦的故事情节总能扣人心弦，牵动着我的心。畅游在书的世界，我感觉生活不再那么单调，津津有味地享受生命的每一天。

长大后，信息时代的发展，我们读书的方式越来越多，接触的知识面也越来越广。我开始利用网络广泛地读书，拓展自己的知识面。读书让原本不善言辞的我慢慢尝试如何与他人相处，如何提高自己的情商，我开始慢慢变得开朗、幽默和自信。性格改变了，朋友圈也越来越大，自己成长了许多。自从踏入教育这一行，我开始关注有关教育的各种文章，关于儿童教育的，让我更加透彻地了解儿童的身心

特征,在教育孩子的时候更有针对性。面对孩子身上各种各样的教育问题,我开始反思,与父母探讨如何做一名合格的家长,扮演好爸爸妈妈的角色。阅读了这些方面的书籍,跟家长分享自己的所感所想,一起进步,同时自己也学习到了很多育儿的好方法。

有了书籍,享受其中,面对未知的将来也不再迷茫,人生路上总会遇到不同的困难,但是解决的方式方法却很多。是读书,让我体会到了生活的不同侧面;是读书,让我变得自信满满;是读书,让人生更加耐人寻味。

个性化阅读是打开心灵的钥匙

傅静怡

学生时代时常听到老师在耳旁提起"多读书"这三个字,那时只是耳听却从未心记。现在,我时常在学生耳旁提起"多阅读"这三个字。不知现在的他们是否跟当时的我一样无知。

工作一年,当领导说,你写个什么吧。我才意识到语言的匮乏,眼看同一年进校的老师发表的美篇、文章,得到的荣誉越来越多。我投去了羡慕的眼光,可我为何又做不到。我决心充实自己,美化自己。我去书店选了几本比较感兴趣的书籍:《妞妞》《追风筝的人》《随遇而安》《所有的努力只为遇见更好的自己》,回到家,收拾好行囊,重新出发。

我从《妞妞》开始看起,这本书里有句话令我印象深刻:"我终于发现忍受与不可忍受的灾难都是人类的命运。接着我们又发现只要咬牙忍受,世上并无不可忍受的灾难。"看着自己的孩子生病、离世,心里疼痛又无可奈何。这是作者周国平先生对生死的沉思。我突然觉得活着真好,父母健康简直是最大的幸福。记得,姥爷病倒的那一年,我的妈妈无日无夜地照料、陪伴,付出了无数的心血却在病魔面前无能为力。后来我把妞妞的故事、周国平的话语讲给妈妈听,妈妈似乎又懂得了一些。这本书打开了我的心灵,使我在灾难来临之前做好了充足的心理准备;这本书更打开了妈妈的心灵,让她在此基础上更想开一点儿。

我翻开《追风筝的人》,正如翻开了新的人生。如果当时哈桑被别人欺负时阿米尔能及时帮助他,那他的人生又会发生怎样的变化?如果一开始他的父亲就告诉了他关于哈桑与他的秘密那又会出现怎样的结局,会不会由悲变喜?我佩服哈桑的忠诚、老实。在哈桑心里,阿米尔少爷是他最信任甚至是完美无瑕的人。哈桑的简单对现代人来说谁又能做得到?阿米尔的逃避反而是我们常见的。我感触最多的也是阿米尔的后悔,想起自己其实也是同样的,每次做了不用心的事情时心里总是忐忑不安。每次忐忑不安的同时又告诫自己下次一定用心做,偷懒会付出相应的代价。就让哈桑常驻我心,打开心灵的美好吧。

《随遇而安》这本书是主持人孟非写的,它的内容正如"随遇而安"这四个字的意思一般。孟非在不同的工作岗位不同的人生阶段都能得到相应的满足。像孟非一样有想法的人生那才是最充实的。

其实,我们读过的书可能还有很多,但通往心里的钥匙却为数不多。从不同的书中可以体会到不同的人生,从不同的人生中又能找到些充满智慧的知识。那像钥匙般的书使我更加自信、豁达!

品一本好书,点一瓣心香

扈文蕾

我爱读书。一个人的夜晚,月朗风清,卸下一身的疲惫,我总喜欢挑一盏青灯,手捧一卷书,穿梭在教育名著的大千世界中,体味教师生活。

"捧着一颗心来,不带半根草去"。这是教育家陶行知先生曾说过的话,怀着对陶行知先生的崇敬,对人民教育事业的热爱,我开始了我的教师生涯。从此,《陶行知教育名篇》伴随着我的教育之旅。他的"为一大事来,做一大事去"的抱负引导我们树立远大理想;他的"爱满天下"的胸襟培养我们博爱情操;他的"千学万学学做真人"的境界培养我们诚信品格。陶行知先生的教育理论博大精深,他为刚刚踏上教育工作岗位的我指明了方向。

曾几何时我对自己当初的那份教育激情产生怀疑,正当我惆怅满怀、不知所措

时,《王晓春给青年教师的 100 条建议》一书让我重新找到了当教师的感觉。"当老师的感觉到底是什么？他应该是学习意识强于教书意识,交流意识强于传达意识,帮的意识强于管的意识,长远意识强于短期意识"。它就像一盏指路的灯塔,转变了我的工作思维方式,"要多问个为什么,少问怎么办",引领我行走在教育的前沿,思想在教育的前沿,让我不断激励自己,努力提高自身修养。

曾几何时我为班主任工作所困扰,正当我踌躇不前想放弃时,《班主任之友》以实新博活、短精细巧的个性,给我带来了巨大的精神财富,送来了导师般的帮助。它给我送来了新的教育信息、新的教育理念、新的教育教学方法,它指引着我的前进步伐,启迪着我的思想,指导着我的工作,令我有了新的感悟;它给了我班主任必备的"三副眼镜",用望远镜来激发整体的进取意识,用显微镜来对待优秀生身上的缺点,用放大镜来寻找后进生身上的优点,发现学生的内心世界;它使我"山重水路疑无路,柳暗花明又一村",它让我学会用辩证的眼光看待每一个孩子,辩证地思考班级发生的每一件事情;学会领略每一个孩子"横看成岭侧成峰"的那份独特美丽。它是班主任教育工作的一道亮丽的风景线,它芳香馥郁,温馨迷人,是争妍斗奇的期刊园地里的一朵美丽的鲜花。慢慢地,我越来越离不开《班主任之友》,它已经成了我生活的一部分。

我爱读书。闲暇之余,我也会在和煦的阳光下,独坐在草地上,捧着一本书,沐浴着日光,也是无比的惬意。

"问渠那得清如许,为有源头活水来"。在这个"唯一不变的是改变"的社会里,我寻寻觅觅。如今,蓦然回首,却发现你就在那灯火阑珊处。在不经意间,轻轻地,品一本好书,点我一瓣心香。

个性化阅读二三事

贾琳琳

读书,在我们小时候尽管不是什么特别奢侈的事情,但是,上学读书也并不是父母心里特别愿意的事情,花钱又费时间,而我又是家里的第二个女儿,自然不是

特别被重视，因为上学是我特别喜欢的事情，而且为了能上学读书，回到家必须很会看眼色，这真的是一项技术活。那时候，老师布置了作业，我放学的路上就写一路，最喜欢的就是趴在爷爷奶奶家的老槐树底下写，走到家就快写完了。原因很简单，不能让父母看到我用大量的时间写作业，在家的时间要多帮父母干点活儿，这样他们会心里舒服，再拿学费书费时会比较痛快。

读书不难，但买书这件事，在那时候真的是一件奢侈的事。我爱读书，但是父母因为家里孩子多，根本拿不出钱让我们买书，小学阶段的所有阅读都靠借书来完成，都是借班里富裕孩子的书，当然借了书是要"付费"的，付费方式就是帮他们值日，早上早起扫操场，放学还得扫教室，感觉那时候自己是有用的，劳动能换书看，我乐此不疲。

终于，自己在这样的日子里慢慢长大，家里经济也越来越宽裕，父母偶尔也会给点零花钱，这些钱都攒起来，买《青年文摘》，买《读者》，有时候，买不起书就蹭书看，蹲在杂志摊前一看看好久，老板就开始没好气地撵我们，我们便恋恋不舍又羞愧地离开，心里较劲，暗下决心：等我长大了，我也开个杂志摊，天天看，眼里看着一本，手里攥着一本。

时间过得真快，不知不觉，我已经上了大学，有了更多自主支配的时间，当然每月的生活费也有完全支配权，我开始了各种各样的买书计划，大学里阅览室、图书馆，校外的省立图书馆都有我忙碌的身影，因为我有我的目标，我要成为有梦想的自己，大一大二，我看了自认为完全够用的无数本书，我想发表关于美学的论文，只有书能给我力量。但是现实却很残酷，我只注重理论上的研究，动手能力却不尽人意，空有很多理论却未曾在实践中得到验证，所以，我寄给编辑的文章总是石沉大海，杳无音信，从此我有些自暴自弃了。有时候，自己总觉得自己能力太不足了，不够完美，一度把自己深陷于自卑的深渊中不能自拔。后来不经意间读了一本《胡适谈理想》——人生有何意义？书中对于人生做了不同的哲学表达，在开篇语中说道，人生的意义全是个人自己寻出来、造出来的。高尚、卑劣、清贵、污浊、有用、无用……全靠自己。我明白一个道理，该拼搏的年纪，却想得多，做得太少，既然有了自己的方向，要先积累自己的资本，成就可以有，也可以为成就积累资本。

我读完这些内容，心里豁然开朗，心情也格外愉快，我知道，我找到了我所需要的东西，一盏为梦想而亮的灯。阅读照亮了我的心房，多么温暖，多么明亮，从此我

的目标也更坚定。

毕业之后，因为各种原因没有得到自己想要的生活，但是读书，一直是我自我成就感提升的方法，我相信，读书学习尽管不一定使你功成名就，但是不读书、不学习肯定没有光明的前途。

有一句话让我感动良久：用感恩的心，去为身边的事物点亮一盏灯，因为，我们每个人都在不知不觉间享受着与我们毫不相干的温馨灯火……阅读的快乐，给我们生活的希望，爱的力量。

教师的境界决定了学生的世界

王方方

我们要教人，不但要教人知其然，而且要教人知其所以然。

——题记

古往今来，人们就对教师这个职业做出过各种各样的评价，有人说他仰之弥高，钻之弥坚；有人说一日为师、终身为父。这样高的评价让身为小学老师的我倍感荣幸却有压力。万幸，我爱阅读，阅读就像一位博学的人生导师，给了我无穷的教育智慧，我特别喜欢读陶行知先生的书。

陶行知是中国现代教育史上著名的人民教育家。他毕生致力于人民的教育事业，为我们留下了宝贵的精神财富。宋庆龄赞誉他为"万世师表"，就连毛泽东主席都称赞他为"伟大的人民教育家"。

说到陶行知先生，可能老师们都会不约而同地想到他"三块糖"的故事。可我们知道，他的教育方式可不只"三块糖"这一种。

在《陶行知教育名篇中》这本书中，我学会了不能只让学生处在被动的位置来接受学习，把教与学联系起来，不仅要老师会教，学生更要会学。就像我们最近都在用的小组合作教学法，老师只提出一定的问题，让孩子们通过小组合作解决问题。孩子们将讨论的结果展示出来，其他小组进行补充或者直接推翻，只要孩子们

言之有理、言之有据就可以畅所欲言，一直到把问题解决。这样，在很多情况之下孩子们不仅会解决当时的问题，还会举一反三，达到意想不到的结果。

陶行知则将"教学相长"作为他"教学合一"的重要原则之一，贯穿在他整个教育教学活动之中。他说："师生本无一定的高下，教学也无十分的界限。人只知教师教授，学生学习；不晓得有的时候，教师倒从学生那里得到很多的教训。"从广义的角度，"六十岁的老翁可以跟六岁的儿童学好些事情。会的教人，不会的跟人学，是我们不知不觉中天天有的现象"。他经常将自己的诗交给小朋友改；他办安徽公学、晓庄师范、育才学校都是贯彻这一原则，主张师生"共学、共事、共修养的方法"。

他还提出了"儿童的生活，是一面社会的镜子""是好生活就是好教育，是坏生活就是坏教育"这些闪耀着人性光辉的生活教育理论。我们现代生活节奏快，信息发达，怎样把这么多的信息进行整合，只把适合学生们的信息挑出来，要严守"适合于学生、有利于发展"的原则，才能让学生们在现这样的生活环境中不至于被污染。

陶行知先生对于孩子们的把握无疑是全面的，他要求我们一定要适应孩子们"逐步成长性"的特点。也就是说，孩子们在多大年龄干什么样的事情是一致的，另外，孩子的成长也是全方位的，不只年龄、智力在发育，就连孩子的身高、体重都要严肃对待，它们都会影响孩子的思想与心灵。

当然，作为一名教师，最主要的就是爱学生了。我们知道，在现实的教学生活中并不是每个孩子都是那样惹人喜爱的，打架、淘气、惹事、不学习……那么多让人头疼的事件一桩接着一桩来的时候可真让人抓狂！陶行知先生在遇到学生犯错时，他并没有直接批评，而是先寻找学生的闪光点，在循循善诱中让学生认识到自己的错误，让其真心悔悟，并取得了事半功倍的效果，用这样的方式教育学生，非常值得我们学习和借鉴。

教师的境界决定了学生的世界。陶行知先生的教育理论博大精深，在今后的教育生活中，我将继续研读他的著作，提高境界，不负韶华。

个性化阅读促我专业成长

刘晓丽

阅读,能够使教师不断增长职业智慧,能够提高自己的专业水平,能使自己的教学闪耀着睿智的光彩,充满着创造的快乐,作为一名体育教师,在入职培训时,培训老师就告诉了我们阅读的重要性,自己也想过要向前辈们学习,好好读书,提高自己的专业水平,但是随着工作的忙碌,总感觉没时间阅读,因此就将阅读抛之九霄云外了。

后来因为孩子的关系,为了给孩子营造一个良好的阅读环境,我就放下了手机陪同孩子一起读书,除了陪同他看绘本之外,我也会在他自己看书之时选择与自己专业有关的一些书籍,以及一些育儿书籍,通过一段时间的阅读,我发现在处理孩子们课上的突发事件时,不再那么吃力,下面谈一谈我阅读后的一些感悟。

一、阅读可以丰富我们的教学方法

传统的体育课堂都是教师按照教材,制定教学目标,在教学时采用教师讲、学生练这种"牵牛式"的课堂模式,教学方法单一,从而产生"学生喜欢体育不喜欢体育课"这种怪现象,在没有阅读之前我也采用的是这种教学模式,学生们的学习效率很低,一节课根本不可能完成教学目标。在阅读之后,我学到了很多的教学方法,比如游戏法、报数法、层次站队法、要点记忆法等等,我的课堂生动起来了。

二、阅读要与实践相结合

孔子说:"学而不思则罔,思而不学则殆。"教师如果只是阅读,而不能结合自己的实际加入思考或者实践,那么阅读并不能对教师的专业能力的增长起到有益的影响。在日常学习中我从书上看到一些好的教学方法,我就用在自己的课堂中,有些方法在有的班级内很适用,而在有的班级内不适用,比如"1、2、3木头人"的游戏法。在我任教的一年级六班中此方法非常适用,在站队的时候采用这个小游戏,能让孩子们在不说话的前提下快速站好队,而在另一个班级这个游戏却不适用了,很多学生不能遵守此游戏规则,还是继续跟同学说话。于是我开始对比这两个班级学生的特点,总

结此游戏适用孩子的范围，以便在日后的教学中更好地学以致用。

三、养成阅读习惯、挤出时间阅读

作为教师，我们总是以工作忙碌、家庭事情琐碎为理由不进行阅读，如果读书成为一种习惯，想要找出时间就变得更加容易了。开始阅读的时候，我是为了给孩子树立好的榜样，强迫自己看书，后来慢慢地读书就成了一种习惯，阅读代替了玩手机。

最后，借用苏霍姆林斯基的一句话总结："教师获得教育素养的主要途径就是读书、读书、再读书。"让我们都来读书吧，邂逅更美的自己。

悦读启慧，静待花开

成 伟

午饭后，品一杯咖啡，读一本好书，如同千变万化的音符，奏出的交响乐流淌在每个人的心中，谱出的旋律令人陶醉其中，细细品味，总能够体会到其中的奥秘。

我喜欢在阳光下读书，丝丝缕缕的阳光钻过树叶间的缝隙，围绕在我身旁，带来一种温暖。今天饭后，我又拿起《牵一只蜗牛去散步》这本书来读，它让我的思绪追溯到了三年前孩子上一年级时。初升小学的她，做事情总是比别人慢一拍，语文作业做得不尽人意，错字连篇，拖拖拉拉。作为孩子的第一任老师，谁也不想让孩子输在起跑线上，当她作业不工整时，我便开始"狮吼"，甚至会把她的作业撕得粉碎。而孩子呢？面对我每次吼叫，并没有改掉一些坏习惯，反而用一种不一样的眼神看着我。渐渐地我失去了教育孩子地耐心，迷失了教育孩子的方向。

正当我感到迷茫的时候，偶然一次培训学习，讲师让我们有感情地读了一首散文诗《牵一只蜗牛去散步》，并让我们说说对这首诗的理解和感悟。当我读完这首诗的时候，仿佛从诗中看到了自己。是啊！教育孩子多像牵一只蜗牛在散步，我们的孩子不就是那一只只努力向上爬行的蜗牛吗？是我们的脚步太快，忽略了一路上的美丽风景，反而一味地去训斥、责备孩子，命令他们跟随我们的脚步往前走。其实，如果能够慢下来，每一处风景都值得我们驻足欣赏。于是，我改变了教育方

法,从陪伴孩子读书开始,耐心地和孩子读一些适合他们的书,从书中的人物着手,和孩子一起讨论每本书中所蕴涵的教育意义,以此来引导教育孩子。对于书中不认识的字,我教她通过查阅字典来认识,遇到不会的字,她再也不会大声喊"妈妈"了,字典便是她的"老师"。长此以往,书成了她的好朋友,课堂上也听到了她侃侃而谈的答题声,现在的她都能够把每个题的观点讲给我听,在不知不觉中向我展示了她的风采,也让我看到了那只慢慢努力爬行的"小蜗牛"。书的魅力是无穷的,它所改变的不仅仅是一个人,我意识到了读书的重要性。

作为教师,在自己的教育教学中也如此。要多读一些书来充实自己,开阔视野。教育是一个循序渐进的过程,孩子的成长有一个过程,这就需要我们耐心地引导,一个音符、一段旋律、一首歌曲,无不需要我们一点一点地去谱写,去演唱,去展示,在教学中多一些耐心,便会结出不一样的硕果。

阅读,仿佛花的绽放,它可以启迪我们的智慧,让我们在教育的路上,用心聆听"小蜗牛"们的心声,和他们一起成长,在教育教学中,遵循教育规律,让我们的教育慢下来,去欣赏周边的美丽风景,静待花开。

个性化阅读,阅遍人生好风景

曹莉萍

对书的喜爱是从很小的时候开始的。那时候看的是画质粗糙的小人书,除了自己拥有的为数不多的几本,多数是跟同伴、邻居借的。因为手手相传,无一例外,每本书都破旧得不成样子。每每读到掉了页的地方,便遗憾得要命,然后就是漫无边际的猜想。书里面的故事总是神奇的,青蛙可以变成王子,神灯可以让你梦想成真……不得不承认,那些残破的小人书承载了我许多彩色的梦想,装扮了那个年代黑白单调的童年。

等到上了小学,也开始识了几个字,小画书已经满足不了我那时候强烈的"求知欲"了,于是我开始满村子找书看。一位同学的姐姐那时好像在烟台上大学,全村数她家的藏书多。以书为媒,我们俩成了无话不谈的好朋友,如此一来,放学后

我就可以光明正大去她家蹭书看了。《西游记》《红楼梦》《青春之歌》等作品就是那时候开始接触的，虽然只是一知半解，甚至是囫囵吞枣看热闹，但是依旧读得津津有味。

书与我最亲密无间的一段时光当属大学那三年了。校图书馆、阅览室是我一天之中必去的地方，也是去得最多、最勤的地方。那里丰富的藏书、安静的阅读环境常常令我流连忘返。一部部名家著作、各类杂家经典陪伴我度过了那段青葱岁月，不仅充实了我的生活，助我结识了志趣相投的朋友，更让我透过纷繁的文字看到了一个更为广阔和精彩的大千世界。现在我常常怀着一种感恩的心情回想那段时光，那段因为有书相伴而让我倍感幸福和快乐的美好时光。

或许与书的缘分是前世早已注定的吧。大学毕业后，我走上了三尺讲台，成了一名以教书为职业的"先生"。初出茅庐，意气风发，几年下来也多少有了点成绩，看起来颇有些鲜花着锦的样子。或许是工作太忙，又或许是心有懈怠，渐渐地，阅读不再是我生活中的重要组成部分。直到有一天，被班上一个喜欢寻根究底的学生追问到无言以对。那天下课后，我实在记不起自己是如何在全班同学的注视下落荒而逃的，与之相反的是，至今却还清晰地记得当时那个学生满眼的失望，以及自己满心的羞愧和自责，甚至脑海里一直盘旋的一句话：教师的定律，一言以蔽之，你一旦今日停止成长，明日你就将停止教学。此番经历让我深刻地认识到，要想成为一名合格的，甚至是优秀的教师，无惧台下学生求知若渴和质疑挑战的眼神，那么就必须成为一名孜孜以求的学习者，一个虚怀若谷的读书人。唯有如此，才能与时俱进，不断以全新的眼光来审视和调整自己的教育过程。自此，我再不敢有丝毫侥幸心理。

恍惚间，已人到中年。回首走过的岁月，我不禁暗自庆幸，庆幸自己从未松开过与书籍相牵的手，也从未停止过探索和追求的脚步。同时，我又感到无比的自豪，自豪读书让自己不单单是知识的"搬运工"和传播者，而是教学的引领者和创造者。这些年来，我选择将读书作为自己的生活方式，是书籍给了我无穷的智慧和力量，在我成长的道路上不断送来"源头活水"，让我得以从容自信地立足讲台，坦然豁达地面对人生，润泽学生，葱茏自己。

有人说："坚持不懈地阅读，就是与最美景致一次次的邂逅。"回想自己的读书历程，更觉这句话的贴切和精妙。

以书为友

郝芳云

回顾之前我的人生，书确实是我的朋友。

我 1967 年生人，当时有两个哥哥，过了两年，又有了一个妹妹。家人照顾不过来，加上当时生活条件不好吧，三岁那年的二月二，我吃了炒豆，大概吃多了不消化，肚子疼，被家人送到医院动了手术。当年的秋季，高粱收了，奶奶煮了高粱穗，我跟着哥哥们吃穗子。我太笨了，把高粱窝（包高粱米的蒂）吃进了肚子，又肚子疼。据妈妈说，我当时身上都招来了绿豆蝇，奄奄一息。父亲放弃我了。幸运的是我的二姑姑哭着把我送到了医院，才动了手术。幸好，没有肠黏连，医生说，若是肠黏连，我命休矣。这次只是高粱窝粘住了肠壁，才有救。几次输血，父亲一人的血不够，当时的护士也给我输了血。我的二姑姑、父亲、医生护士给了我第二次生命。我感激他们，永生难忘！

这样，体弱多病就与我如影随形，还因为打了很多的庆大霉素，有段时间我患了耳聋。记得上小学的时候，我那村小院子里，课间到处是快乐的游戏人群。当时的游戏是抓阄分组，跳"五道杠"，每道杠对我来说像天河那样宽，我跳不过去；丢沙包，我丢不远，站在中间，闪躲不开，很快下来；踢毽子，动作不协调，被笑话。最后，所有的小组都不带我了，我离开了校园里的欢乐。

笨笨的我一个人孤零零地来到教室里，不过，我并没有尝到孤独的滋味。因为我注意到教室里报夹子夹着的一叠报纸了，我把报纸拿下来，看报纸。课间天天这样，被老师发现了，还在班上表扬我。

回到家，无论是星期天，还是假期，妹妹在院子里与伙伴们跳房子，快乐无比，而我只能在屋里做作业。作业做完了，就看课本。学过的看完了，就看没学的，这样学会了预习。有一次被来家访的老师发现，在班上表扬了我，使我在校期间一直保持了自己复习、预习功课的习惯，也弥补了我上课注意力不集中的毛病。当老师要我拿着班上唯一一份100分的试卷，挨个给同学们看的时候，我发现他们是不解

的目光，因为他们不知道，他们在快乐玩耍的时候，我在看书，书在陪伴我。

1980 年，我上初中，市面上销售的书已经多种多样，我看的第一本是《第二次握手》。我家多的是黑白的图画书，在奶奶屋子的里间，有一张八仙桌，桌洞和三个抽屉里满满的书。每天中午回到家，我就看这些图画书。学校里，老师动员我和张树梅订《少年文艺》。老师有时候在班上读我俩的作文，直到我们考上中专。

书是我的朋友，它消我孤独，伴我修养，助我成为一名教师。我有时想，三岁那年自杀式的长病生灾是我的祸，书就是我的福，祸福相依。长病生灾对我来说是一件好事，因为它让书成了我的朋友。现在有了电子书，它还是我的朋友。不过，看的时间不宜过长。我会注意休息，有时闭上眼，从 1 数到 18；或者抬眼看远处的绿色；或者做一些活动。这些方法也是书教我的。

书是我永远的朋友。

把更多的热情留给阅读

李雪贞

从小我就喜欢读书，喜欢"躲进小楼成一统，管他春夏与秋冬"的读书。莎士比亚曾经说过书籍是全世界的营养品。书籍就是任鸟儿翱翔的广阔天地，我就是那只可以自由自在的小鸟，一个个丰富多彩的故事引人入胜，让我如醉如痴，我沉浸在书籍的海洋中废寝忘食，字里行间让我波澜起伏，随着主人公一起哭笑，在书籍的世界惬意徜徉。

我是一个"70 后"，生长于物质相对匮乏的年代，书籍对我来说是很奢侈的东西，小学阶段家中仅有的几本小人书让我翻得滚瓜烂熟，跟着母亲赶集，我最感兴趣的就是年画上的一幅幅图片下面配的文字，记得几次都没有看完一个故事，终于去亲戚家拜年的时候看到了完整的故事情节，饭都不舍得吃，一遍遍把它读完再去品味一下。五年级的时候同学借给我一本《红楼梦》，说是她姐姐的，只借给我几天，于是我打着手电筒囫囵吞枣般地把它快速看完还给了我的同学，所以到现在李"纨"我总是改不过来读"zhi"。书籍是我的挚爱，我真的做到了饭可以不吃，觉可

以不睡,先把手中的书读完。但是现在毕业20年了,每年买书的花费竟然不足收入的十分之一。那些世界名著都已经飘逝在了我的少年时光了,我已经成了一个俗人很久了,久得只剩下了看手机上的速食书籍,只看朋友圈,我把我的见识、我的视野都封闭起来,怪不得我再也没有精神抖擞地去做一件事情。我执着于身外之事,忘记我的好朋友。生活中可以缺少功名利禄,但是不能没有书。我们可以错过豪华盛典,但不能失去读书的机会。读书是美丽的。生命因读书而美丽。因为在书的海洋里,我们会开阔视野,充实思想,丰富情感,改变人生。

于是我用高尔基的话"用知识武装起来的人是不可战胜的"来武装我自己,我读一些教育教学方面的书籍,就像拥有了个人最忠实的导师,可以随时随地地与教育专家、名师进行交流,提高自己的教学素质。一本好书就是尘世间的一盏明灯,可以照亮人的心灵,每一次细细地品读,就是一次心灵的远行。一本好书就是我们的良师益友,可以帮助你走向成功!读魏书生《班主任工作漫谈》,我开始思考作为一名班主任,如何提高工作效率,加大工作力度。读李镇西《做最好的老师》,让我喜欢并爱上教师这个职业,并且让我相信今天我的努力会超越昨天的。有一天,我读到了李希贵的《为了自由呼吸的教育》。让我明白尊重孩子的个性特长多么重要,他们是多么需要自由广阔的发展空间。我要给我的孩子我的学生留下他们精神上自由呼吸的空间。总之,有了阅读就有了思考,有了思考就有成长。

阅读消除了我的自卑,增加了我的自信。我要挤一点时间给阅读,留一点空间给阅读,把更多的热情留给阅读。

我与个性化阅读的悸动

张凤玲

"你是否也曾憧憬过,在一个安静的午后,一杯茶,一本书,一个人,一缕阳光,就这样慵懒地倚在窗前,看着别人的故事,回味自己的人生"。

我不记得是什么时候定下的目标,只记得立下目标的小契机。那天正是世界读书日,为了推动更多的孩子去阅读和写作,学校里发起了"每天读书一小时"活动

倡议，其实这些事一直都是孩子们日常在做的，不过落在大人身上，实施起来可能就略有难度。我不知道毕业后还有多少人一直保持了读书的习惯，我们不再是在校生，必须按照老师的要求去完成那些必修的课程，一旦脱离了学校，自由便漫无边际地散开。每天为了工作忙得团团转，能坐下来翻几页书已经不容易了，每天读书一小时似乎是不可能完成的目标。

虽说似乎遥不可及，但有空了还是拿起一本书翻一翻看一看，时不时地回想孩子们下保证时坚毅的小眼神，也许我也可以实现呢。2018 年伊始，一个关系不错的朋友组织了一个"一年阅读 60 本书"活动，她拉我参加了，我觉得这个目标我肯定达不到，但是至少能督促我在闲暇的时间里主动读书，读书的时间可以代替胡思乱想的时间。这一年 9 月，孩子们升入三年级，我们有了批改作文的任务，这意味着更忙了，所以这个目标就更是随缘了。果然到了年底也就勉强读完了 30 本书，虽然只完成年度计划的一半，但也得到了朋友们的肯定。

慢慢地，这一年养成了自我催促的习惯，有时会条件反射地看书，不论是自行购买还是 kindle 中提前下载的书，无论何时何地一定要读，而且一定要把它读完，我想去年那个读书计划虽然失败了，但养成了好习惯，就是从失败中得到的惊喜吧。2020 年一场疫情突如其来，特殊时期自己也有了更多的自主支配时间，在图书馆网站上搜一些图书推荐或者跟朋友聊聊，大家推荐的书我都会拿来阅读，慢慢地发现，我已经在不知不觉中达成了自己的目标，每天阅读的时间绝不仅仅只有一个小时。

我从来不认为读书是一件伟大的事，也谈不上什么了不起。我也从来不指望某一本书能带给我醍醐灌顶的觉醒。它不是我的职业也不是我的使命，读书就是生活的一部分，它不高尚也不矫情，读的书多不必炫耀，读的书少不必自卑。它跟摄影、旅行、看电影一样，是一种爱好。选择了喜欢的适合自己的爱好并坚持下去，它们就组成了生活的动力，我们无需抬高读书，也不必鼓吹读书无用论。一本书就是一位作者的智慧集合，我们在别人的履历里获取一点点生活的常识与通识即可。书中的知识量不是重点，重点是通过读书能养成独立思考的习惯，不愿也不会人云亦云。

我喜欢鲁迅、白落梅、村上春树和斯蒂芬·金，但若问我是否了解他们，我的答案依然是否定，我不是文人研究者。我只是一个平凡的读者，每当读完他们的作品

后,我总会发出这样的感慨:"要像鲁迅先生一样,用批判的眼光看世界,世界没有那么美好,但也没有那么差;要像白落梅一样,生活充满了情趣,人生苦短,不要总和自己过不去,喝喝茶种种花,多找找乐子;要像村上春树一样,建立起适合自己的生活模式,无需在意他人眼光,当你跑步时你便去跑步,当你累了就倒头睡觉;要像斯蒂芬·金一样,热爱世界之前先热爱自己,崇拜他人之前先崇拜自己。"我不知道怎么给他们的作品分类,我也不知道如何鉴赏他们的作品,我只学到了一件事,那便是"一个人有无数的可能性"。

突然出现在生活中的未必是灾难,也可能是惊喜,正如每日阅读这件事,22岁的我面对它感觉遥不可及,但24岁的时候便实现了它。感谢我隐形的督促者——可爱的孩子们,让我心甘情愿地踏上这条"不归路",而且越行越远。我憧憬的是一场悸动,与书中美丽的场景、梦幻的故事来一场浪漫的邂逅,那么阅读的过程便是充满期待的。每天一小时的任务完成了,那两小时呢?三小时呢?我正年轻,拭目以待吧。

个性化阅读点亮人生

张振芬

作为一名从教22年的教师,回头看看自己成长的足迹,能清晰地感受到阅读引领我成长,让我的生命更精彩。

我生于一个书香家庭,父亲是一名中学语文教师,平日里也十分热爱读书。从我记事那会儿起,父亲下班后,除了帮母亲干农活儿,就是读书了。现在父亲退休在家,一有闲暇时间,仍然带着老花镜看书。读书已然成为了他生活的一部分,而他的这种阅读精神,也深深地影响了我们。直到现在,儿时的场景仍历历在目:晚饭后,母亲在昏暗的煤油灯下纳着鞋底儿,我和弟弟就围在父亲身边。远处的几颗星星凌乱地撒在夜空中,父亲拿着一本本泛黄的小人书,给我们声情并茂地讲故事。印象最深的要数《三毛流浪记》了,从那时起,在困境中仍然乐观、善良、机敏、幽默的三毛就在我幼小的心里播下了一颗种子。除了讲故事,父亲还教我们认字。

那时候,家庭条件差,父亲就在用过的本子的反面,教我认字,随着认识的字慢慢地多了,父亲就帮我借来小人书看。最美好的时光是放牛时,牛自由自在地吃草,我便津津有味地读小人书。在父亲潜移默化的影响下,我也渐渐地爱上了读书。

随着年龄的增长,我的阅读量也不断增加。从《三毛历险记》到《文化苦旅》,我的眼界也在阅读中一点点被扩大。

受父亲的影响,我从小就梦想当一名教师,1998 年,我终于实现梦想,考入了寿光师范学校。这个时期,对我影响比较深的是路遥的《平凡的世界》和《钢铁是怎样炼成的》。《平凡的世界》让我认识了平凡中的伟大,让我感受到生活在新时代的幸福,要学会知足常乐,不管遇到什么事,都要保持一颗平凡的心。《钢铁是怎样炼成的》总是给我一种无形的力量,催我前进!除此之外,我还比较喜欢汪国真、泰戈尔、林徽因的诗。像《飘》《红与黑》《巴黎圣母院》《简·爱》也是在这个时期阅读的。我时常去学校图书室借书,古今中外的名著丰富了我的精神世界,我从中汲取了营养。

参加工作后,我读书的热情仍然不减。当我手捧苏霍姆林斯基的《给教师的一百条建议》细细品读时,就好像一位长者和我轻声交谈,把教育的智慧向我娓娓道来,让我领悟到相信孩子、尊重孩子,用心灵去塑造心灵的教育思想和教育真谛。想要教育出好学生,就必须先提升自己的素质。直到现在,我仍然过段时间再静下心来,细读《给教师的一百条建议》,随着教学经验的积累,感觉对书中的内涵有了更深刻的理解,有时也能产生共鸣。

在教育教学过程中,我有意多读一些关于教育教学方面的书籍,读《教育的使命——一位美国名师的课堂反思》,让我警醒,时刻提醒我要勤于反思,改进教育教学方式。记得叶圣陶先生说过,"受教育的人的确跟种子一样,全都是有生命的,能自己发育,自己成长的;给他们充分的合适的条件,他们就能成为有用之才。所谓办教育,最主要的就是给受教育者提供充分的合适条件"。初读这段话,自己还不够理解,读了俞正强老师的《种子课》一书,让我找到了答案,对"种子"的意义有了更深入的了解,更充分地理解了种子课和生长课,那我该怎样让学生学会思考、学会学习,获得生长的力量呢?这引起了我的深入思考。后来看到史宁中教授关于数学核心素养解读的三句话:"学会用数学的眼光观察现实世界,会用数学的思维思考现实世界,会用数学的语言表达现实世界。""眼光、思维、语言"就是对我们寿

光市小学数学"五会课堂(会看、会想、会说、会听、会问)"主张最好的诠释。我把阅读中获得的教育智慧和自己的实际教学相结合,努力探索,大胆实践,形成了有个人特色的教育教学之路。更可喜的是,班上的孩子变得学会思考、学会学习,长效学习能力已初步形成,这让我成长为一名合格的小学数学教师。

作为一名新时代的人民教师,阅读给予我成长的力量,阅读点亮我的人生。

个性化阅读让人生更精彩

赵 悦

纵览浩瀚历史长河,无数贤哲曾对读书的重要意义有过深刻的感慨或断言——"诗圣"杜甫以"读书破万卷,下笔如有神"的诗句,精炼概括了读书之于写作的重要性;伟大的无产阶级革命家毛泽东则以"饭可以一日不吃,觉可以一日不睡,书不可以一日不读",强调读书的极端重要性;苏联著名作家高尔基也曾说过:"书籍是人类进步的阶梯"……无数先哲关于读书的句句箴言,犹如一颗颗闪亮的星照亮了我们的夜空,无论生活平顺或曲折,人生甘甜或苦涩,有阅读在、有书香伴,心中的希望就不会灭,指路的明灯就不会熄。

作为一名从教十余年的教师,回首来时路,确有不少关于阅读的记忆和感受,笔者不揣冒昧,从中撷取点滴与你分享。

我出生在一个书香门第,爷爷奶奶都是人民教师,记得自己年少时,家人就常鼓励和引导我阅读名著,印象最深的是读《西游记》的经历。这本书为我幼小的心灵打开了一片奇幻的世界,一场场惊心动魄的斩妖除魔,一次次斗智斗勇的化险为夷,历尽九九八十一难最终取得真经,瑰丽的阅读体验,让原本胆小的我不再怯懦,遇到困难也不再打退堂鼓,而是学会了开动脑筋想办法克服。西天取经的故事启发我历经风雨终见彩虹的道理,从此我既树立了读书的信念,又坚定了正义必胜、勇者无敌的信心。

待到年岁稍长,我便踏入漫漫求学征程,十数载寒窗苦读,期间难免困顿挫折,有时甚至筋疲力尽、想要放弃,行百里者半九十,越是关键处越需要咬牙挺住,在这

个过程中,毛泽东的那首经典的《七律·长征》给了我莫大的鼓舞。每当想要放弃的时候,红军不怕困难、百折不挠、勇往直前的革命英雄主义和革命乐观主义精神一次次给予我无穷的力量,一想到那段史诗般的长征历程,一想起那些为了正义和理想忘我拼搏不怕牺牲的英雄们,自身的困难顿时显得微不足道,心中就有了奋斗的激情和干劲。实践证明,一切困难面前,被拦住的往往是意志不坚定、斗志不顽强的"弱者",真正的勇士则在战胜困难、斗罢艰险的过程中愈挫愈勇、淬炼成钢。

大学毕业后,我光荣地加入人民教师的行列,这既是家族衣钵承传,也是我个人理想所在。诚然,干事业光有热情是远远不够的,还要有足够的技艺作为支撑,而获得技艺的重要途径就是阅读。一个偶然的机会,我读到了一本叫做《教育的艺术》的书,这本书针对青少年儿童教育问题,选取了100个案例,分成"品德教育艺术""情感教育艺术""学习转化艺术""青春期教育艺术""劳动教育艺术""环境教育艺术""集体教育艺术""家庭教育艺术""教育者素质提高艺术"等9个专题,所选用的教育故事都来自苏联教育家苏霍姆林斯基的著作。通过阅读这些案例,既能感受到苏霍姆林斯基为教育所付出的辛勤汗水,看到其中饱含着的教育智慧,也能领略其独特的教育理念,进而促使自己思考如何更好地培养孩子、如何实现厚爱和严管的有机统一。我通过阅读解开了一些困惑,也得到了许多借鉴和启示。可以说,读书是教书的应有之义,只有读好书才能教好书。

倘若把人生比喻为一条船,阅读像极了那船的帆。让我们一起阅读吧,从书香之中获取心灵的宁静和澄澈,从字里行间品味人间的冷暖和悲喜,在光怪陆离的世间百态中感悟真善美的真谛。

个性化阅读与旅行总有一个在路上

房　洁

读书犹如旅行,身体的阅读是精神的旅行;精神的旅行是去往精神世界的路上探求真知,身体的阅读是探索天地苍穹的路上追寻完美世界。

"蹉跎莫遣韶光老,人生唯有读书好。读书之乐乐何如,绿满窗前草不除"。莫

把大好的时光花在无谓的事情上,浪费了美好年华,人生最美好的事情就是天天都能读上一本好书,增长知识、汲取营养、益智明理、提升自己。读书的乐趣是怎样的呢? 好比绿草长到窗前而不剪除,放眼望去,一派欣欣向荣、春意盎然的景象,好想走近摸一摸,好想上前看一看,好想贴身闻一闻,有趣的感知,全心的欢喜,践行不一样的生命活力。德国作家赫尔曼·黑塞曾经说过的,世界上任何书籍都不能带给你好运,但是它们能让你悄悄成为你自己。阅读的魅力就在于此,静中沉思,文字里抒情,潜移默化地完善自己,改变自己。

读书与旅行的乐趣不谋而合,动中沉思,阅览中行走,行走中品读,你的灵魂随时与天地合一,你的气质已与山河融为一体,动静皆宜,快慢都行,全在于你自我魅力的展示。阅读中双眼所看的是书中文字语句,思考的是渗透纸后不一样的语意,双手翻阅的是时光记忆和历史足音,键盘敲下的是对岁月的追思和铭记,即便笑语盈盈或悲愤填膺,即使独享其乐或静香诚敬,读书的过程就是自我心灵上的探知和旅行。读书不是为了雄辩和驳斥,也不是轻信和盲从,而是人生的思考,思考每一段时间蕴化的真理。

微雨清风,禅茶一味,阅读中自我快乐。

晨雾夕阳,四季滋味,旅行里自由自在。

阅读最好的样子,就是它不需要说教,它让每个人在阅读中认识自己,看清事实,找到自我需要的答案。与旅行一样,你看与不看,它都在那里,你来与不来,它都在那里,默然相爱,寂静欢喜。

阅读不必上升至雅致的高度,喜欢阅读随时随地,与一个人的地位金钱没有太多关系。读书就是喜欢、好玩、有趣,一如旅行,就是好玩、喜欢、有趣。当你喜欢地投入自己,无论读书还是旅行,生命的悦动就富有诗情画意,诗意的生活就丰富着有趣的魂灵。

一静一动,阴阳谐和;静中有动,动中有静,一叶一花都能用文字阅读心情,一字一句都以风景存于生命里,没有什么比阅读时内心更有激情,没有什么比旅行时的脚步更加笃定。自然而然地成行,因为有趣的人生,必须在喜欢里继续,欢喜的生活,必须在好玩中延续。

风光秀丽,阳光普照,快乐就是有两三本心喜的书常在左右。信手闲翻,或倾心细读,或一笑看过,或反复品赏,在文字里共鸣,与意境中颂古今。

人生苦短,珍惜当下的光阴,用心走好每一步!

时光清浅,珍惜阅读好心情,用情行走在路上!

个性化阅读:许你一份生命的欢喜

韩晓莉

近日,有幸读到了山大附中赵勇校长写的《共享生命成长》一书,他在书中说,"共享生命成长"是教育和教学的出发点和归宿。"生命"总是被赋予很多很多沉重的意义和压力,而读了赵校长的书,我深深感受到,当生命与教育相遇,最应该是充盈、饱满、欢欣的姿态。

《共享生命成长》分为理念、学生、教师、家长四篇,我结合我个人十年有余的语文教学体验,分别从"让生命欢欣:每一个生命都不是一座孤岛;生命充盈:让真实性的学习指向幸福"两个层面展开。

赵校长在第一章便提到了"教育生命场"的概念,"学校是一个启迪智慧、滋养性灵的生命场。在这个生命的场域中,孕育了由学生—教师—家长构成的共同体"。在这个生命场中,共享的目标和追求是成长与幸福。

乍看并不觉得有什么特别,直到有一段时间有几个家长焦急地问我,如何帮助孩子提高语文成绩,我针对孩子特点提供了几条策略之后总觉得还不够,为什么这几个在班里听话守纪的孩子却出现这样的问题呢? 在我的细细询问下,几个家长都不约而同说了这样一些细节:"我们在家什么也不用他干,他只要一门心思学好习就行了""早上他奶奶连牙膏都给他挤好了!"我的脑海中便浮现出了我的学生机械地刷牙、吃早饭、背书包上学、写作业等一系列场景,他可以是微笑的,但我始终脑补不出他发自内心的畅快淋漓的笑,甚至我仿佛看到他们的眼睛在说:"我都已经这么努力听话了,为什么还得不到你们的满意呢?"

其实反观我自己的教学工作,又何尝不曾犯过同样的错误呢? 害怕他们出问题而急于给出所谓的"正确答案";有时大扫除,也害怕孩子们打扫不干净,孩子们放学后再和班主任老师一起重新把教室打扫一遍……这种自以为是的奉献很快让

我品尝到苦果,一有顾不到想不到的地方便出问题,因为我忘了,在这个教育的生命场域中,居于核心永远是学生,培养的也正是学生的能力。雅思贝尔斯说:"一方面,人是自我的存在,他具有自己独特的个性和意识;另一方面,人又是社会的存在,他必须生活在他人之中,生活在社会中,与他人、社会打交道。"

也正如赵校长在书中所说的那样,"真正的爱,不是制造各种感动来换取心服口服的俯首帖耳,而应该是基于尊重的理解、基于了解的同情、基于理性的关注,是给孩子在成长路上以必要的支持和帮助,而不是代替孩子去成长,更不是设置孩子的成长"。

教师和家长不懂放手,做得太多反而是用所谓爱残忍地割断了孩子与社会、他人打交道的权利,更无助于培养他的责任担当意识。

每一个生命都不是一座孤岛,他们活泼泼地探索着这个世界,好的教育帮助他们能够更深入地思考,有更强的能力去探求未知,赵校长有一个比喻让我记忆深刻,"山大附中培养的学生即使是去扫大街,也是哼着小曲儿,想着怎么去创新,怎样去把这个大街扫得更好"。很多的教育类文章告诉我们怎样培养的学生学习成绩更好、情商更高、兴趣更广泛等等,在这本书中我强烈感受到赵校长将"培养学生幸福的能力"作为自己的教育信条。

"幸福"之于课堂,赵校长在书中这样说:"能够真正实现学生深度学习的好课堂,应该是用自主学习的成就感吸引学生,用合作学习的丰富体验吸引学生,用探究学习的神秘感吸引学生,用'不会'到'会'的成功体验激励学生。总之,要用精彩的知识吸引学生,用学习的本真迷住学生,让学生沉浸在生命成长的幸福感中。"

个性化阅读:感悟《论语》

刘桂云

暑假期间我阅读了《论语》这部书,感触颇深。书中论述了孝道、治学、治国、为政等相关内容,影响了中国几千年的思想,对我们今天教师的职业成长仍有很强的指导意义。

孔子推崇孝道，"孝"是中华民族的传统美德。子曰："父在，观其志；父没，观其行；三年无改于父之道，可谓孝矣""事父母能竭其力"等。即孔子说："当他父亲在世的时候，要观察他的志向；在他父亲死后，要考察他的行为；若是他对他父亲的教诲长期不加改变，这样的人可以说是尽到孝了。"这里讲了什么是孝，同"事父母能竭其力"有些不同。虽然事父母能竭其力，但在社会上做事，或是贪污或是抢劫，触犯法律，使父母担心、忧心，这也不能算是孝。父母都希望子女比自己强，具有良好的品德，对子女抱着很大的期望。所以给父母提供良好的物质保障不是孝的根本，能够按照父母的意愿、教诲做人处事，不辜负父母的期待才是真正的孝。

在治学方面，孔子有云："学而不厌，诲人不倦""知之为知之，不知为不知""敏而好学，不耻下问""三人行必有我师"。这不正是一种谦虚、严谨、实事求是、锲而不舍的治学态度吗？治学的方法他讲究"温故而知新，学而不思则罔，思而不学则殆"，他觉得"学而时习之不亦说乎"。这是读《论语》给我感触最深的。这句话虽然出自两千多年前的孔子之口，但至今仍是至理名言，意义至大。"三人行，必有我师焉"。这句话包含着一个广泛的道理：能者为师。在我们日常生活中，每天都要接触的人甚多，而每个人都有一定的优点，值得我们去学习，亦可成为我们良师益友。我们周围的那些同事、朋友各有各的才能，应多向我们身边的这些平凡的人学习。"三人行必有我师焉"。正是这样的"不耻下问"造就了许多伟人。

几千年的中华文化，沉淀在厚厚的《论语》之中，经历了历史长河的冲刷，依然焕发出动人的光芒。《论语》是道德与智慧的凝结，是中华文明的汇聚，是一位谆谆教导的老师教会了我们为人处事的道理，更是引领我们向上的阶梯。

个性化阅读，给我一溪活水

齐 萌

"问渠哪得清如许，为有源头活水来"。我们常常说，给学生一杯水，教师要有一桶水。

阅读已成为一种生活方式。之于今天，就是要上升到给学生富含生命营养的

长流水,教师要有澎湃的长江水。教师要善于感悟知识,积累生活,感悟生活,发现亮点,点化人生,培植生命点。这就要求我们今天的语文教师要寻求专业化知识的源头活水,要反复不断地读书。在教学中,我们开展了"读书漂流"活动,在这个过程中,我们会开展"读书分享会",孩子们畅所欲言,不拘于形式,每个人都有自己的看法。对于比较有趣的篇目,孩子们还会编排成话剧,用自己的方式来体现人物的特点。每次表演,都是孩子们最兴奋的时刻。由此可以看出,广泛的阅读,对于孩子们的兴趣培植是非常重要的。让孩子们爱上阅读很重要。

胸藏万卷诗书,吞吐四合万象;心有千言佳句,下笔游走龙蛇。所谓"艺高人胆大",有了坚持不懈的博览群书,就能使自己在课堂上行文就理挥洒自如,得心应手,把学生点拨得思接千载,浮想联翩。孩子们就能登山则情满于山,临海则情溢于海,使课堂成为人文的课堂,充满浓浓诗意,散发幽幽文香,继而产生披文入情,情动辞发的写作欲望,真正让课堂变成纵横千古、绵延万里、广褒多彩的人文艺术海洋,使学生在文学的温床上恣意幸福地成长。

无疑,做学问是需要深厚或较深厚的知识功底的。这就要求我们必须比较广泛地读书,不仅要读与自己专业知识有关的书,而且还应当读一些看似与自己的专业知识关系不大、但实际上是拓宽视野、增长见识的书。作为现代的语文教师,必须终生不懈地博览群书,具备极强的阅读能力和写作能力,方能适应语文教改的需要。语文学科综合性特点决定语文素养的形成是一个漫长的过程,持久而广泛的阅读、积累,甚至大量背诵诗文是教师丰富专业知识的必要条件。世界上知识无限,研究学问无底,而人生有限。这就要求我们在读书和做学问的时候坚持博览精取的原则。"精"的知识应该是知识的精华部分,是对自己的教学研究非常有实用价值的知识。

好的读书方法,事半而功倍;不良的读书方法,事倍而功半,甚至可致一事无成。要做一个语文教师,必须讲究读书方法。通过读书,我觉得可以使自己及时更新教学观念,提升对新课程的理解力。阅读教育理论书籍,使我了解世界教育理念理论发展进程。新课程的实施需要教师在批判中更新观念,用新的理论指导教育教学工作。教师只有通过广泛的阅读学习,才能自觉主动地更新教育观、课程观、教学观、学生观、活动观。

个性化阅读助我修身

王玉洁

作为青年教师,我经常会在教育教学中面对许多复杂的问题。这时我会向经验丰富的师父们请教,我总是纳闷,为什么他们总是有好的办法来处理这些"疑难杂症"。在向师父们学习的过程中,我发现师父们平时都非常注意阅读,在阅读中吸取教育教学经验。

还记得毕业之后,刚踏入教师这一职业时,在我印象中老师都是非常严肃的,也是非常严厉的,所以,我也仿照心目中教师的形象来当一名教师,结果导致学生们平时不怎么跟我亲近,有什么话也不跟我说,我不了解学生,找不到问题的根源,从而使问题越积越多。孩子们的积极性不高,成绩也不理想。当我去向有经验的教师寻求解决办法时,他们没有直接告诉我解决问题的办法,而是向我推荐了一本书——《中国著名教师的课堂》,书中说道:"教师的微笑,不只是对学生的教育有利,而且对教师自身也很有益,不仅可以调整自己的心理状态,还能培养学生健康愉快的心理。"于是我尝试改变自己的形象,我学着微笑面对学生,学着调节课堂上紧张的气氛。从此在我的课堂上,上课不再只是老师严肃地讲、学生只听的过程。与此同时,我注重了学生的主体地位,我把新知的探索过程交给学生,让他们通过自己的探索、讨论、交流来获取新知,理解新知,巩固新知,从而形成自己的知识体系,对知识有系统的把握。

就这样,经过一段时间的实践,我发现孩子们的状态有明显的改变,变得与我更亲近了,有什么话也愿意跟我说了,有问题也会及时反映,有时还会跟我说一些自己的小秘密。同时在课堂上表现得更积极了,好的学习习惯也逐渐养成了。这样的转变,让我对学生有了更深入的了解。只有了解学生,理解他们真正的诉求,才能找到问题的关键,使问题从根源上得以解决,这样,问题才能越来越少。学生的成绩也有所提高。

从此,我学会了利用空闲时间进行读书,不论是教育类、社会科学类、自然科学

类,我都会阅读。通过阅读我不仅能学到如何教学,如何管理学生,还学到了更多的知识。带着这些知识以及教学方法再回到课堂上,我的教学得心应手,教学成绩也在稳步提高,这都是读书带给我的改变。

旧书不厌百回读——个性化阅读需要熟读深思

赵淑玲

儒学大师朱熹曾说过,为学之道,莫先于穷理,穷理之要,必在于读书,读书之法,莫贵于循序而致精,而致精之本,则又在于居敬而持志。

随着孩子年级的升高,我深刻地体会到了这句话的内涵。一直以为大学毕业的我,辅导个小学的孩子应该绰绰有余。可现实是残酷的,有很多知识自己也拿不准,甚至有些都没见过,只能求助老师或"度娘"。这时我才意识到自己知识的缺乏,于是开始和孩子一起读书。以前自己读过的书或是学过的课文,再重新读来却是又一番意境,自己上学时只是为了记住知识点,考个好成绩就可以了。丝毫没有关注文章的美或隐含的思想内涵。原来在读《红楼梦》中"刘姥姥进大观园"的时候,地位卑微的刘姥姥只会惹得我们发笑,成为我们茶余饭后的笑料,是《红楼梦》中的一个丑角儿。年过四十的我现在重读这一章,却发现她有着鲜明丰富的性格特征,神采独具,魅力四射。刘姥姥是一个乡下贫农家庭的谙于世事的老婆婆,她虽居住在乡村,大字不识,却为人朴实而内心精明,又有侠义之风。她并非不知道自己在扮演什么角色,而是甘愿故作丑态以制造喜剧效果。她说出的笑话在别人听来觉得好玩有趣,但在她心里却是酸甜苦辣,别有一番滋味。刘姥姥的诙谐就像她脸上的一道道皱纹一样,是饱经沧桑的印痕,是人生经验的集中体现,是她大智若愚的外在表现。她看似愚蠢呆傻,实际上却心底透亮,精明过人。之所以贾府的人都喜欢她,是因为她心地善良,头脑灵活,风趣幽默,随机应变,又不失质朴。她知恩图报,在贾府败落之后,不负凤姐所托,不顾个人安危,千方百计地把王熙凤的女儿巧姐找回来,表现了下层劳动人民的侠肝义肠,值得称道。

所谓书读百遍,其义自现。每一次读书都令我有不同的体会和更深刻的认识。

原来看书只看故事情节,现在又跟着孩子重新学习了一些基本的汉语言知识。读书时的关注点多了,从而学到了更多的知识,也增长了见识,开阔了眼界。跟孩子一起重读《鲁滨逊漂流记》,不再单单对他充满敬佩、崇拜之情,同时也学到了很多孤岛生存的技巧和方法,建房子、做桌子、做小匣子、捕小羊、种小麦、种稻子等,以及面对绝境时战胜自己的心理斗争过程,他用自己的双手和强大的内心创造了自己的小王国。

旧书不厌百回读,熟读深思子自知。读旧书是一种享受,是一种情怀,能改变一个人的精神、气质和品性,能不断完善自己,提升人生品位,促进专业发展,读旧书让我们学会了本领,掌握了技能,拥有了在这个世界上生存的资本,让我们懂得了做人的道理,陶冶了情操。

第六节
个性化阅读教学探索

图书角——激活孩子心灵的键

李颜秀

恍惚间,踏上三尺讲台已十余载。在这期间,与太多的孩子们结识,他们有的动若脱兔,有的静如处子,有的温文尔雅,有的则暴躁易怒。对待不同的孩子,他的"激活键"也有所不同,我们要找准"激活键",让他以最快的速度回归到大多数孩子的频道上来。

那是六年前我遇到的一个孩子,他叫明明,是我们班里让所有老师都很头疼的同学。他对课本毫无兴趣,课堂不遵守纪律,作业几乎不做。但是对于课本外的一些事,他很感兴趣,经常在课上偷偷地看课外书,每次测试卷上的对号都少得可怜,这让我这个班主任内心真的很焦急,与家长沟通迫在眉睫。

在与明明爸爸通话后,我来到了孩子家。房间里比较乱,这在我的意料之中,因为从我接触孩子开始,就感觉到这个孩子的家庭生活似乎很复杂。在与爸爸的交谈中,我了解到,明明5岁时爸爸妈妈离婚了,孩子跟着爸爸。他7岁的时候,爸爸给他带回来一个新妈妈,就在两年前,因为种种原因这个新妈妈也离开了这个家。可能是因为母爱的缺失,导致这个孩子自卑,甚至是有些懦弱。再加上孩子的

爸爸为了维持生计每天四处奔波也无暇顾及孩子,这些原因造就了孩子今天的这个情况。但是明明家里的那一摞摞课外书却出乎我的意料。茶几上、沙发上堆了很多孩子的读物,对于孩子爱看课外书我有所了解,却不知道家里竟然有这么多藏书。我当时就萌生了一种想法:能不能让这些书帮助孩子,让他性格更加开朗、自信呢?

回来后,我也陷入了深深的思考,我想可能我和明明爸都需要重新考虑如何能让孩子更自信。就在那天晚上,我突然接到了孩子父亲的来电,他告诉我,今天我的话让他想了很多,这个孩子是他唯一的孩子,也是这个家唯一的希望!是的,每个孩子都是一个家庭的希望,对于这个残缺的家庭更是如此!孩子的父亲问我如何才能真正帮助孩子,我告诉他,我看到家里孩子的课外读物很多,正巧咱们班的图书角也要重新建立,能不能让孩子把他的一些书拿出来与同学们分享? 孩子的父亲欣然答应了。

周一早上,明明爸带着孩子为班级的图书角贡献了一大包书,图书角建立了,我希望通过这个图书角能让明明更自信一些,也更开朗一些。果不其然,明明的书比较多,而且挺有意思,孩子们都很感兴趣,纷纷向明明来借,我站在教室的一角,悄悄地观察着孩子的反应。起初,他低着头似乎有些害羞,只是对其他孩子点点头表示他的许可,我似乎能从他的嘴角看到一丝微笑。我趁热打铁,下午又举行了"我荐我书"主题班会,孩子们要对自己的书做简要的介绍,其实这个活动就是为明明"量身打造"的,他爱读书,希望他能通过介绍自己的书感到一些成就感。孩子们纷纷举手上台,可是明明却迟迟不肯举手,这当然是在我的意料之内,因为在我的印象中,这个孩子从来就没有积极举过手。于是我从书架上取下一本《小乔治的神奇魔药》说,老师对这本书很感兴趣,能不能请它的小主人明明给我们介绍一下。明明低着头,用不大却能让大家都听见的声音介绍了这本书,其实他说得并不算好,但非常值得鼓励,我们全班为明明送上了极其热烈的掌声。

同学们从那个图书角互相借书的事天天都有发生,明明的书也被很多同学翻阅。经过一段时间的交流,明明与其他同学之间的关系越来越好,读书分享主题班会上的发言也越来越精彩,虽然目前成绩没有太大的进步,但孩子的性格不再像以前那样那么孤僻自卑了。后来,我又与明明爸通过几次电话,孩子的父亲告诉我,他现在也会每个月抽出几天带孩子出去玩,或者去图书馆,他感觉孩子的话比以前

多了,他很开心孩子能有这样的变化,相信经过一段时间,孩子会越来越自信!

找准激活孩子心灵的键,将给孩子带来质的变化。孩子的变化带动了家庭的变化,那个黯淡无光的家庭,也因为孩子的变化而变得阳光灿烂,充满活力!

书香浸润促成长

徐孟琦

2020 年寒假时间大大延长,在此期间,老师们制作的学习任务单要求学生每天阅读,开学后同样要求学生每天阅读半小时。根据家长的反馈,我了解到我们班的同学每天坚持阅读,并在"书香伴成长"上记录好阅读书目、阅读时长,而且把读书的一些收获也写了下来。以刘某同学为例,通过与其家长的交流,我了解到他阅读的时候会用指读的方法,用手指着每个字,一个字一个字地读,开始的时候读得不太流畅,有时候停下想一会儿再接着读,声音也不是很洪亮。后来随着阅读的时间越来越长,阅读书目也越来越多,现在读书已经可以比较流畅,而且读书的声音也越来越洪亮了。

不仅如此,他还会和爸爸妈妈一起读,读给爸爸妈妈听,再说一说自己的收获。对于不熟悉的文章,会先让爸爸妈妈读给他听,然后再自己读。读书多了,识字量也增加了,也变得更加自信了。以前在课堂上基本不会举手,现在上课时我经常会看到他举起的小手,而且发言或者回答问题时的声音也变得越来越洪亮了。同时,回答问题时思路清晰,语言表达能力也有了很大的提高。看图写话方面也有了一定的提高,语言逻辑比以前更加条理清晰了。

他不仅在家读书,在班级里也会在课余时间阅读。班级里有一个图书角,里面都是一些同学们从家里带来的图书,五花八门,种类很多。每到课间休息的时候,总会看到他坐在课桌或者讲台上认真阅读的身影。他也会和同学们一起分享、讨论,加深了同学间的友谊,锻炼了语言表达能力,也让他学习到了一些新的知识。

总之,阅读是一件神奇的事情,多阅读不仅能增加学生的识字量,还能锻炼思维能力、语言表达能力,拓宽视野,让孩子变得更加阳光自信。

个性化阅读，让孩子更自信

齐红蕾

阅读，现在已经成了一个全民话题，打开手机，随处可见有关阅读重要性的文章，或者阅读小程序的推送。尤其是家有学生的家庭，更是格外重视培养孩子的良好阅读习惯。

阅读，是一项长期的工程，让学生爱上阅读并非易事，效果也不能立竿见影，这需要学校老师的循循善诱，家长的积极配合，当然，更需要阅读者的坚持不懈。关于阅读，我们可能比较急功近利，把视线放在了考试上，因为教育专家说会加大考试中的阅读量，高考更是流传着"得语文者得天下"的豪语。但是，当我们把视线放到当下，你会发现，爱阅读的孩子，言行举止更合乎规范，学习成长也更加自信。

班里有几个孩子在课堂上的表现总是非常积极，小手总是高高地举着，准备回答问题或者提出疑问。二年级的学生，受限于知识与阅历，课堂上的表现不能要求太高。但是，从一些小细节上，我发现有的孩子特别出挑。比如，在给生字组词的时候，大部分学生都仅限于两个字的词语，但是有一个小男生却经常回答四字成语，这种答案就像给平静的湖面丢了一块石头，漾起了层层涟漪，其他的学生都齐刷刷地把佩服的目光投向这个小男生，而小男生在这种目光中，坐得更端正了。课后我问这个小男生，为什么知道那么多四字成语，他高兴地说："读课外书啊，而且，在家里我经常跟爸爸妈妈进行词语接龙或者成语接龙比赛，可有意思啦……"那种自豪的表情，给人感觉他就是最厉害的人了。我很欣赏他的爸爸妈妈对他的培养，让这个可爱的小男生收获了如此多的自信与骄傲。

有一次，我在课堂上讲授语文园地的一篇写作话题，要求孩子们能够把自己对日常生活和自然现象中的疑问说清楚即可。先小组交流，题目很简单，孩子们侃侃而谈，上到天文，下至地理，孩子们真的是把那些有的没的都给讨论了个遍。展示阶段，有学生提问：为什么雷雨天气是先看到闪电再听到雷声？这时有个男生突然站起来喊道："老师，老师，我知道！因为当两团云发生碰撞的时候，产生了声音和

光,声音在空气中的传播速度是每秒钟 340 米,要比光的速度慢很多很多,所以先看到闪电,再听到雷声。这是我在课外书上看到的。"教室里发出了一声声的惊叹,我也不自觉地为这个孩子鼓起了掌。

读书多的孩子,知识储备更丰富,课堂表现更自信,而这绝对能给他们带来更多的学习动力,让孩子更爱阅读,形成一种良性循环。

揽一缕书香等春天

刘晶晶

我是一名从教十年的小学语文老师,也是一名 8 岁女孩的妈妈,如果说有什么值得肯定的事,那么陪孩子读书算是一件。因为我一直坚信,读书不能帮你解决所有的问题,但却能给你更好的视角。

我所在的实验中学小学部从 2014 年以来一直致力于推行阅读教学,身为一名小学语文老师,我更加认识到阅读对孩子的重要性。

亲子共读,是最好的阅读方法之一。女儿两岁时,我便开始了和女儿的共读之路,这个时候我们的阅读是从绘本开始的,我要做的就是从市场琳琅满目的绘本当中帮助孩子挑选适合她读的绘本。因为是语文老师,所以在亲子共读时,为了激发孩子的阅读兴趣,我特别重视朗读,读每一本绘本,我都以饱满的热情声情并茂地模仿各种声音,甚至一些很美的绘本,我会配上适合的轻音乐读给女儿听。印象深刻的是在读《夏洛的网》这本书的结尾时,我把自己读哭了,侧头一看女儿她哭得比我还厉害,此时我什么都不用问,什么也不用说,我轻轻地抱抱她,我知道她已经读懂了这本书真正的含义。因此每天再忙,我都会抽出一些时间陪孩子阅读,当然阅读最好是有固定时间陪孩子阅读。

通过亲子共读,加上我有意识地注重在语境中让她识字,因此等到孩子上一年级的时候,她基本上已经可以独立阅读绘本了。一年级拼音学完之后,独立阅读对她来说更是不成问题,到了一年级下学期,我给她买了一套无注音版汤素兰的《笨狼的故事》一共七本,没想到无注音版的书她读起来也是得心应手,当然也会出现

不认识的字,这个时候我就有意识地开始培养她在书上把不认识的字圈画出来,请教爸爸妈妈或是老师、同学。

　　阅读的过程其实是一个培养孩子语感、提高孩子独立思考能力、体验多样人生、认识真善美、建立正确三观的过程,积累对于阅读来说更是不可或缺。我尝试着让孩子在阅读中把出现的四字词语圈画出来,由我代劳记在一个专门的笔记本上,经过一段时间的积累,我们的本子上已经记录了近五百个成语。通过阅读,孩子的阅读潜力和对词语的运用潜力等都有了明显的提高。上一年级前夕,面对为了方便攀爬学校对面小区栅栏的那些家长,她说出了这样的话:"妈妈,那些大人怎么对栅栏上的'禁止攀爬'的牌子视若无睹,视而不见呢?"面对同班的小同学写的字,她是这样来评价的:"妈妈,某某同学的字真是瘦骨嶙峋啊!"那一刻我是惊喜的,因为这些妙语连珠都是阅读的力量所在。因此我又专门建立了属于她的日记本,把她的这些话记录在日记本上,疫情期间,直播艾青的《绿》时,课文最后我要求同学们试着仿写艾青的《绿》,我把这个问题也抛给了女儿,她思考后写出了这样的诗句:"校园里下起了一阵绿色的雨,雨洒到了各个地方,雨把阳光染成了绿色,雨把风儿染成了绿色,雨把操场染成了绿色……"这样的文字我当即就把它记录在了日记本上,若干年后,面对这样的文字,不知她会作何感想?

　　一年级的女儿不仅仅喜欢绘本、童话,对于历史故事她也很感兴趣,历史是复杂的,为了便于她记忆,我又把学校阅读理念中利用思维导图来梳理故事内容的方法,运用在了历史故事中,这样一来每个朝代发生的一些大事在她的头脑中会更加清晰明了。

　　我深深地知道,读书这件"小事"任重道远,它是一个厚积薄发的过程。作为妈妈,我首先要做的是给她树立榜样,另外把读书这件小事坚持下去,三毛曾说过,读书多了,容颜自然改变,许多时候,自己可能以为许多看过的书籍都成了过眼云烟,不复记忆,其实它们的作用是潜在的,在气质里,在谈吐上,当然也可能显露在生活和文字里。

个性化读书：见缝插针

郝芳云

对现在的学生来说，每天都有固定的课业，要占大部分的时间。那要广泛地读书，在时间上就要见缝插针。

有一位医生，每天睡前看15分钟的书，长年累月不间断，后来竟然成了作家。不会每个人都成为作家，但每个孩子养成睡前看15分钟书的习惯，将对每个孩子终生有益。但这个习惯的养成是不易的。首先需要家长监督，一是书籍的购买，既要孩子愿意看，还不能看起书来不睡觉，孩子的自制力还没有形成，家长要监督孩子的看书时间，不能太长，可以15分钟为限。二是要坚持，成了习惯，也遵守时间限制。

犹太人让孩子读书有技巧，我们即使没有技巧，就用最笨的办法，花时间陪着也好啊。

我的孩子上小学的时候，家离新华书店很近，我觉得这是一个有利条件，每逢星期天、假期就赶孩子去书店读书。每次孩子回家问他读了什么书，他都没好气地说，漫画书。我也没在意。后来我才知道，他不喜欢读别的书。以至于必须读的《三国演义》等书，是看着视频才补上的。他对作文也没有信心，还自嘲说，我的作文都是网上的。我把这个教训给孩子三婶说过，三婶陪孩子读书，孩子养成了读书的习惯，作文很优秀。由此，我感悟到，家长除了给学生选择必须读的书之外，最重要的是在孩子的阅读习惯未养成之前，要陪着孩子读书。这和陪孩子玩游戏，带孩子走亲戚、逛超市、旅游，都需要家长陪的道理是一样的。家长是孩子的第一任老师，要把孩子领进读书的门。

很多家长工作忙，中午让孩子在学校吃饭。这给了这部分孩子一个读书的机会。实际上，孩子们这个时期精力充沛，并不需要休息很长时间。我要每个孩子都带来一本课外读物，休息室成了阅览室，很安静，并不需要维持纪律。孩子们读书入了神，到了休息点提醒他们去卫生间，有的都听不到，还得老师单个去提醒，才把

眼从书上摘下来。

假期是孩子读书的重要时间。我那孩子读七年级时，我发现他的试卷上有大量错别字。我就利用这年的暑假，逼孩子抄写课文，最后抄写了三个半本子。之后孩子的错别字现象就很少了。这个方法得益于我小学五年级的语文老师，他曾经给我们布置抄写课文的作业。

我那孩子不是主动读书的料，我就在家里逼着他背课文，学生语文课本上的文章都是典范，从一年级课本开始，不过背到三年级上册说什么也不背了。好在孩子的学习基础基本筑牢了。

本人培养孩子读书方法不对，多的是逼迫，没能有效地培养起孩子的读书兴趣。这是我的失败之处。其实生活本不是随心所欲的，很多时候就是环境所迫，关键是面临困难，我们去求助集人类社会智慧在身的书时，会觉得书到用时方恨少。所以一定要见缝插针地读书。祈愿经过我们一代代人的努力，使我们的民族也变成全民爱读书的民族！

家有小儿爱读书

李　艳

学校推行阅读教学，让我高兴的是儿子从小就喜欢读书，小时候我们出去玩，走到书店他就不走了，非要进去选书。他那么小，又不认识字，怎么选书呢？我现在认为他大概是看里面的图来选书吧。回到家里便让我给他讲故事，每天中午和晚上睡觉前都要讲几个故事，不几天，一本故事书就讲完了。然后，我就给他分类来讲，一本书讲了好几遍。再换别的书也是这样。

慢慢地，儿子非常喜欢听故事了，反复几遍之后他会自己拿着书讲故事给我们听，虽然他还不认字，看着他享受的神态，我从内心深处庆幸自己的正确决定。看着儿子每天都捧着书读，然后把书放在枕边，甜美地进入梦乡，回忆着他给我讲的对故事的理解、对故事主人公的喜好时的得意劲儿，我觉得幸福满满，静心陪儿子读书是件很温馨的事。这些故事虽然短小，但是讲了一些做人做事的道理，让孩子

从小就明白:必须好好学习,才能有文化、有知识,要做一个积极向上的人。

慢慢地,儿子上小学,他开始认字啦,自己慢慢地读一些书。他从小特别胆小,特别害怕去理发,每次理发必须要买一本书来交换,好像书能为他壮胆,他最喜欢的就是漫画阿衰。阿衰以漫画为主,同时辅助一些简单的字句。儿子放学回来,看完阿衰都会高兴得手舞足蹈,甚至念念有词。阿衰就像是他的一个好朋友,陪伴了他的成长。

我们学校一直倡导读书。升入高年级,儿子每天回家做完作业就开始读书,然后画出好词好句,写读书笔记。在炎热的夏天,他还坚持坐在桌子旁认真地读书。在"新华书店杯"作文比赛中他还取得了二等奖的好成绩呢!

慢慢地,儿子上了初中,学习紧张起来。每天做完作业已经很晚了,他还坚持读书,如《西游记》《红楼梦》《三国演义》《水浒传》等,读完书再根据书的大体内容,把它们整理出思维导图来,再整理出人物关系和每个人的性格特征。

慢慢地,儿子在读书中学会了思考问题,同时也培养了他的阅读习惯,而且知识和思维都有了很大的进步。他对书本上的人物和事件有自己独特的见解,阅读就是这样带领他一步一步向前进。

儿子喜欢逛书店、买书。一到书店,他就迫不及待地投身书的海洋,津津有味地汲取书中的养料。每次精挑细选自己喜欢的书后,我都要多次催促他,他才依依不舍地离开书店。隔段时间,他就挑出自己喜欢的,再细细地品味一番。

阅读让儿子学会了坚强,阅读让儿子明白了学习的意义,教会了他不怕困难、勇往直前。让他在学习的路上越走越远。希望阅读能陪伴他一生,成为他一生的挚友。

个性化阅读:向生活要智慧

闫 翠

数年前,有幸在美术馆观看了丰子恺先生的漫画展,先生的画风简单质朴,用笔流畅自然,简单几笔就勾勒出一幅具有生活气息的漫画,让我印象深刻。无奈当

时对先生了解甚少，很多作品无法读懂其背后的深意。后来在书店，欣喜地发现了一本与丰子恺先生相关的书《爸爸的画》，这是丰子恺先生的两位女儿为自己的爸爸撰写的漫画趣绎。书中每幅漫画都附有一篇趣绎，读完既欣赏了画，又了解了画背后的故事，使我对丰子恺先生又多了一些了解。于是我欣喜地买回家，仔细地阅读起来。

先生的画取材内容广泛，有儿童、风景、居家生活、战争等诸多题材。寥寥几笔，鲜活的画面便跃入眼帘，生活真是美术创作的源泉！

想起刚刚入校教学时，我着急于教会孩子们绘画技法，并不懂得如何有效地提高学生的美术素养。刚刚入学的低年级的孩子，大部分绘画水平处于涂鸦阶段，他们喜欢拿笔绘画，却难以画出具体形象。对于美术课他们是非常期待的，但是几堂美术课下来，有的学生却失去了兴趣。为了提高学生的积极性，课上我不断鼓励，但是仍有学生面对一些主题时，无从下手。对于这种现象，我陷入深深地反思，课后我不断地丰富教案，调整教案，但是收效甚微。随手翻阅丰子恺先生的画时，恍然大悟。先生一生颠沛流离，尝尽人间疾苦，眼观世态，心存万物，阅历极其丰富，所以创作源泉不断，而孩子们刚刚入学，并未有时间去外面了解世界，感受身边的生活，所以他们内心是空白的，需要老师引导他们，把认知到的世界装进心里，画在纸上。

美术课上，我把彩虹"请"进了课堂。一年级美术课《七彩飞虹》，要求孩子们画一幅有彩虹的美丽图画。孩子们对彩虹并不陌生，但是大多从画册、故事书、动画片中看到，很少见过真实的彩虹。为了让学生们感受真实的彩虹的魅力，课上我拿手电筒、白板纸和一盆水做了一个小实验，在教室白色墙面上，照映出了彩虹。彩虹出现的一刹那，孩子们惊叹着，情不自禁地鼓起掌来。课上对于知识点的学习，孩子们也比以往更认真，非常愉快地完成了课上的作业。

原来美术课，并不仅仅是教孩子们画得像，画得好看，而是像丰子恺先生一样，走进生活，观察生活，丰富内心，才能有更多的灵感去创作。虽然，在课堂上用小实验的方法"请"出了彩虹，但是我希望，孩子们在课余时间多去接触大自然，希望在大自然中能与彩虹有一次更美好的邂逅。

个性化读书引领成长

刘晓丽

作为一名老师,一个 4 岁孩子的妈妈,通过陪伴孩子的成长,我逐渐认识到了阅读的重要性,认识到了孩子的早期阅读可以开阔孩子的视野,陶冶孩子的性情。

我跟孩子的亲子共读从孩子一岁半左右就开始了,从开始的认知布书,到认知贴画书,再到后来的绘本,每天我都抽出一部分时间陪孩子阅读,孩子慢慢地就喜欢上了看书,平时好动的儿子,每次到了看书、往书上贴贴画的时候就变得很安静。孩子两岁的时候,由于爷爷奶奶没法教孩子读书,我给孩子买了点读笔,孩子每次都能自己拿着点读笔读书一个多小时,晚上下班我都会陪孩子一起读绘本,孩子每一次都会很安静地听我给他讲绘本故事。刚开始的时候并没有想过要让孩子能从书上学到多少知识,仅仅是为了培养孩子的阅读兴趣,能愉快地"玩"书,然后确实收到了意想不到的收获。有一次,孩子奶奶在包水饺,孩子说了一句:"奶奶,你包的水饺好漂亮啊,白白的。"我突然意识到了,阅读对孩子的影响是潜移默化的,阅读可以培养孩子的语言表达能力,从那以后我就更加注重孩子的阅读,下面我谈一下我在培养孩子阅读方面的几点做法。

一、亲子共读,为孩子提供帮助

阅读需要氛围,家庭的阅读氛围很重要。从孩子读书开始,我在家里给孩子布置了专门的"读书角",将书规范地摆在书架上,每次我都陪伴孩子在"读书角"这里读书,亲子共读时间,不看手机、不开电视。在孩子读书的过程中,我会根据孩子阅读的内容为孩子提供有帮助的情景、对话、问题等。在孩子阅读的过程中,慢慢培养孩子良好的阅读习惯和阅读策略。

二、及时更换书

在孩子刚开始读书的时候,我根据孩子的年龄特点购买"撕不烂"认知书、认知贴画书,孩子看完后及时给孩子更新图书。当孩子开始看绘本后,我就给孩子订阅了婴儿画报,保证每个月孩子都有新书看。在孩子看书方面,我比较注重图书的多

样性,选择各种形式、内容的书籍,拓展孩子的阅读领域。当孩子能自己选择书籍的时候,我们一定要与孩子共同选择孩子喜欢的书籍,我们家长给孩子做好指导即可,千万不可把我们认为好的书籍强加给孩子。这样会降低孩子的阅读兴趣。

三、多样化的阅读模式,将听和说融入到阅读学习中

为了培养孩子的阅读兴趣,我采用故事情景阅读法、问题情景阅读法、表演阅读法等多样化的阅读模式,比如在阅读前给孩子创设适当的问题情景,让孩子带着问题去看书,看完后,跟孩子讨论阅读前我提出的问题,这样孩子在阅读的过程中就会集中注意力,去寻找问题的答案。在阅读完绘本后,睡前我会给孩子听我们读的那一个绘本故事,听完后我会跟孩子一起说一说故事中的情节,有时假装忘记了哪一个情节,让孩子当"小老师"来告诉我,孩子说出后,及时表扬孩子,可以大大地提高孩子的阅读积极性。

总之,孩子阅读习惯的培养,需要家长有足够的耐心陪伴孩子,给予孩子积极的引导,让阅读成为一种习惯,一种生活乐趣,让阅读成为孩子生活的一部分。

我和孩子们的阅读故事

贾琳琳

我决定干教师这份职业,主要原因是喜欢,当然一开始也是为了不想一直在家里看孩子,不想做一个无用的家庭妇女,给两个孩子做一个好的榜样。当然,我有学历有知识,原来也是学校里学习上的佼佼者,因为家庭原因,孩子无人照顾,只得在家照顾孩子。在家照顾孩子的过程中,孩子的教育也离不开我的阅读知识,老大从大班开始便自主看书,所有的字都能差不多认识,都是我一点一点地引导她,给她很多阅读方法上的指导,更有很多习作上的指导,所以现在闺女写起文章来得心应手,风生水起。

我的孩子们都长大了,我又开始了我喜欢的教学工作。有了对自己孩子指导的经验,加上上班之后的各种学习,我得到了一些和孩子们阅读的小心得。

我在班中要求学生们阅读,一开始学生们热情似火,一下课就围在图书角读得

津津有味,在各个角落坐着、蹲着阅读,我想着,学生们这么热爱阅读,一定能出口成章。于是,一个月后,我们在班中组织了一场读书会,我满怀期待,期望收获满满一大车的精神食粮,但是出乎意料之外,我收获满满一车的失落和无奈,因为学生们只知道看新鲜,根本不会总结概括文章的内容,学生们只会死记硬背文中一些片段,有些学生,连片段也记不住,所以这样的阅读可以说一无是处,只是水过地皮也不湿,想要让他们把知识运用于习作中谈何容易。

我开始思量如何提高阅读质量,偶然的机会,我看到原来一位以前教过的学生妈妈在朋友圈里发的阅读方式:想要孩子提高阅读能力,必须要让他们拿起笔写一写,写写课本中的段落大意,写一写好词好句好段,这位家长的孩子一直坚持用这样的方法,使习作水平得到了很大提高。

我也打算在孩子们中试一试阅读方式的调整。我建了阅读群,寒假里我们开始了阅读计划,每天阅读一篇语文主题学习的小文章,分好段落,找好词、好句、好段,概括一下段落大意,并总结文章的中心思想。开始孩子们都不会写,于是,假期的每天晚上我都提前读完小文章并把我的读书笔记发在群里让家长看,并告诉家长不要给孩子看,让孩子试着写,父母进行简单纠正,发到群里我再进行一一点评,并让孩子们欣赏和学习其他孩子做的样本阅读,慢慢地孩子们都很快适应了这样的阅读方式。直到寒假结束,这长达五个月的阅读,有些孩子中途放弃了,大部分孩子勇敢地坚持了下来,孩子们的阅读水平有了很大提高。读一读,写一写,用这样简单的方式帮助孩子记住文章中的精华,并为以后写作积累了资料,不至于读过都不知书中有何处可用。当然,学生们的习作水平也有了很大提高,各种各样的好词好句用得恰到好处。若是能把所学用到该用的地方,这就说明阅读真的起到了很大的作用。

暑假里,阅读群里每天看着孩子们认真地阅读,心中感慨万千:我愿带着我的孩子们一路走,一路读,读出心中最萌、最美、最可爱、最善良的理想和信念。

让"熊孩子们"爱上个性化阅读吧

李雪贞

书籍是铸造灵魂的工具。随着年龄的增长,我越来越感觉到阅读的重要性。阅读可以帮助你认识社会、理解人生,指引你去做一个通达事理、明辨是非的人。最重要的是阅读能让你和孩子们沟通起来更简单,更有说服力。阅读不仅可以培养孩子的语言能力、沟通表达能力、逻辑思维能力、想象力和创造力等关键能力,而且同时还起着树人育人的作用,正如有位作家所言,不必说教,讲故事就好。

印象最深刻的一件事情,就是第一年当班主任的时候,我接触的是三年级的小朋友,八九岁的年纪,正是天真烂漫的年龄,都甚至看不懂老师生气时的脸色。上课时经常因为举手打报告——"老师,他在玩玩具""老师他踩到我了""老师……"课都进行不下去,每次维持秩序就耽误讲课。如果你置之不理,他们又肆无忌惮。我也采用小组加减分、"小老师""小助手"的方式,也只是缓解了一下,获得了暂时的安静,没有从本质上解决问题,实在是进退两难。说实话,三年级的小孩子,吵吵闹闹是家常便饭,尤其是遇到事情的时候各说各的,从来不去仔细倾听别人的想法,所以班里有的时候就会乱糟糟的,让我苦恼万分。如何让孩子主动用心说话,如何真正让孩子们学会倾听,我犯愁了。晚上躺在床上绞尽脑汁地想如何解决这个问题。突然想起了以前读过的三个小金人的故事。于是,第二天我赶紧召开了一次关于倾听的主题班会,首先我把三个小金人的故事投放在大屏幕上。第一遍读后,让孩子们说感想,没有一个孩子站起来说;再读第二遍,有两三个同学站起来,我没有让他们发言,然后读第三遍第四遍,一直做到每一个孩子都想发言都想说一说自己的想法,最后我用孩子们最擅长衡量价值的方法问了一个问题:"孩子们,你们说哪一个小金人最值钱呀? 为什么? 你想做哪一个小金人?"这三个问题一提出,全班立马安静下来,事后竟然有孩子这样子反问爱说话的孩子:"难道你想当最不值钱的小金人?"简单易懂的故事要比我的说教让孩子更能心悦诚服。每一个孩子都是天使,作为老师,我应该像导游一样,带着孩子们游览各种各样的风景,

教育在于引导,引领孩子们从书中找到"颜如玉"吧!

阅读教会了我如何去当一个省心的班主任,孩子违反了这样那样的规定,那就让他读书吧,和家长做好沟通然后就让这个孩子读书,不是一味地读书,而是要让这个孩子读后说出自己的看法,让孩子在一定程度上锻炼自己的沟通与表达能力。这样子犯错的孩子会越来越少,班级管理真正做到了自主管理,让我省心不少。

"让孩子爱上阅读,必将成为你这一生最划算的教育投资"。作为老师,那就让我和我的"熊孩子们"一起在书海里成长,一起爱上阅读吧!

个性化阅读:捡拾书海中最美丽的贝壳

张凤玲

我钟爱阅读,我喜欢随意翻开书时手指与纸张触碰的感觉,油墨的气味和翻动时传递的微风。每本书都有一种厚重的存在感,密密麻麻的笔记和感悟,见证着我读它的历程,书的折角透露出停顿的痕迹。一年又一年,书的味道也随之变化,从淡淡的印刷味再到一种饱含岁月的香气,我能想到的最喜欢的事情,就是一个温暖的午后,拿一本书坐在沙发上安静地读书。

有人说过:"年轻的时候以为不读书不足以了解人生,直到后来发现如果不了解人生是读不懂书的,读书的意义大概就是用生活所感去读书,用读书所得去生活。"无论你用什么方式去解读,显而易见的是不读书是万万不能的。跟班里的孩子不同的是,我小时候接触到的书很少,除了课本寥寥无几。那时我的父母认为学习就应该一心一意,除了课本,其他的书都是杂书,都是影响学习的。而家长们反馈回来的孩子们的小书架,有许多童话、历史、地理、文学之类的书,单这些书我就足够羡慕他们了。我想我的童年是不完整的,因为我不曾拥有过在书海里消耗的时光。所以即使我已成年,但对于读书的迫切却依旧那么强烈。

我和孩子们一起共读整本书后,必然会开一次阅读交流座谈会,那时的我们并不分谁是老师谁是学生,我们都有一个共同的身份——读者。我不会用上位者的权势压迫孩子的思维,相反,我是羡慕他们的。孩子们每一次生动的发言都让儿童

时期各种被想象力放大或扭曲的意向展现在我眼前。他们眼中神秘莫测的小树林、幽暗漆黑的阁楼、一扇不怀好意的木门、一把稀奇古怪的椅子，似乎随时会播放某些辛秘或是某种暗语的收音机……堆放着衣服的床可以变成一片无穷无尽的迷宫，筷子是魔杖，锅盖是盾牌，静谧的午后，鱼缸"哗哗"的水声似乎也显现出一丝不同寻常，而黑暗里被手电筒照亮的被单下，这一小方天地简直是最刺激也最惬意的所在了。

儿童文学拥有它独特的魅力，童心真是世界上最使人感到愉悦的东西了。我非常热爱和孩子们共读同一本书，期待他们拉着我的手一起踏入一个个神奇的世界，能让我像孩子般好奇探索。恐怖刺激的隧道使人毛骨悚然，时不时被吓得疑神疑鬼夜不能寐。让人潸然泪下的故事留下了太多感动，我们一起感慨友谊的美好与人性的温暖。与孩子共读带给我最纯粹的快乐。我们无比享受全身心沉浸在一本书里的快感。

我想真正的读书者必然是能在书中寻到天然的趣味之人，也因此读书行为本身才成为了这些人最为重要的财富，这里我想恳请每一位家长都告诉自己的孩子，读书者虽贫而智不贫，虽位低而品不低，此乃书海中最珍贵的贝壳。

在温馨的灯光下翻开书，遇见一段故事，经历一场有趣的旅行，听到一声叹息，流下几滴泪水，闻到一阵花香……读书不再仅仅是传道授业解惑，更像是一场不可思议的奇幻之旅。

第七节
师生共读

阅读教学中的个性成长

高赛梅

一个三年级的小女孩,她特别爱读书,记得当时电视上正演《聊斋》,她便偷偷地向同学借来《聊斋志异》躲在屋子里读起来,当她读得津津有味时,严厉的母亲一把把书夺过去,撕得粉碎,并告诫她,如果以后再读除了课本之外的书,就别上学了。从此,这个小女孩再也不敢读书,再也不爱读书,再也不喜欢语文课了。这个小女孩便是我。所以毕业后我选择了教数学,2004 年成立小学部,服从领导的安排,带着对语文的排斥,我由一位初中数学教师转行教小学语文。一次次地聆听领导的讲话,一次次地外出学习,一次次挖空心思地写文章,使我真正体会到"书到用时方恨少",阅读是如此重要。于是我跟我的孩子们便踏上了阅读之路。

润物于无声之中

由自己的经历我深知,要培养孩子的阅读能力,兴趣是关键,于是我采用多种形式培养孩子们的阅读兴趣。

我利用暑假编写了《快乐童谣》校本教材,里面有关于习惯养成和拼音知识的 70 首童谣。一年级开学的第一天,我便跟孩子们拍着手一起读记,童谣朗朗上口,

孩子们特别感兴趣。不到两个月，我班的孩子们就将童谣全部背熟了。

当他们逐渐适应了小学生活，我便给他们带来了电子版的绘本教材，每天分享一个小故事，随着他们识字量的增多，我便只讲故事的开头，调动起他们的兴趣后，让他们自己买书或借书读。一二年级，我们共读了《神奇校车》《不一样的卡梅拉》等近百本绘本。我班的小泽同学，读了 200 多本。

听说《小王子》要上映了，我便带领孩子读《小王子》；听说《齐天大圣》要上映了，我便带领他们读《孙悟空在我们村里》，并允诺他们一起走进影院去观影。三年级我们共观看了 6 场电影。同时我也让孩子们自导自演书中某个感人的章节，观赏自己的电影。孩子们提议去春游、去滑雪，我也有要求，只有读完推荐书目的同学才能一起同行。就这样，孩子们渐渐地爱上了读书。

育人于智慧之境

以前不敢从学校图书馆借书，怕孩子们弄坏、弄丢，自从我们的高校长说："图书馆的书不怕丢，丢了还是好事，说明孩子爱读书。"以后我便大胆地从图书馆里借书，每次借 11 套，因为我班有 11 个小组，每套 4 本，在小组间漂流阅读。为了满足孩子的阅读量，我又让孩子们把家里的书带到学校，每人最少 10 本，多者不限，成立"小主人"书架，让孩子们自己管理自己的图书，并做好借阅记录，每月一评最受欢迎的"小书架"。三年级上学期，班内人均读书 10 本以上，约 50 万字。

我经常通过家长会、微信群、飞信等方式跟家长讨论读书的益处，交流营造书香家庭的重要性。每天晚上，孩子们阅读半小时，家长们会把孩子读书时找到的优美段落让孩子有感情地朗诵，传到我们的班级微信群里，然后由我和孩子们共同评选出当晚的"朗诵小明星"。班里的雨鑫同学就是因为有一次评选上了当晚的"朗诵小明星"，才爱上阅读的，在她的个人介绍中她这样写道：以前我不喜欢读书，是老师把我带进了书的世界，让我感受到了读书的快乐。在孩子们的带动下，家长们的观念也开始改变，他们也爱上了阅读。

而我也重拾儿时的读书乐，跟孩子们一起阅读，共同成长。

清晨,我们一起诵读

苗光英

"弟子规,圣人训,首孝悌,次谨信……"当诵读经典的声音飘出教室,这是我的孩子们在进行每日晨读。每每听到这朗朗的读书声,便让我想起了我带领孩子们最初吟诵经典的日子。诵读刚刚开始的日子便是每天早晨晨读时的背诵,刚开始孩子们读得很认真,背得也很认真。但是那天我无意地跟孩子们聊天谈到"出必告,反必面",孩子们对背得非常熟悉的《弟子规》竟然不知道是什么意思。

我忽然明白,对于低年级的学生来说,晦涩的《弟子规》不是他们喜欢的,也许根据《弟子规》改编出来的故事可能是他们乐于接受的。于是我就让孩子们根据《弟子规》来讲故事并在班级开展"弟子规小故事"讲故事比赛,并评出"讲故事小明星"。孩子们非常乐于参加这样的活动,不仅提高了背诵经典的积极性,也加深了对《弟子规》的理解。甚至很多"小可爱"都用《弟子规》中的经典语句和经典故事来提醒和规范小伙伴的日常行为。

随着学生年龄的增长和阅读水平的提高,朗朗上口的《弟子规》和《三字经》渐渐不能满足他们的要求,他们开始背诵《笠翁对韵》《增广贤文》甚至《论语》,所以讲故事这种形式不能满足学生的要求了。于是我开始为学生的每日晨读认真制定计划,每天除了从数量上完成积累以外,还为学生举办诗文朗诵会。令我感到意外的是,孩子们对诗文朗诵会的热情超出了我的想象,他们对经典的诵读开始变得有模有样,有的甚至背着手,踱着方步,平平仄仄的颇有一番味道……他们每天晨读结束都去自己的"晨读量化表"上比一比,看今天有没有进步。

每日晨读,吟诵经典,完成我们"大语文"的积累,不是一朝一夕的事情,老师的参与也至关重要。随着学生吟诵的经典越来越多,起初只是"打酱油"的我,越来越想跟孩子们比一比。于是,我在"晨读量化表"上加上了我的名字,并改名为"清晨,我们一起诵读"。我由一名老师变成了学生们的同学。我跟学生们一起比赛背诵,甚至故意输给他们,我也会在学生们的"诗文诵读会"上率先抽签吟诵,抛砖引

玉,让学生们争先恐后地来挑战我,激发孩子们参与的积极性和主动性。越来越多的学生获得了"经典诵读小博士""经典诵读小硕士""经典诵读小学士"等荣誉称号,虽然他们诵读的广度和深度不一样,但他们在每天的诵读中都取得了进步,就是这一点点的进步,让他们日渐丰满了双翼。

在太阳升起的时候,是我们每日晨读的时候。我愿意在一天中最美的时候,守护着最美的他们,听他们朗朗的读书声,与他们共渡每天的"晨诵"好时光,感受做一名教师的快乐,尤其是语文教师的快乐!

个性化阅读引领孩子走向更好的自己

杨凯玲

作为一名教师,如何引领孩子阅读是我多年来一直思考的问题。

首先,我们要创造良好的个性化阅读的环境,激发孩子个性化阅读的兴趣。作为一名老师首先要从自我做起,自己先去给孩子做一个好的榜样,所以闲暇时光,我会根据自己的专业和特长阅读很多书籍充实自己。我会在课堂上把自己读过的有意思的故事或者有哲理的小故事分享给孩子们,然后让他们讨论自己的想法,孩子们积极地参与,我也会趁热打铁,让他们自己回去读个小故事第二天在课堂上分享。久而久之,孩子们的语言表达能力提升了,孩子们也觉得个性化阅读是件很快乐的事情。

当然,二年级的孩子比较贪玩,他们更热衷于游戏,如何把个性化阅读融入游戏之中便成了我常常思考的事情。当孩子们阅读遇到迷惑时我会给孩子们讲解,同时会让几位同学表演出来加深孩子们的理解,有趣的故事会以情景剧的形式简单地让孩子演出来,孩子们在快乐的表演中,找到了自己的不足和阅读的动力。这样的阅读更有代入感,能让他们动脑思考、用心感悟。

"立志宜思真风致,念书须尽苦功夫"。阅读是一个积累的过程,即使是天才,没有后天的积累也难成大器,所以坚持阅读是我们必须养成的习惯。慢慢地我发现孩子的记忆力也得到了提升。要想让孩子喜欢阅读,我们的引领很重要。书籍

的选择也很关键，如果一开始就强逼孩子选择他们不感兴趣的、读不懂的文章去硬性完成读书任务，那么孩子也会渐渐失去读书的兴趣。所以我会让家长给孩子选择孩子喜欢的书籍，比如有关动物世界的、植物的奥秘等，我们先从孩子感兴趣的东西入手，让孩子在探索世界奥秘的同时，无形中养成了爱读书的习惯。孩子的知识面越来越广，在课堂上去记忆一些知识的时候也如鱼得水。

当然在引领孩子读书的过程中，光靠教师一个人的力量是远远不够的，家长的配合、社会的宣传也是非常重要的力量。只有给学生一个合适的环境，创造浓厚的阅读的氛围，才能使他们更好地适应个性化阅读。这需要我们各方面的配合和积极探索。

在个性化读书中找寻乐趣

王小静

读书能陶冶人的情操，给人知识和智慧。阅读的重要性，不言而喻。

说起阅读，唯有和孩子们一起分享，才会有不同的切身感受和快乐。阅读有助于让孩子们养成良好的品质和做事的风格。还记得去年，我和孩子们分享的一个小故事：一个小孙子问爷爷，为什么人有两只眼睛、两只耳朵、两只手，却只有一张嘴巴。爷爷告诉小孙子，这是让人要多看、多听、多做、少说话呀。故事虽然寥寥数语，但看着学生们若有所思的眼神，他们在一瞬间仿佛懂得了很多。通过分享这些简单的小故事，让学生们明白了行动的重要性，很多事情不能光用嘴巴去说，而是用实际行动去表明自己的见解和看法，这样会令人们更加信服。这就是一种力量，一种不用过多言语去解释的力量。

阅读可以增强我们打拼的勇气和战胜困难的力量。对于一年级的小孩子们来说，书中的人物形象对于孩子们的行动发展有着很大的影响。还记得，当时和孩子们分享了一只蜘蛛的故事：雨后的蜘蛛艰难地向墙上已经支离破碎的网爬去，由于墙壁潮湿，它爬到一定高度，就会掉下来，它一次次地向上爬，又一次次地掉下来……第一个人看到了，他叹了一口气，自言自语："我的一生不正如这只蜘蛛吗？忙

忙碌碌而无所得。"于是,他日渐消沉。第二个人经过,发出感叹:这只蜘蛛真愚蠢,为什么不从干燥的的地方爬过去? 于是,他变得聪明起来。第三个人看到了,立刻被蜘蛛屡战屡败的精神感动了,于是,他变得坚强起来。通过这个小故事,可以看出一个人的心态是多么重要。当孩子们听完后,立马做出判断,自己要做聪明又坚强的人,要有敢于拼搏的勇气。所以,读多了这类故事,不仅可以让自己畅游在书海中,还让自己深受故事中人物的影响,指引着自己向勇敢的方向前进。读书人不会无奈和茫然,因为有书为伴;不会孤独和寂寞,因为有书为伴。

阅读还有助于积累更多的词汇,提高语言表达能力。通过观察孩子们的课堂表现,我发现那些读书很多的孩子一直都是自信且积极的,他们的眼神中带着那种想要表达的欲望,这是不阅读的孩子所体会不到的。所以,阅读是一个过程,在这个过程中,孩子们可以感受其中的乐趣;阅读也会最终呈现出一种结果,这种结果也是必然要发生的。博览群书,是一个积累的过程,天长日久,自然会产生语感。读得书越多,越能提高自己的逻辑思维能力和语言表达能力。这些都是通过读书所带来的结果。

阅读,尤为重要,而且我们的阅读故事一直在继续,一直在分享,从未停歇!

书海拾贝,一路书香

张凯丽

书海浩瀚,知识无穷。古人常云:"书中自有黄金屋,书中自有颜如玉。"从中可见,古人对书可谓情有独钟。自古以来,书本就是人类的好朋友。早至孔夫子,以书为伴,满腹经纶,流芳百世;今至伟人,博览群书,雄才伟略,振兴中华。这不正表明读书对我们的重要吗?

中国诗词源远流长,堪称中华文化的精华。学习中国诗词可以提高一个人的艺术修养水平,可以提高人的感知能力,更能体现中国人的为人处世之道。因此,在这个超长假期里,我们为孩子们印发了经典的古诗篇目,利用晨读时间背诵、打卡。每天安排一名小小领读员,把当天的古诗背诵篇目录成小视频,发送到学习交

流群进行领读。其他孩子发送视频或者语音跟读、背诵。然后老师再进行难懂字以及诗句的简单讲解。这在每天的学习交流群里形成了一道亮丽的风景线。

读一本好书,胜过万两黄金;赏一本好书,宛如鸿运缠身;品一本好书,恰似幸福重温。疫情期间,我们除了古诗文的课外积累外,还注重课外读物的阅读。根据二年级下册的推荐书目,我们集体对《神笔马良》《大头儿子和小头爸爸》《愿望的实现》《七色花》以及《一起长大的玩具》进行了阅读。同学们的反响强烈,经常有孩子给我私信读书后的感受。

通过对孩子阅读的引导和教学,让我们有了更多的交流和阅读方式,也对阅读教学有了更深刻的认识。书是我们生活中的一部分,在童年里,孩子需要它;在成长中,孩子也需要它;有了它,孩子们的童年才会充满着五彩缤纷;有了它,孩子们的成长才会更加丰富多彩。

烈日炎炎,暑期已至。燥热的天气,最适合读书,因为读书使人内心宁静。而且,暑假是孩子们阅读积累的黄金时期。因此,暑假刚开始我们班就约定了"读书交流日"。

我和孩子们以及家长们约定,每周五的晚上我们进行读书交流。交流的内容会提前约定,主要是课外阅读篇目。到现在,我们班已经交流了《丑小鸭》《野天鹅》《拇指姑娘》三篇童话。

我们交流的方式很简单,我用问题的形式一步步地引导他们对故事内容、人物性格以及人生哲理进行分析和掌握。同学们都非常积极,经常迫不及待地@我:"老师,快点发问题吧,我都等不及了!"交流最后的有奖竞答环节更是竞争火热。这样看来,让孩子们阅读,其实很简单,想其所想就可以。

个性化阅读中的亲子共读

魏 珍

我认为读书的好处就是让自己有思想。人的思想都是在不断地汲取别人的思想中发展、成熟。同一本书,不同的人看后会有不同的想法,但是没书的激发,这

些想法可能就不会产生了。

回想起和儿子的读书之路略有些坎坷，我懂得读书的好处，所以在儿子很小的时候我就给他买各种各样的书。但是毕竟想象跟现实还是有一定的差距的。幼儿时期他的整个世界就是他的玩具和玩耍——儿子并不喜欢读书。后来因为我没耐心，把陪伴儿子读书这件事搁浅了。上一年级前我大概测了一下他的识字量，天哪，200多字！于是我开始恐慌，怎们办？后来步入一年级，我开始陪伴他读书，对于小孩子来说陪伴尤其重要。

因为陪伴，儿子渐渐喜欢读书，有时候抱着书笑得喘不上气，跑过来分享给我，这个时候我需要做的就是认真倾听，并且要和他一起大笑；有时候都不明白的地方我们非要问出个所以然来；有时候要我和他一起分角色朗读……所有跟他读书有关的时刻，我都会停下手中的事务陪他一起，哪怕是我在做饭。通过一年的时间坚持陪伴阅读，变化最大的就是他的识字量，我并没有教他认字，通过阅读，他由原来认识的200字增加到1,700字左右。测完识字量后他稚嫩的脸上写满惊讶，说："妈妈，我真的认识这么多字？"紧接着，他抱起《小鲤鱼跳龙门》这本书对我说："妈妈，我要学习小鲤鱼这种坚持不懈的精神，我要坚持读书，我要认识更多的字。"我很开心，因为他找到了读书给他带来的好处，找到了读书的乐趣。

读书对于不同的人来说，有着不同的乐趣。对于从事体力劳动的人来说，读书是一种休闲；对于从事脑力劳动的人来说，书可能是一种灵丹妙药。休闲时读书可以解闷，愁苦时读书可以忘忧，勤奋时书可以和你一起飞。我与儿子的亲子读即是如此，在苦中有乐、有惊喜。

个性化阅读中的分享与快乐

成 伟

俗话说，兴趣是最好的老师。虽然我们都知道要多读书，读好书，但是养成坚持天天阅读的习惯非常难，究其原因，是没有对读书产生浓厚的兴趣，兴趣才是最好的老师！读书不仅可以让孩子获取广博的知识，陶冶情操，还能使孩子得到放松

休闲,缓解焦虑,调节情绪,与孩子一起读书,既能留出一些时间与孩子共处,促进亲子感情,又可以提升自己,一举两得。作为一名教师,同时也是两个孩子的妈妈,我总结出了几点培养孩子阅读习惯,帮助孩子建立读书兴趣的一些经验。

习惯养成很重要。帮孩子确定阅读书籍,发现孩子的兴趣点,从孩子感兴趣的方面来搜集图书,通过培养阅读兴趣,学会阅读方法,逐渐扩大读书的广度。可以带孩子到图书馆,让孩子自己选择喜欢阅读的书籍。俗话说,21天养成一个好的习惯,坚持将"21天美丽行动"真正"行动"起来,对于完成的一次美丽行动可以提出表扬或予以小小奖励,鼓励孩子产生更大的阅读兴趣。

课堂展风采。老师可以在课堂上设置孩子讲故事的环节,并对勇于讲故事的孩子给予表扬和奖励,孩子会为了得到表扬和奖励主动寻找图书阅读来积累故事在课堂上表演。

家长做榜样。家长是孩子的第一任老师,家长首先要坚持,将手中的手机放下,和书做朋友,潜移默化地去影响孩子或是身边的人,各自选择自己喜欢的图书静静阅读。

积累的重要性。总结一些提高孩子们阅读理解的方法,"不动笔墨不读书",通过用记号笔在书上标记好词好句,做好批注,帮助孩子积累好的词句,定期让孩子根据读书内容写读书笔记或是读后感,帮助孩子加深理解。长此以往,相信孩子会有意想不到的收获。

爱读书、读好书,不但可以充实自己的文化底蕴,提升语言文字的应用能力,还能够传承中华经典,弘扬中华优秀传统文化。坚持经典阅读活动,让我们一起分享阅读,分享快乐吧!

个性化读书感悟:书犹药也

傅静怡

书似一剂良药治愈我们的心灵,当心灵受创时它轻轻地抚慰,当心灵散漫时它又把它坚定。管理班级那么多颗幼小的心灵,那么多杂七杂八的大情小事,我便可

用书来作为工具。

记得刚参加工作的第一年，我教五年级。有一位男孩子四方大脸，圆溜溜的眼睛，嘴巴却小巧无比。我对他的印象并不好，身边总有些人跟我告状，他又欺负人了，他又偷懒了……本以为这样的学生肯定成绩也不怎么样。谁料，他的卷面是班级里数一数二的整洁，成绩同样也是班级前三甲。我慢慢说服自己用讲故事的形式来感化他。我让班里读书多的孩子一天来讲一个关于团结的故事，每次讲完我都会问他有什么感触。日积月累发现他也在慢慢地变化，直到站在讲台讲故事的人变成了他。书慢慢治愈他，这种氛围也慢慢弥漫在班级中。

后来我教了二年级，我把毛泽东一句"饭可以一日不吃，觉可以一日不睡，书不可以一日不读"讲给孩子们听。他们知道了读书是比吃饭、睡觉还要重要的事。我们开始积累成语故事，每天中午由同学来写两个成语故事并讲给全班同学听。每次他们都听得入神，就连班里的后进生回到家也开始阅读成语故事的有关书籍。从《凿壁偷光》中他们懂得了只要肯学再恶劣的环境都不是问题，从《按图索骥》中他们懂得做事情要变通，从《三顾茅庐》中他们懂得了取得成功的人必定是做事情有恒心的人……这些成语故事所阐述的道理也慢慢成了他们的习惯，对班级的管理也起到了一定的帮助。

面对两次的经历，我便懂得以后在班级管理中可用阅读来凝聚班级。当面临一个新的班级、面对不同的习惯时，各个方面就如一盘散沙。这种情况下我开始收集正能量的书籍及孩子自认为较好的书籍放到图书角。每当阅读课时，我会让孩子来挑选进行阅读，课间时我会安排孩子阅读，午休之前也会让孩子来读。我发现孩子在读书时班级是安静的，第二天、第三天也是如此。慢慢孩子养成了这种自觉读书的习惯，班里的纪律、氛围也提升了。孩子们的心更静了。

几次的管理我都从书籍中找到了想要的答案，即使以后有困难来临，因为有书的陪伴我也不会胆怯、害怕。我会继续将书籍用到我们的班级日常管理中。我不敢保证我带的班级是最好的，但我有足够的信心保证我带的学生将来会成为读书习惯最好的学生。

个性化阅读，孩子受用一生的财富

马丽娟

我自小就没有读书的习惯，我的侄女也是一样不喜欢读书，每天的读书都是当成一项任务来完成，这可是把我愁坏了，能有什么办法呢？有一段时间正好赶上学校开展亲子共读书活动，借助这个活动，让我更加重视孩子的课外阅读，同时也调动了我和侄女阅读课外书的积极性。

没有阅读经验的我，没有什么好的办法来要求一个不喜欢读书的孩子去认认真真地用心阅读，只能借助一些外部力量。我依据学校下发的推荐给孩子的阅读书目，跟孩子来到书店买书。选书由孩子做主，买到她自己喜欢的书，孩子爱不释手，这极大地调动了孩子阅读的积极性。孩子每天写完作业阅读 30 分钟，如果有兴趣可多读一会儿。在孩子的阅读过程中，我发现孩子只是看热闹，看里边的小故事，这显然对语文知识能力的培养及教育没有多大作用，于是我开始抽空和孩子一起读书，这也是唯一的一种办法。但是由于工作忙，要全都与孩子一起阅读是很难做到的，于是我和孩子比赛，谁有时间谁就阅读，看谁读得快记得多，谁看完一部分都要给对方讲讲知道了哪些内容。

我和孩子共同读书，让孩子逐步养成用心读书的习惯，而不是光看故事情节，一段时间坚持下来，孩子读书也用心了许多。与孩子一起读书不仅是分享快乐，同时也是分享困惑。孩子不懂的地方我会谈谈自己的理解，然后和孩子一起查资料，这样，我和孩子在阅读中都增长了知识，训练了思维能力。在阅读的过程中和孩子分享各自的心得，这让我对孩子的理解更加深入、透彻。同时我还不断地在阅读中穿插许多道理告诉孩子，让孩子能在阅读中懂得更多。

亲子阅读是孩子成长过程中不可或缺的重要一部分，是我们加强与孩子沟通、传递爱、帮助孩子健康成长的重要途径。如今，我与孩子共读，共度美好的学习时光，一起品味读书的乐趣，我们的亲子共读从被动读书慢慢转变为主动读书，亲子共读书正在成为我们的良好习惯。阅读，带给孩子的将是受用一生的财富。

第二部分

个性化阅读教学
学生篇

第一节

个性化阅读伴我成长

以书为伴

一年级一班　袁海博

　　读书不仅可以增加我们的识字量,积累丰富的文化知识,还可以开拓我们的视野。在学校里,我最喜欢的地方就是班里的图书角了。因为我觉得书籍就像我的一位小伙伴,能够带领我在知识的海洋中畅游。每当课间,我和同学们就会去图书角挑选自己喜欢的书,然后津津有味地品读起来。还记得有一次,我因为看书太过于投入,以至于上课铃响了都没有听到,后来经老师和同学们提醒,我才反应过来已经上课了。也正是因为我喜欢读书,我还曾被评选为班里的"阅读之星"呢!

个性阅读让我受益多多

一年级二班　尚桓宇

　　一年级结束了,我也读了很多书,其中《笨狼的故事》是我最喜欢的一本书。读

这本书的时候，我发现笨狼身上的优点是我们所需要学习的，如果人人都像笨狼一样有一颗纯洁善良、乐于帮助朋友的心，世界就会更美好。

还记得，有一次上学我忘带笔记本了，是同桌借给我的，这就是笨狼精神，在别人需要的时候送去温暖，我以后也会多多地帮助需要帮助的同学。

随个性阅读长大

一年级三班　李沐霖

总忘不了，小时候，妈妈在灯下给我读书的样子。她声音很温柔，目光专注地看着书，时不时抬头看我一眼。

我特别喜欢妈妈口中的故事：狐狸为了吃到葡萄，说葡萄是酸的；原来，小朋友的肚子里有个火车站，里面有好多运食物的火车；小猪有时候很聪明，他把狐狸累得倒下了，自己拿着小甜饼回家了，度过了最幸运的一天……

总忘不了，一年级，老师在教室里示范朗读的样子。她嘴角微翘，面带微笑，声音洪亮，抑扬顿挫，让我听得入了迷。

老师带我们一起读课文《一个接一个》，我知道了，小伙伴们和我一样，都喜欢踩影子，跳房子；老师领着我们去《小葵花》里寻找宝藏，我认识了一只住在玫瑰里的小猫；老师还给我们讲述她小时候的故事，原来，老师小时候也会读错整体认读音节"yuan"……

"读万卷书，行万里路"。就这样读着书，好好长大吧！

书是我的朋友

一年级三班　王舒涵

在我的生活中，我和书成为了朋友。它就像一架飞机，载我翱翔知识的天空；

也像一个小丑,常逗我笑弯了嘴角;更像一把钥匙,帮我解开一道道的谜题……

与书交上朋友,是在我两岁的时候,因为我有一个喜欢把书读给我听的妈妈!她给我读书时,会模仿人物的形象,语调抑扬顿挫,让我在脑海中想象出人物的各种模样。

随着妈妈读给我的书越来越多,教我认的字也越来越多,然后我就尝试着自己读书,渐渐地我学习了拼音,读书的范围就更广了。在书的世界里,我和洋葱头一起去历险,和雷锋一起去参军,《小猪唏哩呼噜》让我哭笑不得,《笨狼的故事》让我哈哈大笑……每读完一本书,我都会和妈妈一起交流书中的人物,故事的主要内容,以及我学到了什么。

书,让我学会了分享快乐、帮助他人、积极思考。通过读书使我的语言更丰富,表达更清楚。

在我的生活里,每天我最幸福的事,就是和妈妈一起读书!

个性阅读让我华丽蜕变

一年级三班　张梓毅

从我能记事开始,就常听妈妈说:你要多读书,才能认识更多的字,懂得更多的知识。我还不懂,总感觉妈妈就是为了让我读书才说的这些话,因为认识的字少,读起书来太困难,妈妈买的书也让我堆在了角落里。

上了一年级之后,我慢慢地学会了拼音,通过自己的拼读认识汉字,自己读书,我觉得很有成就感。在老师的督促下,我从开始的半小时读一个段落到半小时读几篇文章。更让我惊喜的是,我在妈妈的帮助下做了一个识字量检测,我竟然在这一年的时间里,识字量从 200 个增加到 1,655 个,我真为自己的蜕变而高兴。我也终于明白了"书中自有黄金屋"的含义。读书不仅能让我认识更多的字,还能增长很多知识。

今后我会更加努力地读书,让自己变得更加出色!

童言童语话个性阅读

一年级六班　付世泽

我的幼儿园跟大多数小朋友不一样,因为爸爸妈妈给我选择了传统文化教学幼儿园,所以我从那时候就开始学习《大学·中庸》。虽然当时只会背诵"大学之道,在明明德",不理解其中的意思,但是反复的指读,不仅让我对"经典"有了初步的了解,而且大大地增加了我的识字量。

随着识字量的增加,我不仅能轻松地读懂更多的书,而且在学习中也获益良多。比如做数学题的时候,我可以快速地读懂题意,轻轻松松做出正确答案;比如读课外书的时候,我可以根据认识的字,回忆起这个字正确的读音,让我对拼音的学习也更加深刻。

转眼一年级的学习已经结束,在班主任老师和爸爸妈妈的监督下,我已经读了大量的课外书,通过阅读,我不仅收获了许许多多的快乐,还学到了很多有用的知识,明白了许多道理。接下来我会继续保持阅读习惯,不断地学习,不断地积累。读书丰富了我的见识,滋养了我的心灵。

个性阅读让我受益多多

一年级六班　张晓曦

妈妈经常对我说,读一本好书,会让我一生受益,从书中学到的知识,会让我更加优秀。所以每一次读书,我都会很用心。读书对于我们来说是种乐趣,我们能够从书中汲取到许多的知识。

说实话,起初我对阅读根本不感兴趣,经常把书扔得到处都是,妈妈也很无奈!记得有一次妈妈带我去图书馆,我看到书架上摆放着一本本漂亮的绘本故事

书,感到很好奇,我的读书兴趣悄然萌发了!从那以后我爱上了阅读。

读了这么多绘本故事,让我印象最深的是《老鼠嫁女》。当时我们班的家长们还将故事改编成童话剧进行表演,妈妈演的是鼠国王,我演的是鼠国王要出嫁的女儿,那是我第一次表演童话剧,紧张到我手心全是汗。但这一次更让我深深地爱上了阅读。

不管什么时候我都会记得要做一个爱读书的好孩子,因为书里面的知识会让我变得越来越优秀!

阅读是一种快乐

一年级七班 董嘉骏

我是喜欢读书的。我觉得假如我是一棵小树,那书就是灿烂的阳光,伴我快乐地成长。

小时候我喜欢走迷宫,还有读不同类型的动画书。现在我喜欢读《机器人》《植物大战僵尸》《探索科学》等揭秘自然的书,还有贴近我们小学生校园生活趣事的书。我觉得小豆豆和米小圈里面的人物,真的很像我们班的同学,很有意思。阅读还在潜移默化中,帮助我认识了很多字。

有时候碰到我觉得很好玩的一段内容,我也会强制老妈看一看。她经常不想读,还会说:"这是你们小孩喜欢的,我们大人不一定会喜欢。"可等老妈最后读完,还不是一样呵呵地傻笑。

书,让世界简单的人变得丰富,看到别人的经历,增长自己的见识。书,可以带我们去领略我们没有去过的地方,感受不一样的大千世界。俗话说得好,开卷有益。只要打开书本,我们就能在书中寻到知识,得到快乐。

读书让我更快乐,更自信!

我和弟弟的阅读时光

一年级八班　魏羽晨

阳光洒在了卧室的窗户上,这是一个夏天的早晨。我和弟弟早早地起床,吃了早饭就开始了我们今天的阅读"旅程"。

我是一个一年级的小学生,我比较喜欢阅读历史故事,而弟弟今年还不到3岁,他喜欢关于汽车的书。

我通过阅读认识了好多课本以外的生字、成语、谚语,还知道了许多有趣的历史小故事,比如三顾茅庐、草船借箭、空城计等等。

弟弟因为年纪太小说话不够连贯,以前看到车就激动地说,"车,大车"。但自从妈妈陪我们阅读了关于汽车的书之后,他能够分辨出各种车的类型,比如消防车、客车、洒水车等。

阅读是我们共同的兴趣,我们凭借阅读不断地进步和成长。

好书使我受益

一年级八班　邢洪烨

老师曾经说过"书中自有黄金屋",但我一直不理解,书中为什么会有黄金屋呢? 难道书是由黄金做成的? 可我见到的书,都是用纸做的呀!

直到我开始喜欢上读书,发现书里的东西真的是无所不有,我才终于明白为什么"书中自有黄金屋"。我之前听妈妈给我读过一本名叫《神秘岛》的书,我瞬间被书里的故事吸引住了。书中的自然世界奇异多姿,人们团结互助,过着幸福的生活。在这本书里,我明白了只有在困境中不断超越自己,才能坚强地生活下去。

一本好书,可以让我们终身受益,这就是"黄金屋"!

个性化阅读激发我的好奇心

二年级三班　张嘉润

我叫张嘉润，一个充满好奇心又活泼好动的男孩，也许正是因为这些原因，我特别喜欢思考和探索好多事情，比如我会想外太空到底有没有我们人类啊？为什么下雨要打雷啊？雷雨天避雷针有什么用呢？人为什么会有影子？蚂蚁为什么要排队走？下雨天为什么动物会早知道还要搬家呢？

好多好多问题，我自己直接想不通。所以我会问爸爸妈妈，可是他们太忙啊！于是妈妈就给我买了一套书，它的名字叫《十万个为什么》。我所有的疑问都在这本书里找到了答案，我特别喜欢，也特别感谢妈妈给我买这本书。

我通过读这本书知道了，原来下雨天天空有的云是带电的，两块带电的云靠近，就有可能放电，如果离建筑物近了，就容易落到上面，所以人们发明了避雷针，现在雷雨天，同学们就不用担心了，因为有避雷针保护呢。

感谢这本书让我学到了好多知识，我也会阅读更多的书籍，因为书中有很多我不知道的事情呢。

个性化阅读：今日事今日毕

二年级四班　李沂霖

"明日复明日，明日何其多，我生待明日，万事成蹉跎……"第一次接触《明日歌》这首诗是从《经典咏流传》这个节目开始的。听了它的内容后，我就喜欢上了这首诗。它让我明白了一个道理，就是"今日事，今日毕，好好珍惜时间"。

在我没有学习《明日歌》之前，我做事情比较拖沓，爸爸妈妈让我学习的时候我心里很不情愿，很反感，我不愿意做我不喜欢的事情。比如写字、做数学题。因为

我觉得这个假期有很多天,时间很长,作业想什么时候做就可以什么时候做,只要能做完就行,不用今天的事情非得今天完成。

在我读懂《明日歌》这首诗后,我感觉很惭愧。因为我做事情就是"明日复明日"。《明日歌》这首诗告诉我,如果把今天的事情拖到明天来做的话,就会越积越多,将来就会一事无成。因此,我们每个人都应该好好读一下《明日歌》这首诗,改掉做事拖沓的坏习惯,克服懒惰的毛病,真正做到"今日事,今日毕"。否则,时间就会浪费掉,就像诗里说的那样"万事成蹉跎"了。

我们每个人都应该好好珍惜时间,珍惜每一分每一秒,做到"今日事今日毕"。只有这样,我们才能拥有灿烂的明天。

阅读,乐在其中

二年级四班　苗静颐

妈妈告诉我,书里面有富丽堂皇的黄金屋,书里面还有气质卓然的颜如玉。当我真的沉浸在五彩斑斓的书籍中时,才发现书里面还有一个奇妙有趣的世界。

在我三四岁的时候,妈妈就带我走进了绘本的世界,在那里,我认识了可爱的花婆婆,我了解了鳄鱼和长颈鹿的爱情,我懂了小蓝和小黄的故事,我还认识了聪明的米小圈和可爱的小屁孩,还有调皮的马小跳和胡小闹……在那里,我明白了培养好习惯的重要性,我看到了人间最真诚的亲情和友情,我还发现了大胆想象和创新的乐趣……

书籍就像是我的闺蜜好友,在我不开心的时候安慰我;在我骄傲的时候及时规劝我;在我成功的时候陪我一起狂欢;在我落寞的时候不停地鼓励我。

无论何时,我都不会丢下她,我会"执子之手,与子偕老",因为读书的乐趣,一生享用不尽。

个性化阅读，使我善思上进

二年级四班　张雅斐

不知道从什么时候起，我喜欢上了读书。每天晚上睡觉前不管多累、多晚，我都会先读上一段才睡，每次都是在爸爸妈妈的催促声中入睡。因为我从小就听爸爸说："饭可以一日不吃，觉可以一日不睡，书不可以一日不读。"

我喜欢读书，因为读书让我的作文写得更好了。书中有很多有意思的小故事，有很多知识，我还明白了很多道理。我学会了体谅父母，学会了尊老爱幼，学会了很多好习惯。每天在这样的日积月累当中，我的作文写得越来越好，习惯也越来越好。

读书还能给我们带来快乐。有一次，我读书给弟弟听，读到了一个关于猴子的故事，弟弟听了哈哈大笑，说："猴子真聪明，猴子真机灵，笑死我了。"我也兴高采烈地说："对啊，猴子是像我们人一样聪明的动物，他们能听懂我们说话，能模仿我们各种各样的动作，哈哈……"通过阅读，我感悟到"不管做任何事时都要动脑子，不要用一时的蛮力"。

最后，我要像周恩来爷爷一样，要有理想，"为中华之崛起而读书"，做一个爱读书的好孩子。

字典——我阅读的"魔法师"

二年级五班　刘怡君

我的字典是红色的、厚厚的，像一块砖。

我特别喜欢它，从不把它弄脏。字典更像一位"魔法师"，每当我遇到不会的字，都会找它帮忙，它不仅能让我认识这个生字，还能让我明白其中的意思。

有一次，我在读书的时候，遇到一个陌生的字——梯，这时候我想起了这位无

所不能的"魔法师",马上从书架上找到它。先查"梯"的部首是木字旁,再查还剩几画,我数了数,还剩七画,最后查到"梯"的读音是"tī"。

有了这个"魔法师"朋友,我就不怕有读不明白的书。它唯一的缺点,就是它不能说话,也不能动。

我要成为阅读的奥特曼

二年级五班　史佳睿

你知道奥特曼吗? 我知道。

我有一个可爱的小弟弟,他有一双水灵灵的眼睛,小小的嘴巴,可爱极了。他最大的爱好就是听奥特曼的故事,每天放学回家,弟弟都缠着我给他讲。

每次我给他读《奥特曼打怪兽》这本书时,他都会大声地说:"这个是欧布,那个是赛罗。对了,对了,还有这个是奥特之父。"就这样,他滔滔不绝,没完没了说个不停。

后来从我给他读故事变成了他给我讲故事,我完全成为了他的一名听众。

就因为我天天陪弟弟读奥特曼打怪兽的故事,我也知道了很多关于奥特曼的故事。他们的名字也都很酷,比如镜子骑士、迪迦、捷德等;他们还有各种各样的超能力,像布斯特冲击波、赛罗极速光线、列火爆球击、八重破坏光线、梦比姆射线等。

随着对奥特曼的深入了解,我知道了奥特曼就是一个个英雄,他们代表了正义,保护着我们的地球。

其实,我们身边也有很多"奥特曼",比如警察、医生、老师……他们像"奥特曼"一样尽职尽责,保护着我们的财产、身体和精神。

我希望,今后我也能成为一名"奥特曼"。

我的个性化阅读之旅

二年级六班　石钰萌

我是从小班开始阅读的,那时候的我不认识字,只能读绘本,但是绘本中的图画却带给我许多奇思妙想,让我想象出更加动人的故事。老师也经常让我讲给同学们听,我好得意,好开心!

到了一年级,我学会了拼音,便开始阅读《大头儿子小头爸爸》《米小圈上学记》《姜小牙上学记》等这些有趣的书籍。我常常想,如果我是米小圈、姜小牙,我会怎么做? 有时我也会把身边的同学当作书中的人物,感受他们的喜怒哀乐。其中,我最喜欢看的一本是《爱心树》,它主要讲的是老树把一切都给了男孩,可男孩最后都没有去看过老树。我觉得父母就像这棵爱心树一样,对我细心照顾,满足我的愿望。我以后一定听爸爸妈妈的话,做一个孝顺的好孩子!

二年级的我已经不满足于这些简短的小故事,开始阅读四年级的姐姐买的《青铜葵花》,虽然有的内容不太懂,但捧书而读的时候我也能像姐姐一样时而哭泣,时而欢笑。

即将步入三年级的我会读什么书呢? 我也一直在思考。

书的味道

二年级六班　王希杨

书香是书给我们带来的"味道",陪伴我们成长。为了培养我们的读书习惯,学校给我们每个同学都发了一本"书香伴成长",让我们每晚记录自己的阅读情况。开始,我一点儿都不喜欢,只是为了完成老师的作业而读书,然后记录下来,为此我还偷偷地把"书香伴成长"给藏了起来。

老师说书有味道,越读越香。我半信半疑,不过好奇心让我开始寻找书中的味道。后来,我终于知道了老师说的"书有味道,越读越香"这句话的含义了。《了不起的狐狸爸爸》有父母的味道,《小狗的小房子》有朋友的味道,《米小圈上学记》有校园的味道……即便是漫画书,里面也藏着很多的味道。例如《大中华寻宝记》是我最近迷恋的,里面藏着大自然的味道。

渐渐地,我闻到了书的味道,真的好香好香。

"书香伴成长"成了我形影不离的朋友。它不仅是我每天的常规作业,是对我阅读的监督,更是我对阅读有懈怠时的心灵拐杖。不读书,不睡觉,即便睡到很晚我也会拿出十分钟、二十分钟的时间来读个小短片段,这样才能安心入眠,因为梦中有书的味道。

个性化阅读是一种快乐的旅行

二年级六班　王子林

我喜欢阅读,因为阅读就像一场快乐的旅行。

在书的海洋里,我能跟着米小圈去上学;我能和金波先生行走在秋夜秋雨里;在童话故事里,我能和大象巴巴去环游世界,和小鲤鱼们去冒险。

我也喜欢阅读科普类的书籍。在这里,我能探索神秘的海洋,遨游在奇妙的太空,我还知道许许多多大人都不了解的科普小知识。

在书的海洋里,我还认识了许多新伙伴:《装在口袋里的爸爸》中的杨歌,《神奇校车》里的卷毛老师,《米小圈上学记》中的米小圈等等。

每一本书都是一位孜孜不倦的老师,在它的陪伴下,我开阔了自己的视野,懂得了很多道理。

让我们走进书海,开启快乐的读书之旅吧!

小书屋，大世界

二年级八班　于方卓

我有一个属于我自己的房间，它虽然很小，但是里面却摆满了各种绘本书籍，不论走到哪个角落，书籍都让我随手可触。书的种类很多，有童话故事、科普知识，古今中外的名著等等，应有尽有。我最大的乐趣就是读书，书籍带我走进一个个无边无际的大世界，令我大开眼界。

《爱丽丝漫游奇境》带我走进一个奇幻的世界；《绿野仙踪》让我跟着多萝西和她的朋友们经历了一次不同寻常的旅行，让我懂得了善良、勇敢、坚持和自信；《上下五千年》使我了解了中国的千年历史，感受到了中国人自强不息的力量；《唐诗·宋词》让我感受到了诗词的魅力；《小小音乐家》让我更加爱上了音乐，也明白了成功不是那么简单的，想要得到好的结果都要坚持不懈的努力；《西游记》中唐僧师徒历尽艰辛取得真经的故事，让我明白了做任何事情都要坚持，勇于克服困难，坚定理想信念，禁得住诱惑；《可怕的科学》替妈妈回答了我一个又一个的小问号……

书籍是人类进步的阶梯，我要在我的小书屋里，踏着书籍的阶梯，认识更广阔的世界。

在阅读中学做小中医

二年级八班　张宗霖

我非常喜欢看书，在我很小的时候都是妈妈读我听，渐渐地我长大了，认识的字也越来越多了，自己就阅读了很多很多的书，如《西游记》《地球小百科》《水浒传》《中药书》《神奇校车》……其中，让我受益最深的是《中药书》。我从中学到了很多中药知识：蒲公英是用来治咽喉肿痛、肝火旺盛的，但是过敏者和低血压者不

可食用。大枣可以补气健脾、养血安神。在生活中还有好多好多的花花草草都是中草药,我们要善于去发现。

在阅读的过程中,有神奇的药物我都会记录下来讲给妈妈和同学们听,他们都夸我知识渊博,我心里美滋滋的。读书带给我很多的快乐,也让我对自己有了很多的了解。我会更加热爱读书,做一个名副其实的中医小达人。开始好多字我都不认识,我会请教妈妈,后来学会了查字典,遇到不认识的字,或不理解的词语,我就会查字典,这样我的识字能力和理解能力都提高了不少。爱上读书之后,我的语文成绩有所提高,作文也不会写得枯燥无味了。阅读让我性格方面也有了很大的转变,比原来开朗了很多,丰富的知识底蕴让我与朋友交流时会变得更加自信。妈妈说我是个"书迷",有时候吃饭叫我三四遍都听不见,而且有时读着读着就哈哈大笑或热泪盈眶,我的心情也会随着故事变幻跌宕起伏,沉浸在书中的情节中久久不能自拔。

阅读开阔了我的视野,润泽了我的心灵,有了书就有了绚烂的梦想,就有了无限的快乐,我喜欢读书。

爱上阅读

三年级三班　赵怡诺

阅读,让我的作文水平有了很大提高,让我的生活习惯也有了很大的变化。它带给我无数乐趣,不知不觉我竟然爱上了阅读!

读书改变了我的生活,让我学会反思,学会成长。《狼王梦》这本书让我感受到了母爱的伟大。我的妈妈每天也特别辛苦,于是我开始学做饭、洗衣服、叠衣服、收拾房间,干一些自己力所能及的事情。我还应该多读书,增加自己的知识和见识,父母不能陪我过一辈子,我要学会自己成长。看着父母每天忙忙碌碌,为了我们努力工作。我们为什么不能为了他们努力学习呢?

读书,让我变成行动上的巨人。每当我有了新的想法,就要自己去努力完成。而且完成一件事情,不要急于求成,要学会观察,找出自己的错误并加以改正。"纸

上得来终觉浅，绝知此事要躬行"。把书本中的知识运用到实际当中，亲身体验，才是真正地把功夫学到家。

读书可以为我们照亮前行的道路，让我们不再迷茫。书是一条永无止境的河流，那里藏了无穷无尽的知识，等着我们一点一滴地去发现，去探索。

我的快乐在阅读中

三年级四班　李正浩

我从一年级开始自主阅读，到现在已经整整三年了。

读书的益处实在是太多啦！它不仅带给我许许多多的快乐，让我阅读速度加快，识字量增多，理解能力增强，还带给我许多意想不到的收获。

阅读让我做事更专心、更有耐心。我本来好动，性格比较急躁，但一拿起书，我就能安安静静、全神贯注。不管外面的世界多么喧嚣，此刻我的脑海中也只有扣人心弦的书中情节。只有当我津津有味地读完，才能走出书中的世界。我正是从这个过程中得到了锻炼，阅读让我学会静下来。

阅读让我真正明白了时间的重要性，深刻理解了"时间就像海绵里的水一样，只要你愿挤，总还是有的"。

这三年里，我仅仅利用课间读完的书也有好多，怪不得古人说"不饱食以终日，不弃功于寸阴"呢，就算每次只有几分钟，凑零为整也是一个庞大的数字了。

阅读让人知识渊博，懂得更多的同时，更提醒人们认识到自己的无知和渺小。这一点我深有体会，如果不是对某一方面有了一定的了解，肯定提不出任何问题，懂得多了，问题自然也多了，就更知道应该谦逊求知，阅读是一个无穷无尽的增长知识的过程。

书是我童年最好的礼物，阅读是我最大的乐趣。

书中漫步

三年级六班　鞠惠如

书的种类有很多很多，每一本都有它自己的灵魂。漫步在书的长廊里，我们会看到中华上下五千年的历史文化，看到世界各地的美景，看到各式各样的奇花异草，感受人间的悲欢离合……

走着走着，我看到了杨红樱阿姨笔下的笨笨猪。笨笨猪正在课堂上打呼噜，醒来后，老师问它"o"怎么读，它一会儿回答"咕"，一会儿回答"饼"，惹得大家在课堂上哄堂大笑。笨笨猪的憨厚可爱，带给我们许多欢声笑语。

走着走着，我来到了徐玲阿姨笔下的狼妈妈的身边，狼妈妈正躺在血泊里，白歌拼命地哭喊着，但白狼妈妈的身体还是慢慢地化成血水，慢慢蒸腾，化成缕缕白烟，轻轻袅袅地飞上天去。那透明干净的白色，就像狼妈妈干净透明的灵魂。

我带着期待的心情继续"走"下去……

快乐小书虫

三年级六班　李一鑫

古人云："三更灯火五更鸡，正是男儿读书时。黑发不知勤学早，白首方悔读书迟。"可见自古以来读书便是最重要的事。妈妈常说我是一只小书虫，因为我不大的床上堆满了各种各样的书，而我又生的又白又胖。往远了一瞧，哟，简直是一只在书堆里蠕动的白白胖胖的毛毛虫。

我甘愿做一只书虫。畅游在书海中，我认识了活泼机灵的卡梅利多；认识了历经九九八十一难，终于取得真经的师徒四人；认识了天马行空的吹牛大王；还认识了勇敢坚强的三角龙大角。每当读书时，我都恨不得钻进书里跟他们一起玩，一起

走遍世界去冒险。

阅读可以启智。它让我懂得了尊老爱幼，懂得了爱护自然，保护环境，懂得了要灵活应变，不能墨守成规，通过阅读增长知识，成为一个对社会有用的人。

在这么多书中，我最喜欢的就是漫画《父与子》。作者把父子间一件件平常的小事写得既轻松又有趣，我时常读着读着就捧腹大笑，一串串笑声总会引得爸爸妈妈好奇地探头探脑，也赶来来凑热闹。我很喜欢他们父子的相处方式，真希望我的爸爸也能和书中的父亲一样，对我少一点儿"狮吼"，多一点儿其乐融融。

阅读还增强了我的理解能力和习作能力。因为我书读得多，所以让同学们头痛的阅读理解题对我来说就是小菜一碟。我的想象作文《小鲨鱼逗逗》还在校刊上发表了。偷偷告诉你，我还自己写了一本童话集呢，它叫《斑点童话》，这都是我平时爱阅读的功劳。

不说啦，我要去做快乐的小书虫啦！

在阅读中寻找快乐

四年级二班 郭桂东

童年的时光总是快乐且短暂的。小时候的我还是比较调皮的，依稀记得第一次上奶奶家的鸭棚玩耍时的情景，初次见到小黄鸭的我是十分好奇的，见到了陌生的客人的鸭子们也是"嘎嘎"乱叫，我不知道它们是不是因为害怕，反正我所到之处，它们就一轰而散，后来，我锁定目标，专心追赶一只，可能是"兽"性大发了，我一直把它赶出了鸭棚。

随着年龄的增长，我走进了知识的海洋，漫步于书海，也慢慢懂得了许多做人的道理，渐渐地我变得绅士起来，谈吐也优雅了，穿衣打扮也注重品位了。但我最喜欢做的还是在惬意的时光里，翻动着带油墨香的书页，品读经典。

小时候读书一般都是妈妈读，我听。正是因为有了妈妈的陪伴，现在的我才这么喜欢读书。因此，我的学习成绩还是可以的啦！语文出奇得好，阅读理解、作文都不在话下，英语也比较轻松，可数学却是我的弱项，脑子老转不过弯来。因此，妈

妈常说我随爸爸,气得爸爸直跺脚。

我常常如痴如醉地徜徉在浩瀚的书海里无法自拔。其中,《西游记》给我的印象最深,我最喜欢里面的孙悟空,因为他的本领非常高,而且从不怕那些妖魔鬼怪。记得小时候妈妈给我读时,我经常说我就是孙悟空,那时得妈妈就会笑着跟我说:"小孙悟空,你好啊!"

读《西游记》,我感受到了唐僧遇事不慌、从容不迫,孙悟空坚持不懈、持之以恒的精神力量!

一路书香,一路芬芳

四年级二班　王柏清

读书使人心静,心静,无尘埃阻挡远视的眼,看到的天空自然辽阔。

"书中自有黄金屋,书中自有千钟粟,书中自有颜如玉"。我虽没有看到那惊艳的颜如玉,却看到了高贵的品质;书中虽没有实实在在的千钟粟,却可以慰藉人的心灵。好书如同知识的汪洋,我们扬起远航的风帆,不断地努力向前,即使航行中会遇到险滩、暗礁,也定能毅然前行!

在历史山河中,隐藏着代代文学大师,他们时而慷慨激昂时而婉转低回,共同见证着时代更迭,抒写着人间真情。而在我的心灵深处,也有一处理想的乐园——书的乐园。在那里,优美的诗句让我流连忘返;在那里,跌宕起伏的剧情和那缤纷的意境使我着迷……

记得小时候,我总会被爸爸妈妈手中的书所吸引,好奇他们为何如此着迷,听到他们为了一个人物"争吵"到面红耳赤时,我更加好奇书架上每本书都讲了什么?书中每个人物都经历了什么?为什么同样的事情会让人产生不同的感受……慢慢地,我便经常拿起书,缠着妈妈给我读,而每次,我都会伴着妈妈温柔的声音与美丽的故事进入到甜美的梦乡。

进入小学后,我已由最初的爸爸妈妈给我读的那个小娃娃,成长到可以和他们一起读、一起讨论的小学生了。经过不断的积累,现在,只要看到那些优美的文章

和诗词，我总会有很多想象。"但愿人长久，千里共婵娟"的乐观让我佩服；"人生自古谁无死？留取丹心照汗青"的忠心令我赞叹；"夕阳西下，断肠人在天涯"的悲凉使我体会到诗人的惆怅之情……

东方的山河，让我看得更远；西方的人间，让我看得更深。在我看来，读书就是如此，在复杂的世事中，有了前辈的人生经验，既能保持初心又能探索前行，让后辈的我们看得很远走得更快！

最是书香能致远！愿读书的我们一路书香，一路芬芳！

阅读使人优秀

四年级三班　任铭鑫

读书就是一把金钥匙，可以让你打开宝贵知识的大门；读书也是一艘小船，可以让你徜徉在知识的海洋里，而读书让我变得奋发上进，让我变得团结友爱，让我变得珍惜友情，让我变得感恩父母。

最初我和大多数的孩子一样，认为读书只不过是父母和老师布置的课外作业，慢慢地，读书逐渐从我眼中的课外作业变成了我亲密无间的伙伴。

在我绝望的时候，一本轻松愉快的书可以让我变得自信向上；当我烦躁的时候，一本轻松愉快的书可以让我慢慢冷静下来。同时，读书也是通往知识海洋的桥梁，当我看多了科普类的书，我就可以成为一个无所不知的万事通；当我看多了历史类的书，我就可以知道中华上下五千年的宏伟历史；当我看多了军械系列的书，我就成为一个军械达人；当我看多了集体与团结方面的书，我就会懂得何为"领导"，并且明白团结的重要性！

平常，一有时间我就看一会儿书，有的时候我还会为了看书而拒绝朋友的邀请。有一次，有几个朋友来找我，想让我跟他们一起出去玩，妈妈也同意了。但是，当时的我正兴致勃勃地看着一本书，什么都不能阻挡我看书的步伐，所以我毅然决然地拒绝了他们的邀请。

读书带给我的感受永远比电视、手机上的情景更真实。电视上的情景只是被

动看到了并没有真正吸收，但是读书可以令人融入书中，和主人公一起思考、一起体验生活，并感受生活的喜怒哀乐。

多读书能让自己优秀起来！

好了，快去读书吧！

个性阅读的收获

四年级三班　宋丽雯

我为什么喜欢读书？我想过许多次才发现，那些书中的好词好句时常吸引着我，让我饶有兴趣地继续读完这本书。让我有了身临其境的感觉。

循着爱好的足迹，我读了关于科幻的、优秀传统文化的、励志的书，在读书的时候我会把比较感兴趣的部分多读几遍，把它记在本子上，如果遇到了不懂的词语或句子，我会去问一下家长或者上网查一下，帮助我更深刻地去理解这篇文章。

在课余时间，我会读几本自己喜欢的、感兴趣的、老师推荐的书，一边读一边圈画四字成语、优美句子和段落，到晚上回家写完作业后，把它们记在本子上再多读一读。读完一本书后，我会再把这本书重新梳理一下，在我的专属小画板上做一个简单的思维导图，然后再从书中选择一篇喜欢的文章，把里面的好句子背诵下来，或者跟我的"小书友"浅谈一下读书的收获。这本书才算暂时读完了。

如何跟"小书友"交流读书收获呢？看到好词好句的时候，记在本子上与好朋友一起分享，并交流一下自己的观点、喜欢的理由、喜欢哪里之类的问题……这样，我又收获了别人思维中的精华。

读书给予我的很多，它教我学会了独立，学会了珍惜眼前的分分秒秒，学会了多运动、早睡早起和尊老爱幼……阅读让我变成了一个听话又懂事的人。

总而言之，我爱上了读书，读书让我更聪明，还让我更快乐。所以，我要继续努力读书，让自己在书的陪伴下渐渐丰满羽翼。

读书吧，它是智慧的梯子

四年级四班　杨智斌

高尔基曾经说过，书籍是人类进步的阶梯。在我看来书籍是现代生活中人们必不可少的"精神食粮"，值得我们去细细品尝。

每一本书都蕴藏着一件无价之宝，像我最喜欢的《爱的教育》，让我明白了许多深刻的道理，进而让我对自己的行为进行反思，去体会生活中的每一个细节，用一双善于发现爱的眼睛、一颗包容善待他人的心去慢慢体会。

我也非常喜欢读古诗和文言文。经典之所以千古流传，必然有它存在的道理。中华上下几千年，每一首诗中都饱含诗人独特的感情。如元代诗人王冕写的《墨梅》，诗中"不要人夸好颜色，只留清气满乾坤"，行文中无不体现着诗人贞节自守的品质。

为了增加成语积累，我也会经常阅读《成语故事》这类型的书。我记得有一次语文课上，老师问同学们对待学习我们应该怎样？我脱口而出："我们应该一丝不苟、全神贯注、孜孜不倦、悬梁刺股！"我用一连串的成语赢得了大家热烈的掌声，从此班里的同学们总会叫我成语小达人。

成长不可无书

四年级五班　郝子鸣

"书是我的良师益友，成长不可无书"。这是与书为友的我最真实的感受。

我是一个性格有点儿腼腆的男孩儿，我不像其他男孩子那样舞刀弄枪的疯玩，我喜欢一个人静静地呆在家里，于是书就成了我的最好的朋友。

最初，我接触的是画面精美的绘本故事，精美的画面，让我浮想联翩，也许是那

时候,书让我的想象变得丰富起来。我对字数少的绘本充满了兴趣。然而,当我上一年级时,看着密密麻麻的拼音、汉字,我不禁皱起了眉头。不是因为不喜欢书,而是自己认识的字太少了,有点不敢看书。爸爸看出了我的心思,教会我查字典的方法,鼓励我拿字典一边查一边读书,字是认识了,可是太麻烦了。在我想放弃的时候。妈妈成了我读书的伙伴,妈妈告诉我"秀才识字读半边"的方法,我不仅认识了许多汉字,还读懂了字义。从开始的童话、寓言故事到后来的文学名著,渐渐地我发现我读书的速度越来越快了。妈妈依然还是我最好的读书伙伴,我们会分享读书的感受和快乐,那是无法用语言来形容的。如果你问我读书最大的收获是什么?我会说是读书让我有了自信,让我知道什么是坚持,让我养成了做事有始有终的好习惯。

我与书为伴,我把书当成我最信赖的朋友。在读书时我会忘掉所有的烦恼,那只会给我带来无限的快乐。让我们爱上读书,与书为友吧!

优秀传统文化经典,伴我成长

五年级一班　傅文涵

现如今,人们越来越重视优秀传统文化经典的学习,社会上也掀起了一波又一波的"优秀传统文化热潮"。从一年级起,我们就开始学《三字经》《弟子规》《笠翁对韵》《千字文》,后来接触了小古文,还读了四大名著。我不禁赞叹中华文化的博大精深,且深深沉醉其中不能自拔,优秀传统文化经典引我前进,伴我成长。

通过学习优秀传统文化,我渐渐了解了中华民族上下五千年的悠久历史,也提高了文化涵养。让我们感受到祖国语言的魅力。比如我爱读一些小古文,慢慢对字词句的用法有了一知半解。后来在读四大名著的时候,有一些字词我能根据理解猜测意思,读起来就容易多了。

学习优秀传统文化,还能帮助我建立正确的价值观念,养成良好的行为习惯。许多经典的言论流传至今,放在现代教学理论的范畴中,也仍然闪烁着生命的火花。作为一名小学生,我们就应该从小就树立民族文化的自觉性,了解优秀传统文

化。这些都是平常书本中学不到的知识,学不到的道理,却使我们终生受益。

个性阅读改变了我

五年级一班 杨梓西

书是人类进步的阶梯,书是无价之宝,书能带给我们无穷的知识,读书也能改变我们的命运。不信,大家可以看看书带给我的改变。

以前,我是一个不太喜欢读书的人,导致我的理解力差,所以一到考试,我就知道了什么叫"书到用时方恨少",什么又是"日常不积累,考试两行泪"。后来,我开始接触一些名著、古典书籍等等,不过最喜欢的还是自然科学和动物方面的书籍。刚开始就是单纯地读读,打发时间,自然也没感觉到书带给我的好处。但书读的多了,慢慢就开始受益。以前写作文,绞尽脑汁写不出东西来,现在只要给我一个题目我就能写出一篇作文。以前看到一个喜欢的物品,我也不知道怎么形容它,现在我也能找到漂亮的词语形容它们了。就连妈妈都说,看手机时的我和读书的我直接判若两人,玩手机时脾气暴躁,看书时才是她的乖儿子。

读书带给我的改变不只这些。正如"安居不用架高堂,书中自有黄金屋"。可见读书有多么重要。读书还可以放松心情,让我汲取更多的营养,获取更多的知识。在知识的海洋中遨游,只有你想不到,没有书提供不了的。

我的读书口号是"积累不停,进步不止"。我要一如既往地坚持读书,读好书。朋友们,让我们一起开始读书吧。

在书香浸润中成长

五年级二班 桑菀彤

高尔基曾经说过:"书籍是人类进步的阶梯。"不论是写作,还是思考,都能通过

读书而得到升华,这也是我喜欢读书的原因。

我爱读书,并且保持了长期阅读积累好词佳句的习惯。这个好习惯让我在写作中得心应手。不管是什么题材的作文,我总能迅速想好要写什么,应该怎么写,并且能将好词佳句运用自如。思考过程中也极少出现磕磕绊绊没有头绪的情况。

读书不仅能提升写作能力,还能让自己的思想、品质、道德等方面有所参悟。《增广贤文》中的"两人一般心,无钱堪买金;一人一般心,有钱难买针",使我明白团结就是胜于一切的力量。个人的力量无论如何都比不上团结。"责人之心责己,恕己之心恕人",教会了我们不能总是把自己放在最中央,把自己当成与众不同的那一个,应该用同样的眼光看待自己和他人。《论语》中的"见贤思齐焉,见不贤而内自省也",让我们见到比自己优秀的人时会向他看齐,遇到有缺点的人时会反省自己有没有同样的缺点。阅读了这些优秀传统文化经典后,我不再像以前一样暴躁,也明白了许多为人处世的道理。多读些优秀传统文化经典既能学到很多知识,又能修身养性。

读书是在知识的海洋遨游,读书是在文字的王国玩耍,读书是在品德修养的世界奔跑。

阅读好处心先觉

五年级三班 刘桓宇

"鸟欲高飞先振翅,人求上进先读书"。不同的书能教会我们不同的事,就算是一篇小短文也能告诉我们许多的道理。读书好处多多,快乐多多。

当我第一次从语文课本单元导读中看到"观三国烽烟,识梁山好汉。叹取经艰难,惜红楼梦断"这首小诗时,心中很是敬佩这位作者,居然将四大名著以及它们的主线故事用小诗表现出来,真是让人敬佩不已,由此我心中想到,自己还是要多读书,希望有朝一日也能写出令人敬佩的小诗。

以前我在家里只会疯玩,从来不阅读。直到有了这次的触动,我趁热打铁试着从自己喜欢科幻类型的书开始读起,妈妈见我有了阅读的兴趣很是高兴,特意送我

一些科幻类型的书籍,这样便开启了我的阅读之路。阅读了一段时间后,我发现这些书其实也挺有意思,它同样会带给我不一样的快乐。

在这之后我喜欢上了阅读,学习上我的理解能力有了很大的提高,我深知这些都是得益于读书。同时在家里,我把闲暇时间拿来阅读了,减少了妈妈对我的唠叨,我们的亲子关系越来越和谐了。家庭和睦,其乐融融。

童年,因阅读而精彩

五年级三班　杨乐琪

我是一个小书虫。我的书橱里童话、漫画、科幻、益智类的书籍是应有尽有。每本书都有五彩斑斓的故事情节,每本书都有它蕴含的让人折服的道理。想必大多数同学和我一样,书读得多了,有时也会去模仿里面的情景与对话,还会把一些好的习惯或道理都深深地记在心里,久而久之这些东西便会融入到我们的生活中来。

记得小时候,我特别爱读书。每到晚上睡觉前必定会让爸爸妈妈为我读一篇童话故事才肯入睡。这样持续了很久以后,有一些故事我自己会读了,甚至有一些我能倒背如流,到现在我都喜欢一些童话名著类的书籍,不管是国内还是国外的,我会把我喜欢读的童话告诉同学。他们有的会说我幼稚,那一刻我会把头低下去,但不一会儿我又会重拾兴致,继续走进童话世界。读童话有什么好害羞的呢,在我看来读童话可以提高人的想象力。

书是一位好老师,它教给我们无限的知识;书是一种精神,它拥有我们受用一生的财富。要说读书告诉我们了哪些道理,那可就多了。《西游记》教会我坚持就是胜利;《你吃了棉花糖》教会我做事要有耐力;《穿着水晶鞋的灰姑娘》教会我要有一颗善良的心等等。

有书的童年不再孤独,不再寂寞,我的童年正是因为有书的陪伴而变得更加丰富多彩。因为与书结缘,我的语文学习变得更加得心应手,做阅读理解和写作文也是信手拈来。

个性化阅读改变了我

五年级四班　刘伟帆

从蹒跚学步、牙牙学语到今天成长为一个优秀少年,读书一直伴随我的成长和生活。从启蒙的看图识物,到家喻户晓的百家姓,到朗朗上口的唐诗宋词,到知识海洋的百科全书,再到我慢慢读及的名人名著,无一不潜移默化地改变着我的思想和认知。

读书,不仅能使我思想进步,增长知识,而且开阔了我的视野。《百科全书》让我明白人类的进化、科技的进步;《西游记》让我领悟到团队协作、队友情谊,不要被一点点小挫折难倒;《钢铁是怎样炼成的》又让我被保尔的钢铁般的意志深深震撼!

读书不仅让我进步,还改变了我的精神面貌。我由一个顽皮捣蛋的"淘气包"变成一个有耐心有思想的小学生,使我更加有同理心,更加有文采。

阅读是打开智慧之门的钥匙

六年级二班　张智栋

为什么我喜欢读书?因为中外名著,能让我从中感受到经典文学的魅力;诗词曲赋,能让我吟咏到人间的悲欢离合;历史书籍,能让我了解岁月的变迁;科幻作品,能让我想象科学的发展……

读了高尔基的《童年》,我同情主人公阿廖沙拥有的悲惨童年,感慨他顽强地挺过来,并且始终保持着一颗善良的心,积极、勇敢地追求自由光明。读了亚米契斯的《爱的教育》,我触摸到到了安利柯纯洁高尚的心灵,在父亲的引导和教育下,学习勤奋,待人诚恳友善。读了《夏洛的网》,我学习了夏洛舍己为人的品格。这是一个善良的弱者之间相互扶持的故事,除了爱、友谊外,这篇抒情的童话里还有一份

对生命本身的赞美与眷恋。读了J·K罗琳的《哈利·波特与阿兹卡班的囚徒》让我认识了哈利·波特的勇敢与正义。读了充满智慧和神奇色彩的《希腊神话故事》，我打开了观察和认识古希腊乃至欧洲文化的窗口，认识了许多英雄，他们正直、善良、勇敢。

吟咏古诗词，增进了我对中华文化的认识和理解，丰富了我的知识，陶冶了我的情操，正所谓"腹有诗书气自华"。王维的"劝君更尽一杯酒，西出阳关无故人"，让我体会到作者对朋友依依不舍的离别情意。苏轼的"欲把西湖比西子，淡妆浓抹总相宜"，写出了西湖无时不美的迷人景色。李贺的"大漠沙如雪，燕山月似钩"，写出了富有特色的边疆战场景色。王昌龄的"撩乱边愁听不尽，高高秋月照长城"，让我体会到了战士们的思乡之情。白居易写的"半匹红纱一丈绫，系向牛头充炭直"，写出了中唐时期的老百姓承受剥削阶级肆意剥削的现实，我不禁为受苦受难的劳动人民潸然泪下。

我最喜欢的还是历史书籍，一部部厚厚的典籍，带我穿越到某朝某代。让我了解了中华上下五千年，朝代的更迭，世代的变迁。《秦史》写了因为君主的暴政秦朝才会短命，《汉史》里写了汉武帝的雄才大略使得汉朝强大，《唐史》告诉我在安史之乱之前的唐朝是太平繁荣的……我和爸爸经常一起探讨交流，有时候是爸爸考我问题，有时候爸爸故意示弱，让我给他讲历史故事，尽管我知道爸爸是在考我，但我仍讲得得意洋洋。不喜欢读历史的妈妈对我都有些刮目相看，赞不绝口。我受了表扬，更加高兴，对读书更感兴趣了。

书是我生活中不可缺少的一部分，读书让我开阔眼界，丰富了我的课余生活；读书让我学会思考，能够享受一种灵魂深处的愉悦；读书让我的情操得以陶冶，梦想得以放飞。

读书乐

六年级四班 王淑晴

古人说："学如弓弩，才如箭镞。"说的是学问的根基好比弓弩，才能好比箭头，

只有依靠广博的见识来引导,就可以让才能很好发挥作用。成长与读书,读书与学习,学习与成才,是相辅相成的。

我不是一个擅长读书的小孩,即使我努力地"啃书本",却也是成绩平平。为此我的自信心深受打击,内心觉得自己什么事情都办不好。可是我的妈妈十分相信我,她的耐心及睿智教导让我接纳了不那么完美的自己。妈妈说:"每个人都有适合自己的成长之路,如果你现阶段对未来感到迷茫和无助,那就读书吧!"

后来妈妈陪我去书店办了借书卡,一有空就陪我去书店待一会儿,渐渐地我越来越喜欢书店的氛围和环境,低下头,耐下心,时间匆匆而过,我却没有感到时间的流逝。那些有趣的课外书常常使我如痴如醉,记得有一次,恰好是星期天,我写完作业,正津津有味地看着那本名叫《鲁滨逊漂流记》的书,当我看到鲁滨逊救下"星期五"时,我高兴得手舞足蹈。妈妈大声喊我吃饭,可是我还想继续看下去到底发生了什么,我便习惯性地拿上书,来到饭桌前,边吃饭边看书,这时妈妈看见我只吃饭不吃菜,哭笑不得:"哎,你这个孩子,太爱看书了,简直到了痴迷的程度,瞧,你的饭已经快吃完了,菜却没动一口,难道你真把书当成美味佳肴看了吗?"这时,我才猛然从书中醒悟过来,看见桌子上摆了那么多的饭菜,赶紧狼吞虎咽地大吃起来!

读书,就是有这么大的"魔力"!

揽一袭阑珊景色,掬一缕澹澹书香

六年级一班　董奕君

我爱上阅读并非刻意而为之。小时候,爸爸妈妈由于工作关系,没有太多的时间和精力来陪伴我。大部分时间里,都是我一人扮演多种角色,在想象中进行对话和交流,人物语言声情并茂,语调铿锵有力,一下让妈妈发现了我拥有当"演员"的天赋,同时也深深地对我感到心疼与愧疚。有一天妈妈对爸爸说:"孩子太孤单了,给她找一个朋友吧,让她从中去想象,去创造。"于是书就这样走进了我的世界。

"读书的孩子最好""多读书,你也能像某某一样优秀",这是妈妈经常鼓励我的话语。同时,妈妈也会在上学、放学回家的路上,给我讲各种各样的关于读书成

才的故事,让我明白读书的重要性。现在我马上要升入初中了,家里属于我的藏书已经有近千册了,占了满满的一个书柜。我的读物从以图片为主的绘本到现在的全篇文字书籍;书本的厚度从薄薄的七八十页到现在的三四百页;阅读量从每天的一二十页到现在的一天一本;书的类型也从《淘气包马小跳》《安徒生童话》增添到《曹文轩纯美文学》《中华上下五千年》《四大名著》等。读书在给我带来快乐的同时,也给我带来了自信,带来了学习上的进步,更是让我享受到了别人感受不到的亲子共处的幸福时光。

做完作业,每天读 30 分钟左右的课外书阅读,是我们家雷打不动的活动。读什么样的书,一定是我自己挑选的,父母的要求仅仅是内容健康向上,选择面广泛即可。关于一些历史方面的书籍,是比较枯燥的,我也难以读懂,妈妈就为我下载"有声小说"帮助我理解去读。睡觉前,上学、放学回家的路上,我会和妈妈一起背诵唐诗宋词、《弟子规》《三字经》,开启我们的记忆大比拼。很多书往往妈妈是第一读者,每次看完一本书或者其中一个精彩的章节,妈妈总是迫不及待地和我分享她的收获,把我的好奇心吊得高高的,想更快地去领略一番。

现在,读书成为了我们家庭生活的主要部分。家里的电视早已成为了摆设,我们已记不起上次开电视的时间,每晚我在认真做作业的同时,爸爸也会在一旁看书。曹文轩优美的文笔,激起了我写作的热情;那群油麻地孩子们的朴实勇敢,坚强善良的品质,给我内心带来了宁静和纯洁;皮卡的天真可爱,聪明伶俐,让爸爸妈妈在照顾幼小的弟弟时,少了劳累与抱怨,多了快乐与满足。很多时候当我心情浮躁、烦闷忧郁时,我会坐下来读一读书,慢慢地平静心情,清理头绪,因此书籍也是我最好的朋友。

在电子产品畅销普及的今天,爸爸妈妈还能静下心来和我一起读书,休息日还能和我一起漫步书店、图书馆,这是一件多么惬意且又充满教育意义的事情。

时光的风,吹散了童年的纷纷扰扰,唯有那澹澹书香在我的心灵深处充盈扩散。翻开一页时光,将一段段文字剪成木棉枝头的繁花嫣然,我揽着这一袭阑珊景色,在成长的素笺上,写满快乐的絮语。盈一份感恩,绽放在书香浸润过的眉眼间,让那点点滴滴的幸福,在明媚中安暖。

阅读伴我一生

六年级三班　李锦航

雄鹰的飞翔有风的陪伴；大树的成长有阳光的照耀；小草的发育有雨露的滋润；而我的成长经历中因为有书籍为伴而感到快乐。

孩提时候，我最喜欢听妈妈给我讲故事了，每当遇到爱听的故事，我总是缠着妈妈一遍一遍地给我讲。等到上学后我学会了拼音，妈妈开始让我试着自己读书。从一年级起，我就开始自己读书了。第一本吸引我、让我爱不释手的书是《不一样的卡梅拉》，这本书讲的是卡梅拉和她的儿女们卡梅利多、卡门的历险故事。书中图文并茂的情节，使我产生了浓浓的兴趣，不记得有多少个午后的时光，我跟随着与众不同的卡梅拉家族经历着一次次的历险，尝试着一件件别人不敢想的事情：去看大海、去摘星星、去追回逃逸的太阳……每每读到精彩之处，我也时常会跟妈妈一起探讨。

渐渐地我长大了，又一本书进入了我的生活，那就是妈妈给我买的经典著作《三国演义》，打开书后里面一个个鲜活的人物形象便呈现在我的面前——义薄云天的关云长、足智多谋的诸葛亮、老成持重的刘备、一身是胆的赵子龙……他们都给我留下了很深的印象。让我最感叹的就是蜀汉丞相诸葛亮，他是蜀国最重要的人物之一，他不仅神机妙算，懂天文、识地理、知人心，有着超人的智慧，还对蜀国一片忠心。他本不愿出茅庐，只因刘备三次拜访后才出山帮刘备恢复汉室。三国末年，蜀国最弱，皇帝又昏庸无能，他在老年时，连续写了《出师表》等许多文章来劝圣上恢复汉朝，他还提出"鞠躬尽瘁，死而后已"，想不到，他竟然病死在了军中，他为国家付出了自己，他是我心中最佩服的英雄！

每当我读书时，自己仿佛已经融入到了书中的情境中，里面的种种情节也令我十分陶醉。"读书需用意，一字值千金"。书中的每个字都非常富有哲理性，因此我渐渐总结了自己的读书方法，能使自己读书时有更高的效率。首先读图书的简介和大纲，要明确作者写这本书的目的，并且要做到烂熟于心；其次再浏览全书，遇到

精彩的部分时再细细品读,画出其中的好词,画出重点句子,读书的同时要做好圈点批注,当看到好句子的时候可以大声读出来,加深印象,看到好的部分要多读几遍,最好在文章最后写一段自己的感受,记录阅读启发和心得体会。有疑问的地方,要通过问家长或查阅资料把疑点、难点弄清楚。我始终坚信一本好书一定要读三遍,在阅读的过程中,每一遍都有不同的收获。

我读书,我快乐

六年级四班　张奥艺

如果有人问我什么会带给我快乐,我会毫不犹豫地回答,读书。书不仅是一位老师,也是每个人必不可少的东西,今天,我就给大家说说读书带给我的快乐吧!

我所热爱的图书有很多,它们文风不一,每本却总会有让我难以忘怀的记忆点和着迷的故事情节。最近,我读了好多书,这些文字拼起了青葱正好、有梦为马的我们的少年时光。

读书带给我的快乐是无穷的,书就像是美丽的仙女,为我打开了想象世界的大门,在这个世界里,我时而为主人公的命运而悲伤不已,时而被有趣的情节逗得哈哈大笑,时而又被感人的故事引得落泪如珠。

我常常被书里面的情节吸引,经常一读就是几个小时,妈妈叫我也听不见,直到把一本书读完。莎士比亚说过:"书籍是全世界的营养品。"对于我这样对阅读如此痴迷的少年,书对于我来说更是重要。喜欢读书的确让我得到了不小的进步。正是因为读书,才让我的作文水平十分优异,我的作文经常被老师作为范文在课堂上朗读,同时我还获得过许多奖项,而这一切都是读书的功劳。

第二节

个性化阅读对学生性格塑造的影响

读书使我快乐

三年级三班　王子豪

为什么我爱阅读？因为读书使我快乐！

我是从什么时候接触阅读的呢？妈妈告诉我，从幼儿园中班开始，我每天晚上都要求妈妈讲睡前故事，从那时起，爱阅读的小种子就悄悄地种在我身体里。

阅读，使我开阔了眼界。大班时，我陷入《神奇校车》中无法自拔，卷毛老师带领我畅游水、电、环保、海底等神奇的自然科学世界，让我知道了自来水是通过管道进入到千家万户的，电是通过电原子的摩擦力形成的……它成为了我了解科学知识的启蒙，让我感受到了大自然的神奇和奥妙。

现在我上小学三年级了，这个暑假里，我深深地迷恋上沈石溪老师笔下的动物世界。在《狼王梦》中，我看到了狼妈妈为培养子女成为强者所付出的耐心和努力，深深体会到母爱的伟大！在《混血豺王》中，白眉儿虽然命运坎坷，但是它从未在困难面前低头，它那坚定的信念和坚强的意志深深地震撼了我，同时也让我学会了知恩图报！在《五只小狼》中，我学会了很多谚语"初生牛犊不怕虎""不争馒头争口气"……更让我明白人与动物之间互相信任是可以友好相处的。书中蕴含的道理

还有很多很多，只是现在我还未领悟，表达不出来，我会继续去仔细品读。

在家附近的一家书吧，我会经常去，那里成为了我消遣时光的乐园，在我不经意的时间里读完了一本又一本书。我常常把自己当成故事里的主人公或其中一个角色，不想让自己从书中走出来。阅读时间总是过得那么快，有时妈妈来叫我回家，我会恋恋不舍地说上一句："我住在这里，不要回家了。"

我和书已经形影不离了，一天不读书，我就觉得像没吃饭一样，书已经成为我最好的玩伴了。

个性阅读的快乐

三年级五班　胡馨文

"玉不琢，不成器；人不学，不知道"。读书是一个学习的过程，可以让我们开阔眼界，提升自我。

从识字起，妈妈就开始跟我读书，范围也涉及得很广，我从中学到了很多知识。从漫画书里我认识了头上长着"白头发"的猴子——白头叶猴，被称为"水中的大熊猫"的白鳍豚，价值千金的黑节草；从天文书里知道了广阔无垠的银河系，包含大约千亿颗恒星，等等。

除了读漫画书，我还读了许多的成语故事。通过这些故事我了解了很多历史典故，例如孟母三迁、买椟还珠、铁杵磨针、百步穿杨等，从这些历史典故里我也学到了做事要一丝不苟、不厌其烦，要善于思考，诚实守信，勤奋努力。

阅读历史名著，我知道了刘关张的"桃园三结义"，孔明先生的"草船借箭"，周公瑾的巧借东风、打败孟德等等，这些都是乱世中的豪杰，他们的智慧、勇气让我佩服。还有《水浒传》中武松徒手打老虎，那过人的胆识真是让人震撼。

中华上下五千年，经典文化，浩如烟海，而我从中学到的寥寥无几，妈妈曾告诫过我：读书不只要读，还要感受书中的情感，感受作者的心情。我们要热爱读书，读书是一种享受，是一种快乐。

读书方知学识浅

四年级二班　姚茗月

　　我从前和其他调皮的小孩一模一样,每天只想着吃喝玩乐,根本不喜欢读书,可我没想到,读书竟给我带来了惊天动地的变化。因为从上幼儿园起我就认识了很多字,所以妈妈给我买了很多书,要求我多看多读,可我过了一会儿就把妈妈的话抛在了九霄云外,每天还是玩物丧志,不思进取。就这样过了一周,妈妈找我谈心,告诉我读书好处很多,要多读书,因为每一本书里都藏着一个不同的世界。我一听,两只小眼睛直勾勾地看着妈妈,好奇极了。于是我就从妈妈买的书里挑了一本《成长不再烦恼》。我一看,发现妈妈给我买的书真的很好,以至于后来的我每天都废寝忘食地读书,自从我读了这本书,我又看了《我的责任我来扛》,从中体会到了"天下兴亡,匹夫有责"。从中我也明白了我的责任也很大,我要好好学习,天天向上,做一个正能量、善良、有爱心、有担当的中华好少年。

窥斑见豹——个性阅读影响记

四年级三班　刘沐阳

　　如果说对我影响最大的一本书,可能就是常青藤国际大奖小说——《作文里的奇案》。

　　在看这本书之前,我虽然知道书有很多种类型,但我绝对没有想到作文和悬案这两种是能融合在一起的。这本书完全打破了我固有的观念,是一部视角独特的侦探推理小说,它讲述了一次特殊的作文课如何导致25篇作文变成了破解谜案关键线索的故事。

　　事情始于一堂作文课。男孩埃尔万班上的法语老师,给大家布置了一份特殊

的作业,要求全班 25 个同学在早上 9 点至 10 点半之间,散布到小镇的各个角落去仔细观察和体会,回来后写下自己的所见所想。谁料就在这个时间段,一向和平的小镇居然发生了一起谋杀案!更出乎所有人意料的是,这 25 篇作文最终让 25 个同学都化身为侦探。

个性化阅读——我的快乐源泉

四年级四班　高赫锟

书就像一台吸尘器,除去人们灵魂中的污垢;书就像我们的知己,伴我们品尝生活中的酸甜苦辣。

高尔基曾说过:"我扑在书上,就像饥饿的人扑在面包上。"我爱书,也爱读书。书,正是我的快乐源泉,使我取之不尽。

歌德曾说过:"读一本好书就是和一位品德高尚的人谈话。"是的,读好书就像结交了良师益友,使我们受益匪浅,读好书就像沐浴在温暖的春风里,使我们领悟到快乐的真谛。

生活中总是充满了那么多的不快乐,这时我便一头扎进书中。我的"朋友们"就会用双手打开我的心扉:哆啦 A 梦给我插上竹蜻蜓,我们手牵着手在天空中漫步游玩;孙悟空告诉我为了取得真经,他可是经历过九九八十一难;小鲤鱼是最善解人意的好朋友,它拉着我的手和我一起遨游海底密道,一次次惊险刺激的探秘让我迅速把烦恼抛在身后……想想我的这些困难实在不算什么。

当然,我有时也会因为小小的成功而得意忘形。这时我也会翻开书籍,它能迅速让我冷静下来:我的好朋友兔子在输给乌龟后,唉声叹气地告诉我,谦虚使人进步,骄傲使人落后;守在木桩旁再也没有等到另一只兔子的农夫告诉我,不努力,只靠偶然的幸运,是不会有结果的。

我从中明白,原来世界上不会有常胜将军。

个性化阅读，玉汝于成

四年级四班　于玥

阅读是美好的，阅读是难忘的，在一片书海中，我能插上想象的翅膀，飞越那蔚蓝的天、静谧的水，陪伴着我的是飞翔的小鸟、戏水的鱼儿。暑假这几天我又捧起无数新书津津有味地读了起来。

其中，我印象最深刻是《童年》，它让我看到了另一番童年的景象，仿佛将我带入了那个庸俗、自私和唯利是图的黑暗年代。书中主人公小阿廖沙幼年丧父，3岁开始便随母亲寄居到了外祖父家里，在这里他经历了外祖父分家、"小茨冈"意外之死、母亲再婚等遭遇，多角度向我们展示了那时人们的尔虞我诈、家庭的冷酷无情、社会的残暴恶毒，这些艰难困苦也造就了小阿廖沙自立自强，磨练了他的毅力、激发了他的斗志，他逐渐成长为勇敢、坚毅的男子汉，最终成为了享誉世界的大文豪。

每次我们一家人亲子共读一本书后，都会进行一番讨论，这次也不例外。我们围坐在书桌旁各抒己见，我认为小阿廖沙是不幸的！相比阿廖沙，我的童年是多么的悠闲、惬意，整日过着衣来伸手饭来张口的生活。妈妈非常赞同我的观点，她撑着胳膊歪着头，惬意地继续补充："你的确是幸运的，你的童年记忆永远是暖暖的阳光、弯弯的月亮，漂亮的衣服和可口的美食，整天过得跟跳舞的小茨冈一样，'张开双臂，像一只雄鹰展翅翱翔，像一只海燕窜来窜去'的快乐成长。"爸爸摇了摇头，看着我们娘俩，说道："每读一本书，我们都得从中学会一点道理，咱们的国家也经历过昏暗的年代，是无数革命烈士用鲜血换来了我们现在的和平安宁。回想上半年的这场新冠疫情，你有没有什么想说的？"爸爸的话让我醍醐灌顶，是呀！我的妈妈便是一名医务工作者，宅在家里的那些日子让我看到了平日里父母的不易，生活的艰辛，促使我自立自强，试着在学习之余帮大人做家务、做些简单的饭菜；更让我看到了当代中国的团结、友爱和奉献，人间的真、善、美，让我快速地成熟、成长。

个性化阅读：与《弟子规》为友

四年级五班　李金峰

当我步入小学的殿堂时，有这么一个好朋友就进入了我的脑海和生活中。到了现在，他依然跟随着我，时刻鞭策着我的言行，教会我很多做人和做事的道理，他就是《弟子规》。

中国有句古话：百善孝为先。也就是说孝敬父母和长辈是中华民族的传统美德，我们在孝敬爸爸妈妈的同时，我们也会得到一份快乐。当我读到"父母呼，应勿缓。父母命，行勿懒"时，我不由得低下了头。对于父母的呼应，我就像没听见一样，没有做到"应勿缓"。妈妈早上叫我起床，我总是说："再躺一会儿。"没有做到"行勿懒"。为了改掉这些坏习惯，我把这些话语写下来，贴在显眼的地方，让它时刻提醒我。

年前的时候，爷爷的老战友来我家看爷爷。我主动给爷爷端茶倒水。到了做饭的时间，我自觉地来到厨房帮妈妈择菜，清洗餐具。吃饭的时候，我请两位爷爷先坐下，并给他们盛饭，让他们先吃。爷爷夸我是个懂事的孩子，我笑了笑，告诉爷爷，是《弟子规》教会了我这些。

读书贵在坚持

四年级五班　李奕霖

"一日读书一日功，一日不读十日空"。读书学习，要坚持不懈才有效，若学习中途停顿则前功尽弃，今日读书是今日的功夫，今日不读书相当于十日没有读，这告诉我们读书要持之以恒。

寒假期间，为了让我和弟弟远离电子产品，爸爸妈妈和我们约定，每天坚持读

书。刚开始,我和弟弟每天都在认真地读书,一周之后我发现读书太单调了,便"三天打鱼两天晒网"。

爸爸对我们的阅读成果进行检测。检测非常简单,一篇简短的文章,作为阅读理解,而且全是选择题。我暗自窃喜,这么简单的题目,赢过二年级的弟弟不是小菜一碟? 我信心满满,一会儿功夫便完成了测试,只见弟弟还在静心地读题、答题。弟弟做完后,爸爸公布答案,弟弟竟然以一分之差赢了,我很不服气。爸爸说:"这段时间,我偷偷观察了你们的读书,你虽然大而且有一定的阅读优势,但你非常浮躁,不能静心!"说着便递上了弟弟的阅读书,我看到弟弟用各种符号在书上做的标记,不由得低下了头,惭愧地说:"我错了,不该偷懒,今后我一定好好读书。"爸爸又拿出了几本书递给我,说:"读万卷书,行万里路。读书要讲究方法,贵在坚持!"

通过这件事,我明白了正确的方法和良好的习惯是成功的关键。

阅读可以改变一个人

四年级五班　张宇轩

书,是文学之心,它带给我们的快乐,永远也道不尽,说不完。书本教给我们做人的道理,它拥有无穷的知识,上至孔丘老子,下至图画绘本,每一本都蕴含着大大小小的知识。

自古读书造就了许多人:车胤囊萤夜读、孙敬悬梁、苏秦刺股、匡衡凿壁借光——这么多人的家境贫寒,却依然刻苦读书,我们还有什么理由不读书呢?

读书可以改变一个人,虽然短期内读书看不出来太大效果,但日积月累便会有显著的效果。曾经有一段时间,我的视力直线下降,奶奶就将我的书全部藏起来了,我整天无所事事,后来,我无意中找到了我的书,顿时欣喜若狂,把书像宝贝一样捧了出来,当时真可以说是拿在手里怕摔了,含在嘴里怕化了呢!

读书让我学到很多,《中华上下五千年》让我认识了无数历史文化名人;《绿山墙的安妮》让我发现了自己的优点;《夏洛的网》让我明白了友谊的伟大。上小学之后,我走上了书籍铺成的小路,闻到了散发着书香的花朵,用书的歌声滋润了我

的皮肤，我觉得自己走上了一条最喜欢的路，因此，我非常开心和自豪。

读书有滋味

六年级四班　范琳媛

看到题目时，你可能会想，读书有什么滋味呢？它应该是枯燥的，没有什么滋味可以回味。但你想错了，读书也有滋味，它的滋味还各不相同呢！

读书的滋味可以是酸的。有一次我去书店看书，本想着随便看看，便随手拿起一本书来，没想到书中引人入胜的情节让我越看越入迷，一个个故事深深地打动了我。当我看到一篇感人的故事时，想到了平时的自己，我不禁鼻头一酸，眼里竟然充满了泪水，不知不觉便"吧嗒吧嗒"地落下来。你说这读书的滋味是不是酸的呢？

读书的滋味可以是甜的。我们可以从书中知晓一切，读书让我知道了很多很多的道理，懂得了很多很多的知识，也可以从书里抄一些好词好句，用到自己的作文里面，这岂不是两全其美的好办法。每当我在课堂上、同学中解答一些大家不知道的知识时，每当我的作文又作为范文在班中展示时……我的心中充满了喜悦，是读书让我成长，让我丰富，所以在书中遨游，怎能不甜呢？

读书的滋味可以是苦的。当你迷上一本书时，恨不得一天就把这本书读完。有一次我看一篇很精彩的文章，因为时间很晚了，第二天还要上学，读到一半时就不得不放下书去睡觉，我意犹未尽，满脑子都是故事接下来将要发生什么，有怎样结局……有书不能看，所以读书的滋味也是苦的。

读书的滋味也可以是辣的。那一次我和爸爸在分享读书成果时，爸爸很迅速地说出了他的读后感，而我却说不出一个字，还不是因为那一次我是走马观花地读书的吗？很多浅显易懂的道理我也没有读懂，当时我的脸上火辣辣的，恨不得找个地缝藏进去。有了那一次教训，我以后读书更加仔细了。

第三节

个性化阅读活动中学生阅读个性的培养

阅读让我了解很多趣事

一年级二班　张一楚

在我的书桌里有很多书,有些是姐姐读过送给我的,有些是妈妈给我买的。中班的时候,我开始自己阅读"贝特熊系列"绘本,从那开始我喜欢上了阅读。通过读书我知道了好多我不知道的东西。

在妈妈做饭的时候,我会与她一起分享我读过的书。有次我想到《神奇校车》里看到的知识,于是去问妈妈,竟把妈妈难住了。妈妈又和我一起翻看了这本书,学习了什么使月球发光,白天和黑夜是怎么回事,也让妈妈了解了很多的知识。

另外,我最喜欢读《犹太民间故事》这本书,里面有好多小故事,妈妈总是鼓励我自己试着讲一讲。她总是说一本书要多读几遍,我喜欢和妈妈一起读书。每当看完成语小故事后,我和妈妈就开始玩成语接龙的游戏,可有意思了。我从不和姐姐玩,因为她太厉害了,我要努力把成语故事都读完,再来和姐姐比赛。

通过读书我知道了很多知识和道理,读书使我很快乐,我会坚持下去的!

"黄金屋"的故事

一年级三班 马家成

曾听妈妈说过:书中自有黄金屋。"黄金"？难道书里还能找到"黄金"吗？如果是这样的话,那我不就发财啦！我兴奋地告诉了妈妈我的想法,妈妈笑着跟我说,要想知道答案,那就到书里面找吧！

之后我就去仔细翻找我的课外书,可是并没有找到"黄金屋"啊,这是什么原因呢？妈妈告诉我:你要仔细阅读,才能明白这句话真正的含义。

为了早点找到"黄金屋",接下来的每一天晚上我都和妈妈一起阅读课外书,迫切地想在书里找到"黄金屋"。我读啊读,找啊找,一直没有找到,我就问妈妈怎么还是没有找到"黄金屋"啊？妈妈笑着告诉我:你从书里获得的这些知识,都是你得到的"知识黄金"啊！

哦！我恍然大悟,原来这就是"黄金屋"啊！今后的日子里,我更要认真阅读,争取得到更多的"知识黄金"！

书籍,亦师亦友

一年级三班 袁楷杰

臧克家曾说过:读过一本好书,像交了一个益友。我们的生活中少不了这样的益友,只有多与益友交流,才能让我们更加智慧。

可巧的是,我自小就是个"小书虫",不管走到哪里,逢书必看。而且是那种任凭妈妈如何大声叫喊,我依旧像个"聋子"一样,纹丝不动地继续看书。直到妈妈发火了,上来拽着我的胳膊往家走,我才从书中回过神来,恋恋不舍地放下手中的书籍,乖乖地跟着妈妈回家去。

在书的世界里,我能找到很多生活中找不到的快乐,它像一位无形的老师一样,教会我很多做人的道理,更像一位好朋友,无时无刻都陪伴在我身边。通过读书,不仅可以让我认识很多新字词,还能增长很多知识,了解许多有趣的故事。

所以说,书籍,是我们的老师,也是我们的好友。让我们在日常生活中,处处与书为伴,与书为友吧!

读书是件快乐的事

一年级五班　张一淼

我觉得读书是一件快乐的事,以前我是通过听爸爸妈妈读书来了解书中故事,总觉得不过瘾,现在学习了拼音和汉字,我终于可以自己读书了!

读《我和小姐姐克拉拉》,我常被逗得哈哈大笑,里面很多糗事我也曾做过。比如《理发记》里克拉拉给小弟弟理发,结果把弟弟理成了秃子,上中班时我也给自己剪过头发,一不小心把刘海剪没了;还有《给苏珊娜涂面霜》,我发现克拉拉怎么和我一样爱美呢,因为有时候我也会偷偷用妈妈的化妆品给自己化个"美美"的妆。还有当我看到《小猪唏哩呼噜》这本书时,就在想这只小猪为什么叫唏哩呼噜呢?原来是因为它吃饭唏哩呼噜的,所以给它起名为唏哩呼噜。刚开始我以为它是一只笨笨的小猪,但是读完它所有的故事我才发现它是一只聪明又能干、热心又勇敢的可爱小猪,通过自己的努力完成了一件件让人意想不到的事!

我还读过《谜境》,发现了很多大自然的秘密;《米小圈上学记》仿佛让我看到了另外一个自己……每一本书都会带给我些许快乐,让我明白一些道理,让我觉得这个世界是五彩缤纷的,我愿意跟着一本本书去更远的地方旅行。

读书是一件多么快乐的事儿啊!

书中自有好朋友

一年级七班　孙浩竣

古语有云:读万卷书,行万里路。我觉得特别正确,因为《动植物百科全书》《神奇校车》《飞行幼儿园》让我不出家门,就领略到各个国家和地区的自然景观、人文风景,最最重要的就是让我成为了我们班的百科小达人。妈妈说我只算是动物小达人,只对海陆空的动物最了解。可是我觉得还是"百科"比较霸气呢！这样还能收获到同桌羡慕的眼神。有时我幻想自己是一只南极帝企鹅,整天摇摇摆摆地走路,这样能给朋友带来好多快乐。企鹅们小时候是企鹅爸爸孵化养大的,最特别的是企鹅宝宝也要去上幼儿园。唉！动物也不能逃脱上学的命运呀。这可是只有我知道的秘密呢,好朋友我才告诉他。

读书让我懂得了好多知识和秘密,也让我知道了好多奇闻趣事。我最爱跟好朋友们交换我们学到的各种知识和趣闻。而且因为如此,我交了好多好朋友。妈妈说,书中自有黄金屋。哼,才不对呢,我和好朋友们找过好多书呢,从来没在书里找到黄金屋。我觉得书中自有好朋友才对。好朋友们通过分享带来快乐。现在我正和好朋友一起读"米小圈"呢！你也一起来加入吧。

读书使我越来越棒

一年级八班　李佳涵

我特别喜欢读书,每次读书的时候我都特别开心。

从幼儿园开始我就坚持每天读书,到现在我已经读了很多本书了。我最喜欢爸爸、妈妈陪着我一起读书。我们可以每个人扮演书中的角色来朗读,这样读书非常好玩。

那一次,我和爸爸一起读《猜猜我有多爱你》这本书的时候,我们配上了音乐,加上了很多的动作,边跳边读,就像演童话剧一样,特别有意思。还有,我们读《老鼠嫁女儿》这本书的时候,我约了几个好朋友一起边演边读,我们编了一个舞台剧,我扮演了书中媒婆的角色,这次经历也让我对读书有了新的认识。我们先把书读了几遍之后,就各自扮演好角色,从头演到尾。在《一园青菜成了精》这本书中,爸爸和我改编了动作,我们用演唱加动作的形式进行练习,虽然好几年了我仍然能够熟练地进行背诵,这样的读书方式,让我们都非常喜欢。

暑假里,爸爸妈妈给我买了好多的书,我还要继续每天坚持读书,希望读书可以让我越来越棒,懂得越来越多的知识,长大后成为对社会有用的人。

特别的"套书日"

二年级一班 郝怡然

也许你听说过"读书日",但你知道"套书日"吗?还是个特别的"套书日",让我来给大家讲讲吧!

有一天,妈妈、弟弟和我在家无聊地翻看着书架上的图书。突然,妈妈说:"孩子们,我们来玩个游戏吧?"我连忙拍手欢呼:"好呀,好呀,妈妈,游戏该怎么玩呢?"妈妈慢条斯理地说:"咱们先把书摆放在地上,用绳子套书,套到哪本看哪本,怎么样?"我和弟弟高兴得一蹦三尺高,喊道:"太好了,太好了!"于是妈妈找来一条又粗又长的绳子,把绳子打了一个结,于是我和弟弟就开始套书了。

我费了九牛二虎之力才套到了一本书,还是一本关于幼儿园的图书,名叫《我爱幼儿园》。本以为这本书我早已看过,它讲的是一个小朋友上幼儿园的故事,再看一次也没什么意思,但在妈妈的游戏规则下,我不得不又静下心来看一遍。还别说,再一次看这本书,还真有不小的收获,可能这就是所谓的"好书不厌百回读"吧!

在这个特殊的"套书日"里,我不仅体验了与家人在一起的快乐,更深刻体会到了读书带给我的乐趣!

阅读入迷的读书君

二年级六班 杨瞻宇

我有一个小外号,是妈妈给我起的,说出来大家可能会哈哈大笑,我也不太喜欢,因为这个外号叫"厕所里的读书君"。

妈妈为什么会给我起这个外号呢? 因为我总是在厕所里读书。有一次,我在厕所里读《小狗的小房子》,书中有趣的故事深深地吸引着我,连妈妈喊我的名字都没有听到,妈妈以为我没在家,急忙下楼去找我。可是楼下也没见我的影子,这下妈妈可慌了。正巧碰到下班回来的爸爸,爸爸问:"没去厕所找找?"爸爸的话一下子点醒了妈妈。一回到家里,妈妈就直奔厕所,发现我正蹲在厕所里。妈妈没好气地说:"吓死我了,喊你怎么不答应。"我眨巴着眼睛一脸茫然地说:"我咋没听到?"妈妈无可奈何地叹了口气。

有时候我感觉上厕所太无聊了,拿一本书就会让无聊的时光变得有趣。大家可不要学我噢,因为读得太入迷,可能导致很长时间都出不来,屁股就会很酸疼。当然在厕所里读书也不是没有好处,因为厕所里很安静,可以静下心来细细品味书中的故事。

我爱读书,任何地方都可以成为我汲取知识的海洋。

快乐读书记

三年级三班 杨子轩

暑假里我又把《没头脑和不高兴》这本故事书翻了出来,打算重新再读一遍,因为这本故事书里面讲了很多有趣且很有意义的故事。这次我还邀请爸爸、妈妈与我共读。

我和爸爸分别扮演书中的两个主人公,爸爸认为我和"没头脑"一样,做事都马马虎虎,不爱动脑筋,所以就由我来扮演没头脑。同样的,我认为爸爸和"不高兴"的性格也一样,他很固执得很!什么事都非得跟别人反着来,爸爸简直是本色出演!"没头脑"和"不高兴"身上都有各自的缺点,所以两人在相处的过程中闹了不少笑话。我和爸爸模仿得惟妙惟肖,妈妈在一旁看得捧腹大笑。

刚开始读第一自然段,爸爸就把里面的"没头脑"读成了"有头脑",这不就成了"有头脑和不高兴"了吗?我板着脸一本正经地教育爸爸:"你就不能认真点吗?"爸爸不好意思地点了点头。但我也没神气几分钟,一上来就犯了和爸爸一样的错误,因为注意力不集中连着读错了好几个字。我立马胀红了脸,但是我不放弃,出现错误尽快改正。爸爸拍了拍我的头,满意地说:"正所谓'人谁无过?过而能改,善莫大焉',犯了错,立马改正就是好样的。"

通过这一次亲子阅读,再一次拉近了我们一家人之间的距离。爸爸妈妈平时下了班就一直抱着自己的手机,很少和我坐在一起读书,他们向我保证以后会每天拿出固定的时间陪我读书。温暖的房间里充满了灯光,充满了书香,充满了欢声和笑语。

有趣的阅读

三年级四班 夏铭哲

阅读是一件非常有趣的事。

有趣之一,便是书中意料之外但又是情理之中的故事情节了。比如漫画《父与子》,里面讲述了一个父亲和一个孩子在生活中发生的有趣的事。他们的相处过程是那么的不一样,小小的矛盾和意想不到的解决方式总会令人捧腹大笑。阅读这本书,会让读者的心情无比愉悦。书里的父亲是个时而做事有板有眼,时而非常幽默的人,他用自己的方式教会了儿子很多人生中的道理。儿子是一个乖巧聪明的小家伙,他有独立思考的习惯,在父亲的幽默式的爱的教育下,像一棵小树苗一样慢慢长大。书中父亲与儿子之间有过不愉快,互相捉弄对方,但最后他们都会握手

言和,重归于好。

这让我想起了我的爸爸,为了让我真正的爱上阅读,爸爸每次都会跟我进行阅读比赛,他总会用各种各样的方法激起我的胜负欲。爸爸总是自信心满满,自认为读得既流利又清晰,但结果往往让人大跌眼镜。听他回放自己的读书录音,我和妈妈总会忍不住哈哈大笑,爸爸的乡土普通话真是太有趣了!

阅读的方式有很多种,跟我一起爱上阅读吧!

人间至味是书香

四年级一班 李明昊

书有馨香扑鼻来,人间至味是书香。我爱读书!

书有香气,让人沉醉。每当我读书时,不论外面是锣鼓喧天,还是鞭炮轰鸣,我都能"两耳不闻窗外事,一心只读圣贤书"。所以这个时候你千万不要对我委以读书以外的重任,因为我可能只是嘴上答应,而"心不在焉",最后幡然醒悟的时候才忏悔将大事办成了坏事,将小事办成了无事。

还记得那次"糊锅事件"。当时我正沉浸在"孙悟空大闹天宫"中不能自拔,仿佛我就是那个上天入地、无所不能的孙行者,正打得痛快,闹得尽兴……隐隐约约听到妈妈对我的召唤和嘱托,或许我答应得很爽快。但事后回想时,对于妈妈当时说的什么以及我当时怎样回应,我已经全然不知。只记得不知道过了多长时间,只听得耳畔响起如"炸雷"般的一声轰鸣,耳朵被揪得生疼,我这才知道"大事不好了",整个屋子里弥漫着一股刺鼻的焦味——锅子烧糊了。于是胆战心惊之余,我也只能暗自慨叹书的魔力有多大,书的香气有多深,竟让我痴迷沉醉到如此。

书有香气,可以博闻。徜徉书海,漫品书香,自有"随心所欲"的畅快。我可以驰骋于古今中外,也可以上达天文下通地理,有着侦探悬疑的斡旋迷离,也有着仗剑天涯的武侠豪情。我可以和福尔摩斯一起探案,也可以陪小豆豆一起成长,可以跟格列佛一起畅游列国,也可以向孔圣人学习智慧……总之,读书让我看到了历史的苦难与辉煌,看到了人们对公平与正义的不懈追求,也看到了寻求幸福的道路上

布满荆棘,更看到了先辈们虽九死犹未悔,一路跋山涉水,一往无前的勇敢。

书有香气,难以忘怀。犹记得儿时那绚丽多彩的画册,放飞了多少美妙奇幻的梦想;犹记得少时那美丽动人的童话,魂牵梦萦了多少孩童纯真善感的心;犹记得今时那悲欢离合的情长,多少个日日夜夜的陪伴我仰望日月星辰。

所以,我想说,人间至味是书香。

我是小书虫

四年级三班　刁玉宸

书,如一棵果树,静静地等待我们去采摘;如一片稻田,静静地等待我们去收割;也如一片汪洋大海,静静地等待我们去探索。

书,给予我们最多的是知识和财富,现在我们赶紧整理好心情去读些好书吧!

记得小时候,时常看着书上黑黑小小的字而发呆,心想:我什么时候我才能读懂这些书呢? 随着年龄的增长,我认识的字也渐渐地多了,此时的我每天像一只贪婪的饿狼,饥渴难耐,迫不及待地去一本本蚕食全世界上所有的书。

我读过很多书,有长篇小说《茶馆》《假如给我三天光明》,还有童话《格林童话》《安徒生童话》等等。最近我读了《城南旧事——窃读记》,这个章节里面写出了英子童年时偷偷去书店窃读的故事,这说明英子爱读书,作为生活在优越环境里的我们,更应该像她一样,养成良好的读书习惯。

妈妈经常说我是只可爱的小书虫,有一次,我写完作业便看起了《一千零一夜》这本书来。不知不觉睡觉时间到了,"上床去睡觉吧!"妈妈吆喝了好几遍。大约十点钟,妈妈出来喝水,发现我还在看书,此时的妈妈惊讶得嘴巴张得比门都大,什么话都说不出来。算起来,我已经看了三个多小时了,我竟然能废寝忘食到这个地步,唉,我也惊奇地发现自己,不知不觉中变成了一个不折不扣的小书虫啊!

书,是我生活中的一部分,在童年里,我需要它,在成长中,我也需要它。有了它,我的童年才会五彩缤纷;有了它,我的成长才会更加丰富多彩。

书,使我快乐,希望读书这种好习惯能伴随我一生,我要像个书虫一样啃食着

里面的知识和财富！

书，人生之味也

四年级四班　邢毓琳

前些日子爸爸送给我一本书，书的名字叫《傅雷家书》，是爸爸在学生时代购买的，我小心翼翼地从爸爸手中接过它，那一瞬间我知道，我捧在手中的不仅仅只是一本旧书，更是一份爱的传承。

这本书收集了我国著名翻译家、文艺评论家傅雷夫妇与两个儿子之间跨越十三个年头的书信，共二百篇，通篇流露出夫妻之间相敬如宾、父子之间平等交流、兄弟之间谦恭礼让的真挚感情，充满了旅居他乡的人对故土、对家人深深的眷恋。

阅读的过程中，时不时地可以发现爸爸曾留下来的淡淡墨痕，似乎也带着我穿越了光阴，和年少的父亲一起并膝共读。书中的父亲就是我的父亲，书中的孩子就是我，我在书海中找寻我对父亲的爱恋，并从书中找了我学习写作的方法。于是，我问爸爸："我们能不能把作文、日记、小练笔当作书信来写呢？"爸爸笑眯眯地拍了拍我的肩膀："你的想法特别棒，每一次提起笔就能变成一种倾诉，一种交流，变成了与万事万物相互沟通，你会拥有越来越多隐形的'朋友'，文字也会变得生动起来，活泼起来！"爸爸的话让我心里暖暖的，而且有种想努力奋发的冲动。

我们父女俩在各自相同的年纪阅读了同一本书，这仿佛拉近了彼此之间的距离。生活中，我们也这样心平气和地坐在一起交流一本书，真是太难得了。爸爸对我的认可，也仿佛让我看见了对未来的憧憬和希望，于是，我笔下的一个个生命也会释放出非常耀眼夺目的光彩！

距离让人们产生了思念，时空相隔让人们渴望交流。薄薄的纸张却承载着无数的寄托：对写书的人是一种倾诉，对阅读的人则是一种期望。此时此刻我仿佛闻到了爸爸那个年代书的味道，那是绚丽的、平静的、高调的、无声的人生之味。

第四节
个性化阅读对学生成长的作用

阅读教我成长

一年级三班　江　澄

书是我形影不离的好朋友,因为它教给了我很多知识,让我变得聪慧,深受大家的喜爱。

最近,在老师的推荐下,我认真阅读了《没头脑和不高兴》。书中的两个小朋友,一个叫"没头脑",另一个叫"不高兴"。"没头脑"特别马虎,做事总丢三落四;"不高兴"则对任何事都提不起兴趣,不愿意跟任何人配合做事情。他们的毛病怎么也改不掉,总想着长大后这些毛病就没有了,所以自然也没当回事儿。后来,他们长大了,这些缺点一点儿也没有改正,还给他们带来了很大的麻烦。

读过这本书,我知道了做事不能马虎,不要丢三落四,对待每一件事,都要认认真真。我之前做事也是马马虎虎,丢三落四,在经历了一年的小学生活后,我已经有了很大的进步。上课听讲认真了,做事有计划了,书写也认真了许多呢! 我觉得自己改变很大,爸妈说我成长很快。

阅读让我奇思妙想多多

一年级四班　李聪颖

我非常喜欢读书，书中有好多有趣的故事。每次读书的时候我都觉得很开心，读不完的时候又很期待，读书的感觉真好。

我最喜欢读《海底两万里》，我见过海，但海的下面是什么样的我还不知道。妈妈说这本书很神奇，它是一部科幻小说，里面的东西都是虚构的，但现在这些虚构的东西很多都被我们人类研制出来了。当我把这个故事分享给我的朋友时，我能感觉到他们也很喜欢这本书，这时候我觉得读书能带给我许多的奇思妙想。

遇到困难不放弃

一年级四班　魏硕泽

暑假里，我参加了学校里组织的阅读小打卡，每天坚持阅读。阅读丰富了我的知识，提高了我的认字能力。

我阅读的《小鲤鱼跳龙门》，里面有很多的励志故事，其中小鲤鱼遇到困难不放弃的精神深深感动了我。

文中主要讲了一群小鲤鱼找龙门的故事。它们听奶奶说有个叫"龙门"的地方，小鲤鱼们就一直找一直找，可是都没有找到。它们游得越来越远，水越来越深，它们没有放弃，耐心地寻找，它们一直向前游，最后终于找到了"龙门"。燕子告诉它们："这个龙门不是真的龙门，叫龙门水库。"小鲤鱼说都一样，因为它们看到了不一样的世界，心里是快乐的！

《小鲤鱼跳龙门》让我明白了，遇到困难不要放弃！

个性阅读丰富了我的大脑

一年级四班　吴雨晴

今年我上一年级了,成为了一名真正的小学生。不再像幼儿园时候的我每天做游戏、玩玩具。现在我坐在明亮的教室里,学习更多的知识。我更是在老师们的引导下爱上了阅读,觉得每天阅读成了必不可少的课程。

这一年我读了很多书,比如《吹牛大王历险记》《小猪唏哩呼噜》《米小圈上学记》《我和姐姐克拉拉》等。其中我最喜欢的是《吹牛大王历险记》这本书,书中的主人公是一个特别厉害、聪明的骑士,可以带着我们去月亮上旅行;可以带我们去鱼肚里旅行;还可以用美酒换千金。我觉得这个吹牛大王真的是一个充满想象的人,遇到任何问题、各种困难他都能解决。

阅读带给我很多快乐,更重要的,它丰富了我的大脑。

个性阅读,让我不再孤单

一年级八班　巩永贺

在这个漫长假期里,阅读让我觉得不再无聊。我开始喜欢上读书,喜欢在书的世界里去寻找,在那里我见到了平时看不到的汪洋大海,见到了勇猛的狮子、老虎,还见到了聪明勇敢的阿凡提。

我最喜欢的一本书是《阿凡提的故事》,这里面讲了许多发生在阿凡提身上的小故事。阿凡提是一个聪明、勤劳、勇敢、关心他人的人。他以自己的聪明才智帮助了许多需要帮助的人,不管遇到什么事情,都能想到解决的办法。书中的故事非常丰富有趣,读完后我的心情非常愉悦。我懂得了在生活中,不管做什么事情,一定要像阿凡提一样善于观察,乐于帮助别人,做一个爱动脑筋的好孩子!

阅读,让我不再孤单,希望我能一直在书的海洋里尽情地畅游!

我有一个太空梦

二年级四班　崔语珊

我读了一本神奇的书,也是我最喜欢的书,书的名字叫作《太空》。它之所以那么神奇,是因为这本书让我学到了很多关于太空的知识,比如我知道了"光年"这个概念;知道了太阳光照射到地球上需要 8 分钟;我还知道了人类要想到达火星有多难等等。

二年级时我们课本中有一篇课文叫《太空生活趣事多》,也是关于太空的很多知识,比如如何在太空中活动、如何在太空中喝水、洗澡等,我感觉课文中介绍的知识非常有限,通过读这本《太空》,让我更加感受到太空的神奇与魅力,也让我的眼界更开阔了。

广阔的太空中有太多太多的未解之谜值得我们去探索。我之所以这么喜欢这本书,是因为我深深地被这神奇的太空所吸引,我希望将来有一天我也有机会登上太空,探索神秘的宇宙之谜。

做生活的魔法师

二年级四班　吴奕瑾

我最喜欢读的书是《哈利·波特》,里面的人物各具特色,有大名鼎鼎的哈利·波特,聪明可爱的赫敏·格兰杰,还有喜欢搞恶作剧的罗恩·韦斯莱。他们三个人一起经历了许多奇妙的冒险历程。通过读这本书,我知道了魔法世界是一个奇幻的世界,在这个世界里可以施展各种各样的魔法。有时我也想成为一名魔法师,施展各样的法力,经历不同的冒险。

这本书还给了我战胜困难的勇气。就像哈利·波特和他的朋友们遇到困难从来不会屈服,每次都能化险为夷。

阅读让我做个飞天梦

二年级五班　李林馨

我最喜欢的一套书是《神奇的校车》。每每拿起这套书总是让我欣喜若狂,每次读里面的故事都仿佛感觉自己置身其中。

书中给我印象最深的故事是弗瑞丝老师带大家去参加航空模型展。他们一起坐上飞机模型,开始了他们的飞行体验。可是,他们的飞行并不顺利:一会儿遥控器坏了,一会儿机翼被折起来了,一会儿螺旋桨不转了。但是,他们都想到了解决的办法,齐心协力完成了飞行!

晚上,我梦到和同学们也坐上了神奇的校车!我们穿过了茂密的原始森林,来到了五颜六色的花海,我们收集了好多彩色的花籽。我提议说,去太空吧,于是我们都上了车,校车立马变成了宇宙飞船,带着我们直冲云霄。来到太空,大家一起种下了花籽,转眼间灰色的太空成了花的海洋,我们还在花丛中拍了照片。

《弟子规》教我明理

二年级八班　张静怡

《弟子规》是与《三字经》《百家姓》等一样,同为古代启蒙教育的读物。我从一年级刚入学时就开始读这本书了。一开始,里面的一些字我都不认识,爸爸先让我按照拼音读,读完一两行后再告诉我是什么意思。

在阅读《弟子规》的过程中,我学会了很多道理和知识。

首先《弟子规》告诉我如何尊敬长辈,孝敬父母。如"亲有疾,药先尝;昼夜侍,

不离床"。意思是当父母有了疾病,熬好的汤药,做子女的一定要先尝一尝。还应该不分白天黑夜的侍奉在父母的病床前。仔细想一想,我还没有做到,反倒是在我生病的时候,爷爷奶奶、爸爸妈妈正是这样对我的,这让我感到很羞愧。

其次,我还从中学会了正确的价值取向。"唯德学,唯才艺,不如人,当自励;若衣服,若饮食,不如人,勿生戚"。让我还学会了不要与人攀比吃喝,而是要重视自己学习和品德。"衣贵洁,不贵华;上循分,下称家"。让我知道了衣服需注重整洁,不必讲究昂贵、名牌、华丽,不要为了面子,更不要让虚荣心做主。

《弟子规》这本书让我成长了很多,随着我慢慢长大,学到的知识和见识也越来越多,每隔一段时间我就会重新读一遍这本书,每次读完都感觉到又学到了很多新的东西。

忠义永存,无愧英雄

三年级一班　鞠炎雨

我喜欢读书,尤其钟爱《三国演义》这本书。《三国演义》是我国四大名著之一,讲述了从东汉末年到晋朝统一时期的一系列历史风云。其中那些叱咤风云的英雄人物令人非常难忘,给我印象最深刻的就是关羽了,他手持青龙偃月刀,胯下威风凛凛赤兔马,一副骁勇善战、勇猛无敌的模样,存活在了经典的著作中。

关羽是忠诚义气的化身。他为忠于当年桃园结义的誓言,拒绝了曹操的封侯赐爵;为寻找刘备,过五关斩六将,千里走单骑。

关羽是知恩图报的侠士。赤壁大战中曹操大败,逃到他负责把守的华容道,关羽为报答以前曹操的知遇之恩,释放了他,独自承担罪责。

关羽是忠肝义胆的英雄。麦城之战,关羽面临生死抉择,以他的才能,一旦受降,富贵权利会蜂拥而至。然,玉可碎不可损其白,竹可破不可毁其节,他从容转身,义无反顾留给世人赤诚壮烈的背影。

神威能奋武,儒雅更知文。一代武圣关羽以忠肝义胆的精魂,备受世人尊崇,也令我真心崇拜。忠义永存人间,英雄无愧于心!

无趣的日子，有趣的灵魂

三年级一班　许宸诺

2020 年寒假，我和妈妈选购了几本新的图书。其中《窗边的小豆豆》这本书让我感触颇深。书的封底有一段话："我常常想，如果今天还有巴学园，可能就不会有孩子讨厌上学了吧。因为在巴学园，放学后孩子们也不愿意回家，而且第二天早晨，又眼巴巴地盼望着早点到校园去。巴学园就是这么一座充满魅力的学校。"当时我很纳闷，又很好奇，巴学园里面到底有什么呢？于是，带着这份好奇开始了我的阅读之旅。

图书开篇小豆豆就因为调皮而被退学，此时我觉得小豆豆真的好可怜，担心她这么小就没有学上了。不过，小豆豆很快就有了新的学校，它是一所非常特别的"电车"学校，也就是前面提到的"巴学园"，小豆豆在这里每天都是开开心心地度过。这应该就是妈妈经常说的"福祸相依"吧！

跟随着小豆豆"巴学园"的经历，让我知道了很多以前不知道的事情，在享受她搞怪和有趣的同时，也为她那一箩筐搞怪事情捏一把汗。在"旱田"老师那里我知道了如何耕种、如何培垄，如何撒种和施肥……我心想春暖花开时我一定在奶奶的小菜园里大显身手；故事里小豆豆看见什么东西都想跳上去，这也令她吃了不少苦头，有一次陷进了抹墙的沙泥里，还有一次掉进了通往厕所的掏口里，哎呦，想想那个画面就无比的恐怖！希望同学们一定要远离下水道、井盖等这样有危险的地方，保护自己的人身安全。

我爱"巴学园"，我喜欢《窗边的小豆豆》。只要一有时间，我就会翻开这本书，慢慢体会小豆豆有趣的学校生活，感受自己心底一点一点升起的那份温暖。

阅读给我单调的生活增添了好多的色彩，相信阅读的世界里还有好多的"小豆豆"等待我去探索。

飞越大明——朱元璋铁腕反腐

三年级四班 张世霖

一天下午,我提前写完作业,来到书房拿起了《马小跳发现之旅——飞越大明王朝》这本书,叫来爸妈和哥哥一起来阅读。

这本书里最让我感兴趣的是"反贪运动进行时",讲述了朱元璋怎么解决贪官们的贪腐问题。这时候哥哥有了疑问:"朱元璋为什么要解决贪官们的贪腐问题呢?"我回答道:"因为朱元璋从小目睹了贪官污吏横行霸道,百姓深受其害,所以他登基以后就想从根本上解决贪腐问题。"

朱元璋以为用重的刑罚会让上下官员有所忌惮,不敢贪污。但让朱元璋万万想不到的是,贪腐事件还是接连发生。这下朱元璋可气得不轻,震怒之下,作了一个决定,责令严查此事,但凡与此案有关的一个人都不允许放过,全部重罚。这一决定的结果是令数万人被杀,让人瞠目结舌。此时哥哥面露难色,忍不住说:"即使他们犯了再大的错误,也不能用杀人解决问题啊!"我接着说道:"可能与他的出身有关吧,他穷苦出身,见惯了世间疾苦,所以他对那些贪官污吏深恶痛绝。"作出这个决定,我认为其实也是错误的,朱元璋太注重刑罚,而忽视了道德的作用,虽然官员腐败的情况在短时间得到了有效遏制,但贪腐问题还是没有得到彻底根除。

读"三国",品家国情怀

三年级六班 刘博瑞

"与其用华丽的外衣装饰自己,不如用知识来武装自己"。我喜欢读书,尤其是喜欢读罗贯中的《三国演义》,里面的故事情节跌宕起伏,历史人物被刻画得栩栩如生,作者真可谓匠心独具、妙笔生花!

《三国演义》讲述了东汉末年群雄争霸,以及魏、蜀、吴三国之间的历史争斗。期间涌现出一批乱世豪杰,"宁可我负天下人,不让天下人负我"的曹操,桃园三结义的刘备、关羽、张飞,神机妙算、舌战群儒的诸葛亮,侠肝义胆、智勇双全的赵云等,每个人物都有各自的优点,正是他们这些优点指引我不断努力前行!

全书流传下了许多脍炙人口的精彩故事和英雄人物:桃园结义、三英战吕布、温酒斩华雄、草船借箭、煮酒论英雄、火烧赤壁、七擒孟获……这些故事和人物让我了解了什么是"家国情怀",明白了兄弟间的忠义之情!

这本书中我最喜欢的人物要数诸葛亮了,他神机妙算,巧借天机,通过草船借箭解决燃眉之急。他上知天文,下知地理,给我留下了深刻的印象,成为我崇拜的偶像。诸葛亮博学多才的背后,正是读书带来的影响,读书改变了人的见识,让人变成了"神"!

读史明鉴,知古鉴今

三年级六班　张夏

中华民族数千年的文明,成为一代又一代中国人汲取智慧的源泉。阅读历史故事,是和历史人物进行的一场场跨越时间和空间的对话,我们可以从中汲取为人处世的人生哲理,体会历史人文深厚纯正的文化底蕴,这是对知识的积累,也是对自身素质的提升。

去年生日,妈妈送我了一套《林汉达中国历史故事集》,从此开启了我了解和学习历史的征程。一年多来,通过阅读,我沉醉于跌宕起伏的历史故事中,感受到了栩栩如生的历史人物形象,还有那些引人入胜、耐人寻味的诗词佳作,都让我沉浸于深邃无比的历史长河中,感慨万千。

最让我感动的是那些在金戈铁马的岁月中,一个个名臣良将忠心报国的历史故事:从屈原的"亦余心之所善兮,虽九死其犹未悔"到诸葛亮的"鞠躬尽瘁,死而后已",从文天祥的"人生自古谁无死,留取丹心照汗青"到林则徐的"苟利国家生死以,岂因祸福避趋之"。哪一个不是满腔忠愤、碧血丹心,哪一句不是倾自肺腑,

响彻天际。苏武牧羊留居匈奴十九年却持节不屈，岳飞谨遵母训、精忠报国，都是用舍生取义的精神谱写了一段段忠诚爱国的佳话。

历史的长河滚滚向前，永不停歇，我定会把这一颗爱国心刻在心间，融入血脉，薪火相传。

每天积累一点点

五年级一班　贾皓喆

如果你问我最喜欢的一本书是什么？我会不假思索地回答，当然是《三国演义》。《三国演义》是我国历史上第一部历史演义小说，以魏、蜀、吴三国之争为主干，凸显了这一时代的历史巨变。而在罗贯中的笔下，书中人物的悲欢离合和情绪变化都被刻画得栩栩如生，活灵活现。这部作品在我读的所有的书中堪称极品，也让我受益匪浅。

这本书中的经典故事数不胜数，桃园三结义、温酒斩华雄、赤壁之战、草船借箭……但让我印象最深刻的，当然还是程昱大力助曹操。

程昱的足智多谋、审时度势、勇敢果断给我留下了深刻的印象。我想，如果在学习上我能勇敢一些，相信我的成绩会比现在好很多；生活中，如果我能勇敢一些，相信我早就会骑自行车，早就能和陌生人进行交谈，对别人给予帮助；在家炒菜时如果我能勇敢一些，相信我能炒出更加美味的菜肴……我决定从今天开始，每天勇敢一点点，总有一天我会变成自己希望的样子！

合上书，书中的故事却还像电影似的，在我脑海里回放。《三国演义》从"桃园三结义到三分归一统"共计一百二十回，明代的罗贯中用小说的方式让我们明白，战争不是纸上谈兵，而是用英雄豪杰的智慧、生命才能取得胜利！学习不是似是而非，而是一步一个脚印地走下去，认真学好每一个单词，做对每一道题，写好每一个字，才能日积月累，取得好成绩！同学们，让我们拿起手中的笔，翻开身边的书，每天积累一点点，每天进步一点点，未来的光明之门就是为我们而打开的！

爱让世界绽放美丽

五年级一班　李雨桐

爱是美德的种子,只要人人献出播种下一份爱,这个世界将绽放得更加美丽。《爱的教育》这本书,以日记的形式,讲述了一个叫安利柯的四年级小男孩的成长故事。每章每节,都把爱表现得淋漓尽致。

爱,我们看不到、摸不到,但它一直在我们身边。大至国家、社会、民族的爱,小至父母、师生、朋友的爱,处处彰显着爱的真谛。今年,突如其来的疫情,许多医护人员舍小家为大家,他们用爱温暖了人们脆弱的心灵,足以显现了爱的可贵。

大爱之行必有大爱之人!哪里有疫情,哪里就有白衣天使。哪里有疫情,哪里就有鲜红的党旗。病毒虽然无情,但挡不住爱。隔离人群,但不隔离爱。爱如同无形之风,穿梭在人与人之间。各地医护人员、党员干部组成了一支支志愿医疗队,放弃节假日,放弃与家人团圆的美好时光,毅然奔赴危机重重的疫情重灾区。他们舍生取义,坚定信心,同舟共济,使爱的力量无穷大。他们以"一方有难,八方支援"诠释着社会大爱。他们的勇敢,让我们看到了全民抗击新型冠状病毒的希望,也让我们感受到了中华大家庭的温暖,更让我们感受到人们在祖国大地上书写着现实版的《爱的教育》。

心中有爱,人间有情。人们在灾难面前所付出的爱,格外令人奋进。通过今年的疫情,全社会用实际行动给我们上了非常宝贵的一课。

读《大学》,明"孝"义

五年级三班　信昊志

我们每个人在不同的时间和不同的场合都有不同的身份,例如为人父、为人子

女、为人师徒，但每个身份都有一个必不可少的核心点。

曾经读过《大学》里的第三章，《诗》云："穆穆文王，于缉熙敬止！为人君，止于仁；为人臣，止于敬；为人子，止于孝；为人父，止于慈；与国人交，止于信。"当我刚读到"为人子，止于孝"时，便情不自禁地想起了萦绕脑海的一件事。

去年，姥爷做了一个手术，刚刚做完手术还需要住院观察，妈妈就不辞辛苦地陪伴了姥爷一星期。这一个星期里，妈妈几乎就没合过眼，眼睛也熬得通红，眼周围也出现了黑眼圈，曾经眼中仿佛有星辰大海的她，脸上却黯然无光。作为旁观者，我明显地看到妈妈非常疲惫，我看在眼里，疼在心里。但是，她无时无刻不保持着警惕。记得姥爷刚出手术室的时候，妈妈时不时地帮姥爷塞塞被子，生怕姥爷冻着了。姥爷刚做完手术只能吃鸡蛋羹，妈妈就先自己尝一尝温度，热了就凉一凉，凉了就热一热。

今天读到《大学》，回想起妈妈照顾姥爷一幕幕的情景，我深深体会到了"孝"字的含义！

亲情是人生最美的佳肴

六年级二班　马箫爻

在忙碌的暑假，我有幸读到了来自马来西亚的作家谢智慧写的一本书，名叫《深夜甜品店》，故事写得特别感人。读完之后，一幕幕画面时常会浮现在脑海，一股苦涩而又温馨的感觉涌上心头。

主人公名叫乐基，他整天闷闷不乐，心情十分沉重，因为他得知自己患有白血病的弟弟和自己并没有血缘关系。深夜里，他走进一个甜品店，能够读懂他人内心的老板告诉乐基只要穿越到了过去，修补人生的四个缺口，就可以改变一切。往事走马灯似的在墙上播放，而我似乎也被卷入了这个奇妙的世界。

青涩懵懂的少年时代，总会遇到几个亲密的异性朋友。而乐基的第一个缺口便是这里。碧晨是一个漂亮活泼的女孩。之前，因为乐基不懂得如何正确地与异性朋友相处，破坏了两人之间纯真的友情，使得碧晨与他绝交。我不禁联想到现实

生活当中的我们,去年的时候,总有几个调皮的同学散布一些乱七八糟的消息,搞得大家人心惶惶,大家都不太敢说话,好在老师及时发现并制止才没有造成太大的影响,事后同学也都认了错,大家又和以前一样和好如初。在活泼纯真的年纪,就该有值得怀念的友情。我感恩我的老师同学,感谢我的班级,使我可以放松心情无惧成长!

亲人是人生中最重要的,亲情是散落中的一抹阳光,委屈中的一声鼓励,是激励自己时刻进步的源泉。乐基最大的缺口也是这里。乐基的爷爷患了阿尔茨海默症,动不动就发脾气,乐基一家因此整天都死气沉沉。可他们不知道爷爷是因为患病才发脾气,直到爷爷临死前,乐基都没有再叫一声"爷爷"。从此以后,乐基也沉默寡言了。看到这里,我不禁潸然泪下,想起我的老奶奶,她在世的时候,对我很好,她虽然没有多少钱,但总给我买好吃的。每次回家和我说不完的话,要离开时,总是依依不舍,我后悔没有见到老奶奶的最后一面,对她也总有些许歉意。亲人可以给你温暖,不管任何时候,他们都会默默地陪在你我身边。

第五节
亲子共读在个性化阅读中的作用

最好的时光——爸妈陪我阅读

二年级六班　刘芮君

什么能够使你开心？是吃好吃的、做个游戏还是什么其他事情能使你开心？我的回答是：读书使我最开心！而且是爸爸妈妈陪伴的读书。

每天晚上，爸爸妈妈总会陪着我一起阅读。在读书的时候有的字不认识，爸爸妈妈会认真又细心地教会我。有的词语我不知道什么意思，他们会耐心给我讲清楚，有时还会给我表演出来，加上一些手势和动作，让我更容易明白。有时候他们也有不懂的地方，我们就一起查字典。因为有了爸爸妈妈的陪伴，我更加喜欢阅读了。

最近我们在读《安徒生童话》，其中我最喜欢"丑小鸭"的故事。我就跟爸爸妈妈一起表演这个故事：我当丑小鸭，妈妈当鸭妈妈，而爸爸呢，就当其他那些不喜欢丑小鸭的小动物。我们表演得可精彩了，最后表演丑小鸭变成白天鹅时，我穿上了妈妈刚刚给我买的白纱裙，我感觉自己真的变成了白天鹅。在阅读和表演中，我懂得了：不要只看别人的外表，要想想她内心的美丽，要学会坚强，要坚持做自己。

我爱阅读，更爱跟爸爸妈妈一起阅读！

阅读时间，我最快乐的时光

四年级三班　孙毓阳

"哗啦哗啦哗啦……"我家每天都会响起这清脆悦耳的声音，你一定会问，咦？这是什么声音？被你描述得这样美丽！哈哈，我来告诉你，这是妈妈在陪我读书，是妈妈用她那纤纤玉手翻动书页时发出的美妙的声音。

我非常庆幸自己有一位当语文教师的妈妈。更庆幸我这位教语文的妈妈尤其爱读书。她爱读书不是因为她是一位语文老师，而是因为妈妈知道学无止境的道理。从小耳濡目染的我也很喜欢读书，妈妈便渐渐地成了我的"书友"，每次与妈妈一起读书成了我最快乐的时光，也让我感受到了那种令人难忘的深情陪伴。

到现在，妈妈仍会一如既往地陪我读各种各样的书籍，如《西游记》《笑猫日记》《窗边的小豆豆》……最近我又迷恋上了《了不起的小叶子》系列丛书。值得庆幸的是恰逢暑假，我有大把的时间与书约会。像从前一样，我读完书以后又开始追着妈妈炫耀，迫不及待地倾诉我的感受，妈妈听后照样有一连串的问题像连环炮似的脱口而出："你觉得小叶子是一个什么样的人？""小叶子为什么把林勇拉进了自己心里的黑名单？""小叶子有没有值得你学习的精神？"面对妈妈的问题我总会对答如流，此时的妈妈总会赞许地点点头，表扬我书看得认真。当然，我也会在此时一展身手向妈妈发问书中一些稀奇古怪的问题，但妈妈每次也都能"蒙混过关"。这一刻，我能感受到我和妈妈最和谐的时刻，也是最幸福的时刻。妈妈还经常在我耳边说："读书不仅要读，还要细细地读，不能走马观花，要学会思考，对故事要学会理解，这样才算真正把一本书读完。"

妈妈的阅读陪伴，不仅让我增长了知识，也让我收获了快乐和幸福。我觉得，和妈妈一起读书是我最快乐的时光，它将成为我童年时期最宝贵的精神财富！

阅读对话灵魂

五年级四班　　耿童心

如果你问我，我最爱看的书是什么，我一定会说《我的妈妈是精灵》，因为不仅书中的内容使人爱不释手，就连妈妈读完这本书之后也从一个凡人变成了"精灵"。

读完《我的妈妈是精灵》，我一直不能从"陈淼淼"的悲伤中走出来，原本幸福生活在一起的一家人，由于"陈淼淼"的恶作剧，妈妈隐藏多年的精灵身份暴露，爸爸也必须履行承诺与妈妈离婚，所有的幸福烟消云散。我看到妈妈在读完这本书时也哽咽了，难道她也是被这个故事感动了？

一个暖暖的午后，妈妈问我："你认为妈妈是精灵吗?""当然不是了!""对了，孩子，陈淼淼的妈妈是精灵，可妈妈只是一个凡人，精灵只是存在于幻想小说里的人物。可是，妈妈却和陈淼淼的妈妈是一样的，我们都深爱着自己的孩子……"听到妈妈这样说，我深受触动，看来这本书果真是在妈妈的心里留下了深刻印象呀！每次想到妈妈对我的严厉和苛刻，不都是为了我能养成好习惯、有个好成绩吗？我不但不听她的劝告，还逆向而行，这使得我们之间的关系越来越僵。

妈妈说，陈淼淼的妈妈是精灵，不能在我们这个世界生活，所以带着不舍离开她。而我的妈妈，虽然不是精灵，但是等我长大以后，我要独立生活、独立工作，是不能依靠妈妈的。我能做的就是从现在开始好好陪伴妈妈，好好珍惜在妈妈身边的日子。

第三部分

个性化阅读教学
家长篇

第一节
个性化阅读对家长成长的作用

阅读，正使我成为精灵

五年级二班　耿童心妈妈

犹太人之所以聪明，与他们重视读书有关，几乎每个家庭都在床头建书柜。与他们相比，我们做得不够，白天忙于工作，晚上就累得不想动，忽视和孩子一起阅读的时间。父母本身要养成良好的阅读习惯和品位，要跟孩子一起阅读，家长们首先要自己看书，才能有资格和能力就书里的故事或内容与孩子展开交流。

在女儿五年的小学生涯中，她沉浸在半放养状态，而我一直扮演着喋喋不休的"老巫婆"角色，我们之间围绕学习的话题关系一度陷入白热化。但是，就在我不知该如何化解矛盾之时，阅读走进了我们的生活，改变了我们之间的状态。她喜欢沉浸在中外名著和各类畅销书籍中，每每遇到自己喜欢的小美好，都会与我分享。

但是，"陈淼淼"给我们点亮了指路明灯，她时常念叨"陈淼淼"和妈妈的感人故事，她也会时不时地感慨一下"陈淼淼"的悲伤。她的感慨也激起了我对这本书的好奇，于是我用一周的时间读完了《我的妈妈是精灵》，情到浓时也会潸然泪下，自然也明白了女儿的感受。站在妈妈的角度，虽然这是一本科幻书，却是一个很好的与女儿畅谈未来的桥梁。在与女儿闲聊"陈淼淼妈妈"的无奈时，她说："妈妈，

幸好您不是精灵!"是啊,我不是精灵,可无论是不是精灵,我们都要面对孩子羽翼丰满、展翅高飞的事实,无论是不是精灵,妈妈对孩子的爱都是无私奉献、风雨无阻的!幸好,我不是精灵,我可以在每个平凡的日子陪伴女儿,可以看着她翱翔在天空的那一刻!也是从我们读完这本书之后,她的状态改变了,我的角色也温柔了!

听说这本书不仅是写给小朋友的,也是写给大朋友的,很幸运我与女儿有共同的阅读经历,也与她有着同样的感慨。翻开书的一瞬间,我心灵的小船已经划向了女儿,我们之间不需要修饰,不需要浮夸,跳跃的文字传递着我们之间的爱,相信以后还有更多的机会读共同的书,体会着共同的体会。

教育是一棵树摇动另一棵树,是一朵云推动另一朵云,是一个生命影响另一个生命。我想,在养育孩子的过程中活出自己更好的生命状态,用智慧的斧头雕琢出更美好的自我形象。我非精灵,但我会为爱而努力,我愿努力成为精灵!

个性化阅读,最美好的遇见

一年级三班   李沐霖妈妈

阅读,是最美好的遇见,在阅读的道路上,一路播撒,一路开花。

大约在女儿三岁的时候,开始接触到第一本绘本《猜猜我有多爱你》。还记得我一人分饰两角色,一会儿当栗色大兔子,一会儿又成了栗色小兔子,费劲地给她讲解着。她瞪着懵懂的眼睛看着我,书刚讲到一半,她早跑远了,徒留我在原地满头"黑线",一声叹息。

坚持

后来,我改变了战术,专门在她房间放个小书橱,上面摆满了五颜六色的书。慢慢地,她开始主动地去拿书要听故事,当然,很多时候一个故事没讲完,她又故技重施,不知所踪。但是,坚持听下来的时候也越来越多。

由于孩子比较活泼,我和她爸商量后决定,可以采用表演的形式来阅读。所以,有时候,我是旁白,她爸当愚蠢的老虎,她是聪明的小狐狸;有时候,她爸是旁白,我是后妈,她是白雪公主……

独立

上小学后,因为学习了拼音的缘故,孩子能独立完成阅读了。我发现,对于老师布置的阅读任务,她总是积极主动地去完成。随着阅读量的增加,她的眼界更开阔了,很多时候也有自己的思考。

那天,我听见她在读吴然的《洱海》:"站在海东的山崖上,一定会看见点苍山耀眼的雪峰,映在你的眼里。"本就知道"苍山""洱海"的她,产生了疑惑:是"看见点"和"苍山"断开吗?我们一起查阅了资料,原来,"苍山"又名"点苍山",是云南大理的风景名胜。

孩子的阅读之路才刚刚启航。林清玄说过,在心里最幽微的地方燃一盏灯,"在人生的这幅画图里,善绘的人,笔笔都是黄金"。读书,就是那盏灯,读书,可以让孩子有信心去迎接未知的种种挑战。生活可以是一地鸡毛,也可以冲破眼前的苟且,去看看诗和远方的田野。心中若有桃花源,何处不是水云间?

放慢脚步做家长

二年级三班　孙志航妈妈

第一次读《牵着蜗牛去散步》这篇散文是在今年的四月份,相信很多家长同我一样,都经历了鸡飞狗跳的半个学期。

文章写的是这样一个故事:上帝交给我一个任务,让我带着一只蜗牛去散步,可我却嫌他爬得慢,催他、凶他、责备他,甚至放弃他。任他往前爬,可是我却看到了美景,闻到了花香,体会到了以前感受不到的东西,后来才恍然大悟,原来上帝叫蜗牛带着我去散步。

读完这篇文章,我的眼泪却止不住地掉落下来,我觉得那只蜗牛真的很可怜,明明已经尽力了却被责备、训斥。顿时感觉我们的孩子不就是那只小蜗牛吗?无论他怎么努力,怎么用功,只要没有达到家长的要求,得到的总是责骂,但是我们却没有站在孩子的角度上看问题。

今年孩子在家上网课时间很多。很多时候,我都是对他大吼大叫,简直快被气

疯了,耐心一点点地消逝。有一次竟然动用了简单粗暴的武力去解决问题,不仅自己生了一肚子气,还给孩子的心灵蒙上了一层灰尘。事后自己也为自己的冲动而忏悔,每每想起都会偷偷掉眼泪。

后来,我读了《带着蜗牛去散步》这本书。读完这本书后,我重新审视了自己教育孩子的种种做法。作为家长,我们应该学会去理解孩子,他还只是一个孩子,还需要父母的教导与呵护,应该放慢脚步,陪孩子慢慢去品味生活的滋味,去享受孩子带给我们的快乐,给孩子也给我们自己一点时间慢慢前行。

让阅读上瘾

三年级六班　燕玺皓爸爸

阅读是一种会上瘾的习惯。

我们小的时候,是没有电脑,没有 Pad,没有智能手机的时代,除了晚上五点的动画片时间,最喜欢的可能就是读书了吧。

从开始认字的时候,我就已经会拿着一本小人书装模作样咿呀胡乱念了,后来掌握查字典的技能后,仿佛开启了新世界的大门。从连环画到古代神话故事;从小学生作文精选到各种散文小说集;从唐诗宋词元曲到中外名著……

读书是一种愉悦的体验。优美的文字勾勒出一幅幅精美的画卷,一个个跌宕起伏的故事,带我们认识从未探知的领域,体验我们不曾拥有的人生。《钢铁是怎样炼成的》给了我向上的动力;《追风筝的人》让我感叹朋友之间珍贵的友谊;《活着》把我带进主人公的世界里看世间沉浮……

阅读是替我们看世界的眼,是替我们走世界的船,看水波粼粼我们可以"秋水共长天一色",看暮雪皑皑我们可以"孤舟蓑笠翁,独钓寒江雪",众志成城我们可以"岂曰无衣,与子同袍"……

阅读是一种受益终生的习惯。热爱阅读的孩子会拥有更全面的批判性思维方式,更严谨的处理复杂问题能力,更强大的创造性,而这些优秀的品质正是现在以及未来社会所需要人才所不可或缺的。所以让孩子爱上阅读,是作为家长不可推

卸的责任。

　　我至今仍然感激在我的成长旅程中父母以及老师对我阅读习惯的培养。父亲就是一个爱读书的人，各种人物传记、四大名著、报纸杂志……凡是有字的都要读一读。从小耳濡目染的我也喜欢在书摊上晃，同学们的书也让我借遍了。父亲有时候搂着我们兄妹两人坐在院子里，看着浩瀚星空，听着父亲嘴里的各种奇人异事，至今仍是我最美好的回忆。中学时候学校的"千文诵读计划"更是扩大了我的阅读知识面。除了教室里的小型图书馆，每天一诗一词的要求也让我积累了大量的文学素材，大大提高了我的阅读理解能力和写作能力。

　　来吧，让读书变成爱好，让阅读成为习惯，让阅读上瘾吧！

阅读即教育

六年级二班　张智栋妈妈

　　一位教育名人曾经说过："阅读是一种终身教育的好方法。"培养孩子的阅读兴趣，让孩子喜欢读书是父母献给孩子最好的礼物，也是家庭教育成功的标志。那么，孩子的阅读兴趣从何而来？如何培养呢？首先，应顺应孩子的心理特点，选好孩子"爱看"的第一批书，使孩子先对书产生好感。在孩子学习阅读的初期，父母一定要对书刊进行精心地挑选，书刊的内容和外观要尽量迎合孩子的心理，不要以成人的眼光去衡量书刊的内容，不要以为"有用的"就是可以给孩子看的，需要先引起孩子的兴趣。其次，不宜对孩子的阅读过程管得太死。通常，在这一阶段，只要孩子愿意把一本书拿在手上津津有味地翻看，家长就应该感到心满意足了。这是孩子在阅读求知的道路上迈开重要一步的标志。再者，在孩子阅读的过程中，家长除了需要对真正不利于孩子的书刊进行控制外，不应对孩子所读书刊的内容、类型和范围进行过多的约束和控制。通常，孩子所读书刊的内容范围越广越好。一般说来，从上小学开始，大部分孩子在阅读内容的选择方面已逐渐形成自己的爱好和兴趣。对此，家长应多注意观察、了解和引导。另外，亲子共读，家长为孩子树立良好的阅读榜样。在家里，父母应尽可能多地和孩子在一起看书，做孩子的阅读榜样。

同时,家长还可经常与孩子在一起交流读书的方法和心得,鼓励孩子把书中的故事情节或具体内容复述出来,把自己的看法和观点讲出来,然后大家一起分析、讨论。如果经常这样做,孩子的阅读兴趣就可能变得更加浓郁,孩子的阅读水平也将逐步提高。

我的个性阅读之路

一年级六班 孙熙哲爸爸

小时候妈妈给我买过一本书叫《十万个为什么》,这本书让我知道:铁为什么会生锈,为什么有的人会对花粉过敏,王安石为什么要变法,为什么说鲸鱼是哺乳动物,等等。这本书对我产生了非常大的影响,以至于我在大儿出生的前两个月,就迫不及待地给他买了这本书。

我到了初中和高中阶段读的书就比较杂了,《福尔摩斯探案集》《水浒传》和《普通一兵》都是在那个时期读完的。那个时候还读到了张睿、韩寒和李傻傻,这几位青年作家对"80后"还是有很大影响的,他们的作品非常贴近当代青年的生活,而且写出了青年们向往但是没有勇气去做的事情。相信那个时候很多同学读《草样年华》时心里也在想:我的大学生活会不会也是这样呢?哈哈,现在想想,当时阅读的心情还真是单纯啊。

写到这里就不得不说一下我读过的漫画书,这类书是我读过的书里面非常重要的一部分。有人觉得:漫画书不应该是初中之前读过的书籍吗?这么大了,怎么还有人喜欢看漫画啊。其实你们可能误会了。漫画是日本文化非常重要的组成部分,重要到一部漫画——《足球小将》,可以振奋日本青年的足球思想;一部漫画——《千与千寻》,可以改变奥斯卡评委对外语片的评判标准。据说当时《足球小将》的横空出世掀起了日本的足球热潮,很多青少年都是因为这部漫画书爱上了足球,日本著名足球运动员本田圭佑在他的自传里写道:小学时期我就有一个梦想——要为自己的国家踢球,要像大空翼那样去意甲赛场上展示自己的才华。若干年之后他做到了,他带领日本足球冲向了一个更高的竞技水准。我个人最喜欢

的一部漫画还得是《灌篮高手》，这部漫画不光写出了年青人对篮球的热爱，更写出了他们对青春的热爱，对集体的热爱。作者井上雄彦的创作思路不是告诉我们，年青人你要热爱篮球，而是告诉我们，年青人你要热爱自己的青春，这种青春的激情不只要献给篮球，只要是你喜欢的体育运动——足球、冰球、橄榄球，能把青春投入于一项运动，无论成败都能证明我们青年时代的价值。

到了大学的时候，我阅读的方向有了些许的改变，读的人物传记类的书越来越多。《人性的弱点》《我把青春献给你》《我的立场》，一个个的励志故事让我对未来充满了憧憬和向往。那个时候武侠小说我也很喜欢读，早期的有金庸、古龙、梁羽生，新派武侠作家有凤歌和时未寒，在这里由于篇幅问题就不展开跟大家讲了，总的来说青年时期是读书的好季节，我们要珍惜每一次在校园里读书的机会。

后来，参加工作，组建家庭，还有了两个可爱的儿子，闲暇的时候我还是喜欢阅读，享受其中的乐趣。

阅读让我们变成更好的自己

五年级二班 房孟可妈妈

读书的益处很多，能扩大人的知识面、陶冶人的情操，让人明真理，辨是非。作为阅读启蒙的小学阶段，如何引导孩子进行有效的阅读，营造良好的家庭阅读氛围，有几点做法与大家分享。

幼儿园阶段，通过学校的引领，影响家长重视培养孩子的阅读兴趣。紧跟老师的步伐，引导孩子对看书产生兴趣，在幼儿园毕业的时候，女儿的识字量就已经很大了，一些文字比较多的绘本就可以自己独立阅读，她也不仅仅满足于绘本，我们就去书店挑选一些经典读物，印象最深刻的是《爱德华的奇妙之旅》，这本书的每个章节都不太长，女儿学完拼音后我们一起阅读，一人读一段，不会的字标上拼音，读完一个章节后我们就一起讨论一下自己的感受，当时女儿还小，感受的就是字面的意思，我会联系实际生活和她说一下自己的感受，这样女儿的表达能力得到了锻炼，亲子关系更加融洽。通过这种方法我们还一起阅读了《小王子》，到现在这两本

书在孩子的印象里依然非常深刻,前段时间我们还讨论过《小王子》,女儿说现在她明白了书里以前没有明白的意思,我告诉她,随着年龄和阅历的增长,不同的阶段理解的都会不同,这就是一本好书所带给我们的。

对孩子来说,阅读的氛围非常关键。在图书馆和书店自然就会认真看书,但是在家里,如果爸爸在看手机,妈妈在看电视,这样的环境孩子肯定不会喜欢阅读。我们家每天半小时的阅读时间是必须要有的,也是多年来养成的习惯。女儿有自己独立的书架,随时都可以拿到书阅读,为了满足她阅读的欲望,只得源源不断地买书或者去图书馆借书。通过读书,女儿的知识面变宽了,阅读量大了,写作文也得心应手,她也越发喜欢读书,书成了伴随她最亲的伙伴。

阅读伴随我们成长

一年级七班　　王炜晨妈妈

我喜欢读书。当了妈妈后我一直特别注重孩子教育,在很多的有关教育的讲座及文章中都把孩子读书的位置放得很重要,所以从孩子还未入幼儿园开始直到现在,我陪孩子已经坚持了近五年的阅读,可以说是全年无休,哪怕是除夕夜,孩子都会选好书放枕头边,我指读她们看。随着升入小学一年级学了拼音后,短篇的她们自己读,但是还是没有解放我,她们读短篇给我听,我读长篇给她们听。

上幼儿园的时候由于识字量少,一般都是大人读,我没有特别在意过孩子的变化。但是升入小学一年级以后,我发现孩子变化非常大。在放学路上孩子会指着广告门头牌念那些字;会在看图写话里写出优美的成语和句子;会在"六一"儿童节那天主动上台给全班同学展示才艺,不是唱歌跳舞,而是她自己读过的脑筋急转弯,她会去考同学们;会在读某篇文章后追问很多莫名其妙和让人啼笑皆非的问题;会在遇到一些事情的时候模仿书里的人物来解决小问题等等。

在给她们买书方面,我常常是看到适合她们年龄段的就买,我认为各类不同的书籍传递给孩子的都是不同的知识和文化,所以不管是战争英雄类的、历险记类的、搞笑类的、动漫类的、中国文化史书类的等等,只要买回来她们都会选着看,我

仔细观察过孩子,爱读书是习惯而不是遗传。今年的假期长,她们一有空就会拿起书来翻,家里的沙发上,饭桌上,侧卧以及飘窗上,哪里都有没看完的书,可能有时候看的时间不会很长,但是她们会主动去看,开学后,吃午饭后午休前也会读一会儿书,回来路上会跟我讲看过的哪一本里边讲的什么事。

我觉得爱阅读的孩子一定会不一样,读书会让她们变得自信,读书会培养她们的情商,读书会让她们变得得体有规矩,在她们眼里会多一些闪光点。多年以后,我希望孩子回忆起爸爸妈妈陪伴一起读书的时刻,心里会有满满的幸福。

在阅读中快乐成长

五年级二班　单文皓妈妈

"三更灯火五更鸡,正是男儿读书时"。这是唐代诗人颜真卿给我们后人的告诫。阅读对于我们来说是一件有意义的事,它能让我们发现更加快乐更加优秀的自己,会帮我们更好地面对未来的不确定性,也会帮我们提升未来的社会竞争力。

因为我的工作原因,平时阅读的书籍相对多一些,却没想到这阅读的潜移默化影响竟然给孩子带来"烦恼"。记得孩子少年之时,我经常从手机上阅读电子书籍,没想到这给孩子的感知是我在玩手机。因为在孩子的眼中,我就是一个吃完饭之后,在沙发上抱着手机玩,虽然没有非常舒适惬意的"葛优躺",但这也是一个不好的榜样。在那一刻我突然意识到,这种阅读的行为对于我来说是受益的,但是对于孩子而言,却带来了截然相反的影响。

自此以后,我更换了一种学习的方式,开始阅读纸质的书,而且也开始给孩子购买书籍,传统文化、古典历史、自然科学等等书籍,我想渐渐地引导和培养孩子阅读的好习惯。慢慢地孩子开始爱上了阅读,当他的书籍阅读完后,会和我分享里面他认为非常精彩的片段、非常有魅力的小故事,亦或是他认为自己学到的我不曾知晓的知识点。学习是相互的,快乐需要分享,我也会把我学到的他感兴趣的内容分享给他。我们都会被书籍中的精彩内容打动,我们的分享多了些快乐,正如《论语》所言,学而时习之,不亦说乎?

阅读有什么魅力？看过那么多书籍，图的是什么呢？在陪伴孩子成长的阅读过程中，我也有了些许心得体会。在别人的故事里倾洒自己的笑与泪，就是要看看在某种极端情况下，体面人是怎么做的，以及警醒自己不体面的行为是什么，当我自己未来面临类似的情况时，我内心可以调用一种行为模式或者是情感反应模式，而我的人格养成就在其中。我要把别人的反应模式储存在自己这儿，让它跟随自己面对的挑战、自己的问题一直去生长、去酝酿，然后长成我自己人格的一部分，从而达到学以致用的目的。

阅读带来的成长，最核心的一点就是对自己有价值，把书本里的知识内化成自己的能力，有能力去帮助别人，有能力去贡献自己的力量，有能力为这个社会、为这个国家的繁荣而做一点点事情。我希望孩子能秉承书中的教诲，成为社会之中坚力量，国之栋梁。正如周总理所言："为中华之崛起而读书。"

陪伴孩子读书成长

四年级一班　任美林妈妈

这几年在陪孩子的读书过程中，我逐渐认识到培养孩子良好的读书习惯对孩子成长的重要。

一是选择。在孩子成长的不同阶段选择不同的书，是至关重要的事情。幼儿园阶段选择卡通类的、图文并茂的书，增加了孩子最初阶段的读书兴趣。小学时期，随着知识面的增宽，会根据孩子的兴趣特点选择书籍，选择能增强自然认知并且故事性强的读物，有针对性地读书。

二是交流。保证孩子的读书时间，并保护孩子的好奇心，多与其他孩子开展交流。美国的蕾切尔·卡森——《寂静的春天》的作者，说过这样一句话：孩子好奇心的发展，至少需要一个可以分享这种好奇心的成人的陪伴，跟他一起，重新发现周围这个世界里的快乐、激动和神秘。

三是融入生活。日常生活中，孩子背诗词时特别注意方式方法，尤其注意在不同的季节，不同的节日，学习背诵应景的诗句；妈妈还坚持和孩子背诵古诗词比赛，

爸爸讲解诗词大意,并且陪同观看中国诗词大会节目,比较我们和电视上比赛的不同,同时还增强了孩子对传统文化的学习。

培养孩子良好的阅读习惯

四年级三班 刘熙朔妈妈

当代著名女作家毕淑敏说:"让孩子爱上阅读,必将成为你这一生最划算的教育投资。"读书好处多多,对孩子来说,有一个良好的读书习惯将受益一生。

要想给孩子培养一个好的阅读习惯必须给孩子营造一个好的家庭阅读氛围,这种阅读氛围包括我们家长自身良好的阅读习惯和家庭良好的阅读规划。

首先,作为家长,我在培养孩子阅读习惯的过程中自己也在不断地阅读,不断地学习。从刚开始的手机不离手,眼睛不离电视的生活习惯,慢慢培养自己放下手机离开电视拿起书本,从一开始的陪孩子每天阅读一本绘本,慢慢过渡到自主选择进行个性化阅读。阅读的书类型很多,有关于教育孩子方面的,有关于饮食文化的,从刚开始的围绕自己身边的书看起,逐渐过渡到旅游、探秘、历史名著等等,可以说是博览群书。

其次,给孩子营造一个舒适的读书角,创设舒适的阅读环境是读书的必要条件。我在儿子房间设置了一读书角,放置了一个书橱,书橱里分门别类的放置着很多书,然后放置几盆绿植,地上铺几块柔软的地垫,闲暇之余我就和孩子坐在地垫上各自找一本自己喜欢的读物进行阅读,阅读后进行阅读分享,把各自所看书的内容进行分享,在分享阅读的过程中我们共同探讨,共同查阅,最关键的是在这个图书角中我们分享了知识,见证了成长。

我还定期带孩子到图书馆阅读。每周日是我们最快乐的图书馆阅读时间,因为家里面的书再多也是很有限的,为了获得更多的阅读内容我们还专门办了借阅卡,根据自己对书的不同喜好选择一些感兴趣的书去阅读。

第二节

个性化阅读教学在和谐家庭建设中的作用

书香世家，从我辈开始

三年级一班　符雅涵爸爸

我从小就很羡慕家里有很多书的小伙伴。

记得上初中的时候，我的同桌，一个优雅文静的小女孩，语文成绩非常好，给我讲故事讲道理头头是道。她总会拿不同的书去学校分享给我看，有《唐诗三百首》《汪国真诗集》《毛泽东诗词》等书籍，也有《三国演义》《水浒传》之类的古代小说，还有《红岩》《青春之歌》等近现代小说，有时也会有《神雕侠侣》《天龙八部》等武侠小说，还会有各种杂志等等。课间或午休的时候，她就会和我分享她看过的书，读过的故事，也会推荐给我看各种各样的书。那时我就会想，什么时候我家里也能和她家一样，有琳琅满目的书籍，我也能和她一样口若悬河、出口成章。后来，我听到了一个词，叫"书香世家"，说的就是她家吧。

从女儿出生，我就慢慢地做着规划。女儿一岁半之前，因为女儿还不会说话，我就背诵中华优秀传统文化书给女儿听，充实自己的同时，也让女儿对中华优秀传统文化知识有印象。我们和女儿的学习是从最简单的开始，最开始背诵的是《三字经》，然后是《声律启蒙》《笠翁对韵》，期间也穿插了我喜欢的唐诗宋词。我一直认

为,中华优秀传统文化是我们祖先留下的瑰宝,经史子集都是中华五千年历史沉淀下来的精华,所以,从中华优秀传统文化开始学习是非常有必要的。因此,我买了好多中华优秀传统文化书。

等到女儿两周岁以后,我就开始和女儿一起读小故事,看得最多的是洞洞书。那时候的她非常喜欢抠各种东西,洞洞书可以说是正合她意了。她抓着洞洞翻书,我就会轻轻地喊:"哇,后面是啥?"她也会学着我的样子,"哇"一下,看到后面的图画就"咯咯"地笑。有时候我有事情要忙,女儿也会拿出书来,自己边翻边"哇"。这种洞洞书,大多是认识各种物体,认识日常用品、小动物、水果蔬菜、形状、数字等,她在书上看了,再在现实中见到,也会"哇"一下,特别有趣。这个时期,我也没有落下对她的中华优秀传统文化知识的巩固,我们会在关灯睡觉以后背诵古诗或者讲成语故事。

随着女儿的长大,我们的书变就成了各种绘本,绘本对小孩子的吸引力不容小觑。一直到女儿幼儿园毕业,我们家已经有好多绘本故事了,这些绘本里有她喜欢的,也有她不喜欢的,喜欢的就让我给她讲好多遍。

女儿进入小学开始学拼音了,我就开始有意识地培养她自己读书的习惯,买书也会买带拼音的书,既能亲子阅读,还能独立阅读。这个时候我们家增加的书就不只是绘本了,开始有了各种故事书了,《恐龙故事》《十万个为什么》《中华上下五千年》《成语故事》《爱丽丝梦游仙境》《小王子》《木偶奇遇记》等各种各样的故事书、科学书。到现在我们家的书已经装满了两个书架。

随着女儿的长大,自主意识越来越强,也会有懒怠不想读书的时候,她也会受到电子产品的诱惑。我当然也不会完全禁止女儿玩手机看电视,我们会约法三章,读完一个故事可以玩半小时手机,背过一首古诗可以看一会儿电视,没有什么能够阻挡我们对书的向往。

现在一日一首诗、一周一段《论语》成了她日常的必修课,正是因为她在诗词方面的努力和付出,使她的阅读理解能力在考试中很少出现错误。

每读一本书,我们就相当于做了一次旅行,一直喜欢的一句话是"读万卷书,行万里路"。我和女儿一起读书,共同进步。我不知道,我们家距离"书香世家"还有多远,我只知道,我们离得越来越近。

阅读——最美的时光

六年级四班　王淑晴妈妈

书像一缕阳光,带给人们许多光明;书像一片大海,带给人们无穷无尽的知识;书像一把钥匙,打开知识宝库的大门。书籍,引领孩子们一步步向前,每当读完一本书,就好像进行了一场美妙而又奇幻的旅行,它开阔了孩子的视野,让他们的知识更加丰富,让他们的生活更加多姿多彩!

当今社会是崇尚知识的年代,知识本身就是一种视之无形、听之无声、很难捉摸的财富,并且人们无时无刻都在运用着知识。而读书就像打开知识这扇门的钥匙,让人们能在书本中自由地学习知识,吸收知识,提炼知识。

女儿小时候读书时,我总喜欢陪在女儿身边与她一起阅读。当女儿遇到不懂不会的字词时,她总会戳一戳我的胳膊,满脸疑惑地看向我,这时我便知道定是她遇到难题,想让我给她解答。在女儿还小的时候,看到这一幕后,我会耐心地给她解答;随着她年龄的增长,知识也越来越丰富,当我们再遇到难题时,就一起学着查阅字典、资料或是上网查找答案。每当我们解开一个个难题时,都会相视一笑。

读书兴趣至关重要,但是我认为氛围更能感染孩子。如果我们当家长的在一旁看电视,玩电子游戏等,那么孩子就算在看书,她的心也是没有办法安静下来的,这样只会适得其反,浪费时间和精力。反过来讲,如果父母陪孩子一起阅读,哪怕是半个小时,就算你看的"书"和孩子的不是同一本,那样也会事半功倍。看完书和孩子共同交流各自的心得体会和感受,就这样,孩子会越来越喜欢阅读,因为阅读可以给她带来快乐,带来和谐的亲子关系,孩子也会更加优秀,更加出色!

现在,我和孩子每天都和书籍形影不离。书是我们的良师益友;书是我们的精神粮食,它带给了我们最美好的时光!

个性阅读教我学会教育孩子

五年级一班　李雨桐妈妈

家庭是人生的第一所学校，可往往我们缺少教育理论，甚至不懂如何教育孩子。暑假期间我有幸拜读了《杏坛心语》这本书，书中讲述了三部分内容，第一部分是家庭教育，第二部分是教育教学，第三部分是成长感悟，其中家庭教育篇《陪伴就是最好的教育》给了我很多启示，令我受益匪浅。

在孩子成长的路上，很多时候需要家长的陪伴，而不是喋喋不休的空洞说教。我们必须做到收放自如，切不可在孩子的成长路上"失陪"。作为父母给孩子最好的礼物就是给他们营造一个温馨的家庭氛围，让孩子感觉到家的安全、温暖，我和老公商定绝不把负面情绪带回家，在孩子面前总是展现最积极的、乐观的一面，去感染孩子、同化孩子。无论遇到什么问题，她都会有个温暖的避风港，爸爸妈妈陪伴在她的身边，"陪伴就是最好的教育"，润物细无声、悄悄滋润着孩子的心田。和孩子的相处，我们更像是朋友，彼此之间相互尊重，给孩子自由的空间，自由就是最好的教育，孩子只有在自由状态下，个性特长、潜质等才能得到充分发展。

一路书香，一路成长

五年级三班　姜文卿妈妈

作为教师的我深知阅读对一个孩子成长的作用，所以我非常注重对孩子阅读习惯的培养。

一、营造良好的读书环。良好的读书环境才能让人有读书的欲望。我们家藏书很多，两个书橱，两个书架，客厅里的方桌上，卧室里的床头柜上都放有杂志、书籍，这样方便随时取阅、欣赏。孩子养成了爱惜图书、喜爱阅读的好习惯。

二、多种渠道读。我每年都要给孩子买成套的有利于孩子成长的书(沈石溪动物小说系列、曹文轩小说系列)。除此之外,到书店遇到适合的书还要买。每年还征订各类杂志,因为家里的书越来越多,有些书孩子读一两遍就不读了,同时也为了减轻家里的经济负担,今年我给孩子在学校附近的书吧,办了图书借读卡,每周都去借书读,大大提高了孩子的阅读量,课外知识积累也越来越丰富。我本人也喜爱阅读教育教学、史学方面的书籍。在陪孩子到图书馆、书吧读书、借书时,我也借阅或购买图书来阅读,为自己充电。这些知识的积累在工作中对我起到了很大的帮助作用,我已经尝到了读书带给我的甜头。我每读完一本书后,还要把书的内容、思想及所思所感讲给孩子听,并推荐她阅读。

三、让读书成为习惯。大女儿马上升高三了,她对读书情有独钟。她现在正在读《柳如是别传》《英格兰简史》《欧洲史》《苏东坡传》,因为有了良好的阅读习惯,孩子的语文、政史地水平和初中相比有了很大程度的提高。可见阅读是一个长期积累的过程。也许受姐姐的影响,老二对书籍也到了痴迷的程度,每天写完作业后,都会自觉地抽出 1 个小时看书。周六周日及节假日看书时间每天达到 4 个小时以上,因为担心孩子的眼睛,在孩子读书时我经常告诉孩子养成良好的用眼习惯,告诉她看书超过 30 分钟,要停下来,向远方远眺,看看绿色植物,保护好视力,孩子读书的良好习惯也逐步养成了。

书给我们这个家庭增添了无限的乐趣。我们在学习中共同成长、进步。我们的家庭书味越来越浓,一路书香,一路成长……

个性阅读,助力书香家庭建设

五年级四班　宋帅辰爸爸

读书可以提升我们的文化素质,增加知识的积累,为以后的人生之路起到关键性的作用。

我来介绍一下我们的书香家庭的建设。

首先给孩子营造一个温馨的书香环境。我家里专门设立了一个书橱,摆放各

种类型的书籍,例如文学、历史、漫画等等。孩子的床头、沙发、饭桌都放几本书,方便孩子随时随地地阅读。每天早晨一般从起床开始播放英语听力,或者文言文之类的录音,锻炼孩子的听觉辨别能力,让孩子在不知不觉中得到知识的滋润,为以后人机英语对话奠定了基础。

其次,让读书成为孩子重要的学习习惯。好的习惯都是一点一点培养起来的。家长以身作则,放下手机,关掉电视,陪伴孩子一起读书。孩子不会的单词、词语、句型,通过查资料和孩子一起解决,孩子的兴趣会越来越高。曾经和孩子读过《十万个为什么》这本书,我记得里面有这样一个问题:为什么头发会有不同的颜色?因为在头发中铁和铜的含量一样多,头发是黑色,含钛多头发是金黄色,含钼多头发是红褐色,含铜多,头发是绿色的。孩子提问的问题千奇百怪,有时候弄得我们做家长的也哑口无言,孩子探索知识的能力会越来越强,知识层面也会越来越丰富。

记得孩子第一次看《三国演义》时,里面是半文言半白话,家长都认为很枯燥,何况孩子呢,后来又买了本白话文,也没顺利进行下去。在万般无奈下,从电脑上搜索出《三国演义》的电视连续剧,从头到尾看了一遍,兴趣立马提上来了,再看书就觉得很有意思。特别是官渡之战、赤壁之战、华容道、三顾茅庐等都能娓娓道来。看了桃园三结义以后,孩子知道和同学们成为好朋友,共同学习,共同进步。书中自有黄金屋,再恰当不过了。看来兴趣也是需要家长和孩子一起发掘探索,适合孩子的方法才是最重要的。

第三节

个性化阅读对家长育儿能力提升的作用

读好书学做好人

一年级三班　郭家旭妈妈

　　坚持读书,读好书,潜移默化中可以影响人的一生。所以我们要培养孩子从小爱读书的好习惯,读书可以让他们明事理、长智慧、拓眼界、扩胸襟,让他们在长长的一生中与书为伴,一本好书犹如沉默的良师益友,永远给人以温暖和力量。

　　阅读习惯应该如何养成? 和家旭的亲子阅读,差不多是从她两岁开始的,当时家旭还很小,不能自己阅读,主要是大人讲,她边听边问。每天晚上从八点开始到睡觉以前都是讲故事时间。听到好笑的故事,家旭会哈哈大笑,听到悲伤的故事,小小的家旭会听着掉下眼泪来。有一套书叫《不可思议的旅程》,三册书没有一个字,全是像电影一样的画面,整个故事想象力特别丰富。故事中为了寻找神奇的画笔去救那些被围困的人,小女孩和小男孩在后面有追兵的情况下历经了潜入海底、飞上天空、穿越铁索桥等惊险的过程。当时我陪她看完了关上灯睡觉,黑暗中她又坐了起来,在床上不说话。我问她怎么了,她说她还在想那个神奇的故事,睡不着了,她真的身临其境般地沉浸到故事中去了。幼年时的亲子阅读并没有见到什么实质性的效果,但是我觉得一些美好的东西已经春风化雨般滋养了她幼小的心灵,

读书的美好时光赋予了她善良正直的品格和一颗温暖善感的心。家旭稍大一点后就可以自己阅读一些故事书了，我们从来没有给她压力，让她必须认识多少字，讲出读了哪一本书，有什么意义，而一直是把阅读当做习惯培养，希望她能把读书的习惯一直延续下去，成为她受益终生的兴趣和爱好。

一日不书，百事荒芜。阅读开阔了人的视野，丰富了人的心灵。我们对家旭的阅读内容不做限制，因此她阅读的内容比较杂，既有《女娲补天》《神笔马良》《后羿射日》这类神话故事，也有《西游记》《三国演义》这类古典小说，还有《大英儿童百科全书》这类百科全书。阅读加强了她对历史知识、自然科学以及世界各地风土人情的认识和了解，在学习科学知识、拓展知识面的同时陶冶了她的情操，树立了正确的世界观、人生观、价值观。

人心如良苗，得养乃滋长，苗以泉水灌，心以理义养。在以后的学习和生活中，让阅读的好习惯一直伴随着家旭，让好书中的智慧启迪她、塑造她，使她成长为一个心灵充实、内心强大、品质优良的人。

亲子阅读的快乐——神奇图书馆变乐园

一年级四班　张艺馨妈妈

我们家有一个神奇的图书馆，它能带给我们一次又一次的时空穿梭旅行。从《不一样的卡梅拉》里的卡门和塞勒斯，到《袋鼠宝宝小羊羔》里的小羊，再从《象老爹》里的鼠妹妹，到《我叫美好》里的小精灵的世界……陪张艺馨一起阅读，是我们一直以来坚持的事情，每晚睡觉之前我们都一起分角色朗读，在故事中体验着不同角色的悲欢离合、喜怒哀乐，感悟友情、亲情和生命，在一次次故事分享中收获朋友和快乐。

我们家的阅读可能和别人家不同，我们把自己喜欢的故事录制成有声音频，通过角色扮演，用自己声音的重新演绎，让书本里的人物和文字活起来，赋予它新的生命。每一次录制故事，都置身其中，和女儿一起或快乐或忧伤，或兴奋或紧张，追随着故事的情节和主人公的心路历程，一起想办法克服困难，感受生命的神奇，共

同成长。

　　每一次,我们都会把挑选故事的大权交到女儿手里,她跟个小大人似的跟我们认真地讨论这个故事的情节有没有意思,小朋友们听了会不会喜欢;那个主人公的心理描写多不多,是不是好配音,里面的人物是不是很多……每当听到她跟我们讨论这些,心里都美滋滋的,至少她是真的喜欢阅读这些故事的,是愿意跟我们交流她的感受的。从选故事到邀请张艺馨的好朋友分配角色,再到加音乐特效分享给更多的朋友们听。家里那个不到10平米的小书房一下子就变得热闹起来,俨然就成了一个神奇图书馆,带领我们穿梭于一个个故事之中,每天都上演着一出出"大戏",时而欢声笑语,时而轻声抽泣……从几个人的小幸福,变成一群人的大快乐。

好书是一片树叶,一叶知秋

一年级五班　　周嘉润妈妈

　　我的父亲是一位小学教师,他总是引导我们姐弟看书,让我们明白文化知识的力量,无论走到哪里,都要我们用笔留下美好的记忆。记得有一次,大热天,父亲把我带到玉米地里锄草,没过几分钟,我已经大汗淋漓,头晕眼花,精疲力尽。这时父亲告诉我:"我车筐里有一本书,去田边树荫底下看书吧!只有多看书,好好学习才能有更好的前程。"我立马跑出玉米地,来到地头边的树荫下,那一阵阵凉凉的风加上安静读书,美好心情一言难表,再看看庄稼地里的农民,面朝黄土背朝天,整天忙忙碌碌,得到的回报微乎其微,难以养家糊口,虽然劳动最光荣,但是我十分想脱离现状,要想自己的生活更加美好,唯一的出路那就是读书。

　　长大参加工作后,每次岗位竞聘,我才明白知识就是力量,只有文化才能改变命运。为扩充知识面,从此我爱上读书,而且感觉到读书是一件很快乐的事情。读书可以减轻生活和工作上的压力,平静自己的内心,还可以开阔视野,不出门便知天下事。读书可以培养自身内在的气质,更能培养自身的语言表达能力,从而提高自己的社交能力。读书就像思想插上了翅膀,有种云游四海的愉快,有种游遍祖国大好河山的感觉,每处都是快乐的天堂。

一本书是一杯水,一杯沧桑;一本书是一片叶,一叶知秋。

快乐阅读,阅读快乐

二年级六班　王希杨爸爸

这些年"原生家庭"这个词语一直在我的脑海里挥之不去,无论是从网络、学校还是身边事实都充分感受到原生家庭对孩子的各个方面的影响,阅读也不例外。记得一年级入学时的第一次家长会是在学校报告厅开的,校长关于阅读的言论又让我的思想开了一扇窗,就是:放下你的手机,即便是孩子在身边时,拿起一本书一张报纸,即便是你一个字都看不下去,也是难得的家庭氛围。

我家大宝9岁,小宝4岁,现在我的大部分精力放在了大宝的这边,作为家长我没有做到校长说的那样。但是她读的大部分的书我会在她读之前去通读一遍,再去查点关于这本书的知识拓展。课前做足功课,我们就可以不定时地进行交流,她可以滔滔不绝地讲许久,每当产生共鸣时,她都会兴奋不已,有理解偏差时,我就可以借助我的知识储备,给予纠正。有了共鸣有了获得感,不让她再继续也挺难的。这个阶段就是理想的状态了,会有阅读欲望而不是压力。

读绘本,书香家庭的评选让娃娃的热情高涨,我便从学校借书读给她听。有温度的读绘本把"名家"们的故事甩到十里以外,有陪伴,有交流,有互动。孩子慢慢长大,认识的字越来越多,在书中能碰到自己认识的字,那兴奋劲儿可想而知。这就是最初的成就感,也是原动力。后来,识字量越来越大,字的积累越来越多,到大班时,她就能把绘本读给我听了。

随着孩子的成长,他们接触的新事物越来越多,也有了自己的喜好,随之阅读之路困难重重。这时我们家长的角色就要起作用了,比如去发现她喜欢的书投其所好,去图书馆感受气氛,互相读听说,用读完老师推荐的书目来换一本喜欢的漫画书等等。总之,办法总比困难多。

总而言之,本着"快乐阅读,阅读快乐"的原则,别让读书成为压力,成为包袱。愿每个孩子都能成为那个"别人家的孩子"!

阅读让我的人生更加精彩

二年级七班　刘紫琰妈妈

　　阅读是一种享受生活的艺术,它让我更加出彩!

　　当今社会是一个多媒体时代,手机、电视、网络、书籍、报刊等等应有尽有,都在尽力展示着它们各自绚丽多彩的美,人们从中汲取着自己所需的信息。我想说的是书籍是我多年的良伴,每天都会坚持阅读,已成为习惯,并且从中获益。

　　前段时间刚阅读完李开复老师的《做最好的自己》,书中提出易理解的"成功同心圆"理念,为迷惘的人指明成功方向,运用发生在李老师身边的大量故事来阐释成功的秘诀。李白说过"天生我材必有用",发挥自己的特长,不断超越自己,做更好的自己。本人秉承着这样的原则和精神做事,生活上有时难免与家人会有意见不合之处。很奇妙,没想到因为自己的一点点改变会使这个家更加平静祥和,更加温馨幸福。可见多读书,并且把学到的知识用到实践中是多么的重要。工作上个人业绩也显而易见,得到了老板的认可和表扬! 这本书教会我怎样做最好的自己,除了勇气和胸怀,还要有自信和谦虚、有与人相处之道……目前已有受益,还会继续阅读第二遍、第三遍,甚至更多遍,以从中汲取更多精华,做更好的自己。

　　刚拿到陈南的《感谢折磨你的人》一书时,首先被"感谢折磨你的人"这些字眼所吸引,想到以前不愉快的事当时的处理方式和态度,然后才想去仔细看看这本书。生活中,要真正能做到"感谢折磨你的人",确实不易,对自己的要求得有多高。但我懂得人在逆境中才会进步更快,得之不易的东西才会更加珍惜! 书中布雷兹乐特说过,"如果没有寒冬,春天就不会那么舒心怡人",这句话说得真好。这本书让我在逆境中变得更加勇敢和坚强,心胸也更加宽广,并从不同角度考虑问题。它如黑夜中的一束光,照亮了我前行的方向……

　　我爱个性化阅读,并且还会继续坚持下去。因为它能让我的生活更加精彩!

阅读，阅读

三年级四班　李明洋妈妈

小时候，老家的院子里有一棵挺拔的梧桐。每到夏天，一家人总会围在梧桐树下，没有热热闹闹，却也安逸。那时候，父亲总爱坐在树下的凳子上，一边摇着扇子，一边嘴里吟着几句佶屈聱牙的词句："夫鹓雏发于南海，而飞于北海；非梧桐不止，非练实不食……"

每每此时，我亦会放下手里的连环画，扬起懵懂的小脸，故意"找茬"："它什么时候会来我们家的梧桐树呢？""等你把我手里的书背熟吧！""父亲骗人！"这时候我免不了跳过去给父亲一顿粉拳，父亲也会放下嘴里的词句，爽朗地大笑起来，小时候读书的记忆大概就只剩下父亲的吟诵和梧桐树下的笑声了。

上学后，梧桐树越发成了家里不可或缺的一员。吃过晚饭，总能看到父亲躺在树下的躺椅上，一边拿着戒尺拍节奏，一边听我读深奥晦涩的文章，母亲也会悄悄在小桌边为我放一杯不冷不热的水。那时候，就盼着读完一篇后听父亲讲讲古人的小故事，甚是有趣。"'于是项王乃欲东渡乌江……'父亲，项王为什么不想东山再起呢？""没有读完不要胡思乱想！"接着就是父亲的戒尺重重地落在腿上，我的泪一滴滴地落下来。

现在读书时想想父亲严肃的样子，仍忍不住肃然起敬，赶紧坐正。这大概就是上学时读书最好的写照吧——父亲责备的情境仍立在眼前，挥之不去。

现在，那熟悉的梧桐早已作古，树下也没了那熟悉的身影，唯一熟悉的只有读书的习惯。

晚饭后，再拿起那摸索了无数遍的书页，眼前还是父亲严肃的样子，我赶紧坐正，忍着泪目，"教子行善，勿存小污。坦当为人，一生忧无"。小时候读书的场景又浮现我眼前，那词句，那戒尺，那谆谆教诲，那严肃又亲切的面孔……我的眼泪，一滴一滴，仿佛又在当年月光笼罩下的梧桐树旁，扑扑簌簌掉落下来。

阅读，书中有生动有趣的人物故事，书中有梧桐树下的热热闹闹，书中有父亲

严肃又亲切的脸庞。阅读一本好书,也是尽阅读者的人生。

与书相伴,不负韶华

四年级二班 王柏清妈妈

我经常会问自己,怎样才是对孩子最好的教育?孩子最需要的是什么?作为父母,我们又能为孩子留下什么?

我偶然看到叔本华说过的一句话:"读书时,人的潜意识会将自己的思想和行为与书中人物进行比较,无形中提高了思想意识和道德品质。"我不由得豁然开朗。

"妈妈,我们班新来的同学很丑,同学们不喜欢她呢……"小王煞有介事地说。"是吗?那你呢,你怎么想?""她帮助过我,我还见到她把面包分给路边的小野猫,妈妈,她让我想到外貌虽丑陋却拥有美丽的心灵的卡西莫多,嗯,我不能人云亦云,这个朋友,我交定了。""哈哈哈,看来这次得感谢善良的卡西莫多帮你解决了困扰……"

"生当作人杰,死亦为鬼雄。至今思项羽……爷爷,你怎么看项羽之死?"看到老爷子故意皱着眉,小王接着说:"爷爷,反正吧,我不喜欢他,还有曹操,秦始皇……"老爷子一听急了:"啥?原因呢?""哈哈哈……爷爷,逗你呢,我就是读着诗突然想起了那些,我发现他们不论多伟大,创造过多大的辉煌,也都会犯错。当然,我懂得世间万事万物都有两面性,没有绝对的好与坏、是与非,凡事都得辩证地去看待……"没等小王说完,老爷子笑了:"是啊,比如商鞅变法,它确实促进了秦国的发展,但也确实存在局限性和消极影响,再说焚书坑儒,难道因为这个就否定秦始皇吗?不是的,凡事都有它的历史和时代背景……不错啊,我孙女也有自己的智慧喽,哈哈哈哈……"

读史使人明智,读诗使人聪慧,学习数学使人精密。总之,知识可以塑造人的性格。阅读让人善良乐观,遇事懂得共情和换位思考,遇到困难也能迎难而上直面解决。

阅读能给人以信心,滋养人的心灵,甚至能改变一个人的世界。

教孩子怎么阅读

四年级三班　刘沐阳妈妈

怎么教孩子阅读?

首先我先总结一下我所了解的、我们也试验过的一些读书的方式:一是点读,就是一字一字指着读,让孩子看着字读。二是提问题读。先看图,然后给孩子提问问题让孩子回答,带着问题再来读。在孩子认字这件事情上,我一度非常着急,因为他对于字不太敏感,虽然看了不少书,可是认字却不多。我想也许我并没有把握好阅读的重点。阅读的过程其实是一个培养孩子语感、提高孩子独立思考能力、体验多样人生、认识真善美、建立正确三观的过程,而如果一个孩子智力不存在缺陷,识字总会在一定年龄段内完成。后来,我再也没有点读过,都是采用第二种阅读方式。效果也显而易见,孩子阅读能力很强,可是认字依然不是太多。三是当孩子遇到阅读瓶颈的时候我们如何引导。升入小学后有段时间孩子不太想读书。我慢慢观察,发现责任在我,因为我做了拔苗助长的事情,选取了一些非拼音类的比较长篇幅的书,这让他在读书过程中充满了挫败感。所以,在孩子阅读过程中,我们也要因势利导,不要让孩子过早接触一些他不太理解的书籍。四是尊重孩子的喜好。孩子现在进入小学高年级阶段,这个年龄的孩子介于幼儿与少年之间,开始逐渐构建自己的三观世界,也有了自己的阅读审美。家长可以适当放手,在引导的基础上,让孩子自己选择书籍。现阶段,我们家主要读的是一些情节稍微复杂、人物性格更加饱满的小说类书籍,如哈利·波特系列、四大名著系列。同时适当阅读现当代作家的散文、小说、人物传记类丛书。这可以让孩子在年龄跨越期有一个更开阔的视野、更有趣的灵魂、更自由的世界。

养育孩子这件事情非常复杂,而我们不妨去陪孩子做一些小事,比如一起读书。这是最好的教育孩子的方法。

在个性阅读中感受陪伴的力量

五年级三班　孙翊然爸爸

前段时间和孩子一起读了《半小时漫画唐诗》,在书里我俩感受到了别样的诗歌,了解了那些熟悉诗歌的创作历程。这本书抛开深奥的注释,丢掉公式化的赏析,从诗的诞生故事入手,让我和孩子感受诗人创作每首诗的前世今生,代入感很强,不知不觉中体味了一下诗人的悲喜人生。每每看到幽默之处我和儿子就会哈哈大笑,儿子会跟我说:"原来课本上那么严肃的诗是这样来的啊,太有意思了吧。"作者用幽默表达情感,抓住了我们阅读的心,明明是在说非常严肃的知识,偏偏要整得你哈哈大笑,真正是在快乐中长知识,在快乐中做学问,所以我和儿子说:"老师让你熟读并背诵全诗是不是没有那么恐怖了?"儿子说:"还行,不过还有孤篇盖全唐的《春江花月夜》啊,要不你来背背?"

在书中李白、杜甫、孟浩然、王昌龄、高适、王昌龄、孟浩然、王维等等,一个个名字鲜活起来,一个个故事让你不由得走进去,原来杜甫是李白的小迷弟,而且还跟在李白后面做了多年的驴友。王昌龄和孟浩然的关系这么铁。贺知章竟然是个超级学霸而且和李白是忘年之交,原因竟然是都好喝点,因此杜甫说:"知章骑马似乘船,眼花落井水底眠!"把诗歌融入诗人自己的人生故事中,在诗人的人生故事里讲述诗歌,让人感觉诗人所写之诗就是在讲述自己的人生。

我们爷俩会一起探讨李白为什么要发出"仰天大笑出门去,我辈岂是蓬蒿人"的感慨!理解由来自然更容易明白诗中的情感,就会懂得诗仙的浪漫情怀和放荡不羁!诗圣杜甫为什么年轻时会有"会当凌绝顶,一览众山小"的豪情壮志,最后却只能发出"国破山河在,城春草木深"的愁苦感叹?是什么改变了他,使他无法成为从前的那个少年。和儿子一起读书最大的收获是拓宽了知识范围,形成了良好的阅读习惯,保持了高度的注意力,而且由浅入深、循序渐进地学会了思考。

细细聆听,慢慢思考,在阅读中感悟陪伴的力量,丰富精神世界,增强精神力量,培养独立思考能力,这便是阅读的力量吧!

让阅读成为习惯

五年级二班 李心怡妈妈

我出生在 80 年代，那个时候除了课本外，基本没有课外读物。我看的第一本课外书是在邻居家见到的一本关于一个巨人变形的插图故事，看完之后，我觉得十分不可思议：世界上竟有如此奇妙有趣的事情。从那时起我就喜欢上了阅读。

现在下班的间隙我会去新华书店，找一个安静的地方，找一本自己喜欢的书慢慢地读，慢慢地静下来观察自己的内心。不开心、犹豫的时候我会选择哲学类书籍，看一下人生中的苦难，自渡后心情会开朗许多。工作有困难，与同事沟通有问题，导致情绪不稳定时，我会读一些修身养性的书籍，学习宽容大度，理性地看待矛盾，自信从容地面对生活。脾气暴躁，对孩子有的一些小过错，容忍不了，大发雷霆时，我会看一些育儿的书籍，原来每个孩子都是一个天使，只是我们自己内心的焦虑，导致我们看不见孩子身上的优点，总是想让他走得再快些。

阅读使我学会反思自己的不足，让我学会勇于承担肩上的责任，让我学会不管做什么事情一定要坚持，善始善终。

阅读给我的精神享受让我充满了力量，因此我会对孩子言传身教，在家的时候尽量放下手机，等一天的忙绿结束了，我会珍惜这片刻的亲子时光，拿起一本书细细地品味其中的甘甜。

多出来的 2 分

四年级五班 袁诗尧爸爸

时间一晃，三十多年过去了，忘了当初我是上小学二年级还是三年级的时候了。但我记忆犹新的是，当时是期末考试语文试卷的看图作文，图片中画的是两个

戴红领巾的少先队员放学时候送一位盲人伯伯回家的场景。就是这篇看图作文,当时阅卷老师给我打出了 102 分的成绩,高出的 2 分是给作文加分的,"盲人伯伯站在门口,他多么想睁开自己的眼睛,看一看这两位可爱的少年队员啊"。就是这么简短的一句话,起到了画龙点睛的作用,给文章赋予了灵魂,让我作文成绩不仅满分,而且还多出来 2 分。真的,这篇文章会让我记一辈子。

话说回来,当时怎么会写出那么一句有灵魂的话呢?这就得益于我平时的阅读积累。

我们那时候生活条件没有现在这么好,基本上没有能借书的地方,仅有的就是镇上的新华书店。那时候我记得只要考试考出了好成绩,我就会让父母带我去书店买上几本自己喜欢的书。几年下来,我的书桌上摆的书也渐渐高了起来。相比我的童年小伙伴们,我自认读的书比他们要多好几倍呢!

这读的书多了,慢慢地就感觉眼界开阔了,见识增长了,阅读能力和写作水平也提高了……

学习中,看书可以丰富和补充知识,了解时事,增广见闻,学习做人道理,这一点在孩子成长路上尤其重要,看诗词古文可以陶冶情操,那种出口成章的感觉岂不妙哉!在我看来,学生的写作能力的高低与看书多少成正比,看的书多了,作文能力必然加强。不看书,写作时就可能无从下笔或言之无物,语言空洞乏味,没有魅力。"读书破万卷,下笔如有神"。书看的多了,驾驭文字的能力强了,表达的手法就能更加流畅、自然,使得文章也更加生动,更加具有可读性。

工作中,多看书可以增长知识,提高能力。古人云:"书犹药也,善读之可以医愚。不吃饭则饥,不读书则愚。"看书能增长知识,开阔眼界;能明白事理,增强能力。同样一件事情,不同的人会有不同的看法,就会产生不同的处理方式。同样的工作,有的人能思路清晰,有条不紊地处理得很好,有的人就不得要领,乱干一气。这样的例子在我们的工作中数不胜数。所以,多读书的重要性不言而喻,只有多读书,通古今,晓四方,提高理解能力,才能正确分析问题,才能用科学的理论和方法来解决问题,才能使我们在竞争激烈的社会立于不败之地。

身处社会,无论生活、学习还是工作,都离不开书中所学的知识。所以,我们应该多读书,为我们以后的人生道路打下好的、扎实的基础。

第四节
家长如何亲子共读

好书，点亮一盏心灯

一年级一班　张媛桢妈妈

阅读，给人带来乐趣，是获取知识、开阔视野的一种学习方法，阅读习惯是人生最有价值的习惯。

在我女儿张媛桢读幼儿园的时候我们就非常重视培养她看书的习惯，那时主要陪她读些有趣的绘本，如《巴巴爸爸系列》《折耳朵兔瑞奇》《小兔汤姆成长烦恼系列》等。这些绘本幽默风趣的内容满足了幼儿强烈的好奇心，将幼儿轻松带入阅读的快乐之旅。我们还一起读过《幼儿儿歌集》《弟子规》《三字经》及《唐诗三百首》等中华优秀传统文化经典作品。这些作品读起来朗朗上口，孩子也容易记住，同时也她让明白了一些道理，更享受到了阅读的快乐。

上一年级后，为了培养她的阅读兴趣，并让她爱上阅读，我们从她比较喜欢的幽默故事入手，给她买了《父与子》《幽默故事大全》《小猪唏哩呼噜》《猜字谜大全》《米小圈上学记》等书籍，及时给她提供阅读"食粮"。现在她已经开始读些故事情节比较复杂的书目，最近她刚刚读完《丁丁探案》这本书，并和我分享这本书的故事内容。她告诉我，主人翁丁丁是一个喜欢仔细观察身边事物的有心人。他自

信、可爱、乐于帮助人,是一名神探,人称"小福尔摩斯"。她和我分享时脸上洋溢着的自信和开心,让我深刻感受到读书带给她的快乐。同时学校下发的"书香伴成长"助力了她阅读习惯的养成。我们全家总动员按时打卡,爸爸妈妈不在家时,奶奶帮忙给打卡。

女儿马上升入二年级了,经过一年的学习和积累,现在她能够独立阅读,不需要我再为她读故事了。为了能积累和丰富词汇,让孩子掌握更多的知识,丰富她的课余生活,我们每天在睡觉前抽出半个小时作为阅读时间,坚持阅读打卡。在和女儿一起阅读的过程中,我们一起讨论故事的情节,分析故事所隐含的道理。我发现孩子对故事的理解往往和大人很不一样,她有自己的见解。这时候我就做个耐心的听众,倾听她的想法,称赞她"独到"的见解,并及时纠正她的不足之处。

我很喜欢龙应台《目送》中的一句话:"你和他的缘分就是今生今世不断地目送他的背影渐行渐远……"孩子和父母其实就是一种无法选择的缘分,我很珍惜这份缘分,所以我会很用心地去陪伴孩子,而最美好的陪伴就是阅读。

我的亲子阅读法

一年级二班 孙亦萱妈妈

通过个性化阅读,孩子也认识了很多字,现在慢慢地我们开始深度阅读。我们一般会采用以下方法。

一、我就是主角。读完一本书,问问孩子,喜不喜欢故事的主角。如果孩子说喜欢,就把故事的主角换成孩子的名字,还可以把孩子的玩具、朋友等的名字都加到故事里。于是,一部以孩子为主角的故事大戏就上演了。

二、分角色有感情地读。

三、可以让孩子给故事设计插图、封面和扉页等。

四、换一个角度读故事。比如《三只小猪》,故事基本站在三只小猪的立场,如果站在大灰狼的角度,故事会有什么不同呢?

五、将故事做成有声故事书。

六、设计一套和故事有关的书签,充分发挥孩子的想象力。

七、为这本故事书做广告。读完这本书后,如果你是一位书商,怎样让别人喜欢你的书呢?

总之,读一本书可以玩的游戏太多了,只要发散自己的思维,新的想法就会层出不穷,让孩子喜欢阅读,爱上读书。

播下一颗幸福的种子

一年级三班 李想妈妈

日本"绘本之父"松居直说,绘本的文字经过凝练,既理性又感性,当父母为孩子读绘本,就像播下一粒粒幸福的种子,种子在孩子的心中扎根,亲子之间将会建立起无法切断的亲子关系。

毋庸置疑,绘本阅读是幼儿阅读启蒙的不二之选,这也是我们阅读的起点。从孩子一岁多起,每晚的睡前故事成了必修课,偶尔想偷下懒,孩子竟哭闹着不依。很难想象,那样一个小小的人儿,话尚说不清楚,竟听得津津有味,眉飞色舞。读《逃家小兔》时,我们乐此不疲地扮演着兔妈妈和兔宝宝,一个跑一个追,在追逐的过程里,孩子获得了一种妙不可言的安全感;读《失而复得》让孩子知道帮助别人会有些付出,但也会有意想不到的收获;读《胡萝卜怪》让孩子学会战胜恐惧;读《魔法亲亲》让孩子面对分离时不那么焦虑;读《大卫上学去》系列教会孩子学会如何与人相处……

在孩子的成长过程中,绘本就是这样润物无声地滋养了孩子的心灵。绘本还是想象力的起点,提供孩子机会去体验、去天马行空。世界上的美好事物,便如此这般来到我们的面前,幸福也由此被放大。

现在的孩子在阅读上很幸运

一年级三班　李想妈妈

阅读的过程是一个不断"打怪升级"的过程,一般要经历亲子共读、陪伴阅读、自主阅读三个阶段。进入一年级,学习了拼音之后,我就有意识地培养孩子自主阅读的习惯和能力。因为亲子共读总体上还是一种"传授式学习",是我们把知识、观点灌输给孩子的过程。长远来看,独立学习在孩子的成长过程中扮演了更为重要的作用。而独立阅读正是自主学习的起点。

然而,要孩子独立阅读实际上是要她离开原本的"舒适区",前往一个有些陌生、困难重重的新世界,这是个不大不小的挑战。

最初,孩子是抗拒的,总是想方设法再让你给她读一读,讲一讲,总是说妈妈讲得好,我看不懂。父母想一些招式是很有必要的。比如,从孩子看过且喜欢的书开始。先让她有看书的兴趣,再慢慢寻找教会她有效阅读的机会。《神奇校车》系列是孩子的最爱,每次睡前都选上几本邀请我一起看,这时就可以找个借口慢慢延长她自己独立阅读的时间,渐渐地她也能自己乐此不疲地阅读了。

另外,可以为孩子打造一个温馨、舒适的阅读角,让孩子感受到那是她的专属空间,她一个人阅读的秘密基地。经常带孩子去图书馆、去书城感受阅读的氛围,这也是一个不错的选择。最后,在孩子进步的过程中,要不断地给她鼓舞,让她体会到成就感,不断强化好的阅读习惯。

现在的孩子,在阅读上真的很幸运,可以看到全世界的好书。能够通过阅读吸收广泛的知识,更好地认识和了解世界。不过,这也不是一蹴而就的事,我们一定要学会等待,我们一定要慢慢去滋养,这是一辈子的修行。

用自己的爱好培养"孩子的读书爱好"

一年级三班　齐梦辰妈妈

首先最重要的就是培养孩子的读书兴趣,父母是孩子的启蒙老师。作为父母要用自己的读书习惯,培养孩子的读书爱好,这是激发孩子读书兴趣,培养孩子读书习惯最有效的方法。父母是孩子的榜样,是实实在在的,看得见摸得着的,与他们同呼共吸的榜样,所以作为父母要循循善诱,身体力行,为孩子营造一个家庭书香环境。

读书是一种很好的休闲方式,尤其是全家人一起读书。引用《阅读的妈妈》中的一段话:"你或许拥有无限的财富,一箱箱的珠宝和一柜柜的黄金,但你远远不会比我富有——我有一位会读书给我听的妈妈。"

一有空的时候,我就很喜欢给儿子读读书。在我们家里床头、书桌、沙发上、餐桌旁等几乎每个角落都有书,以便儿子随时随地都能接触到书,让他生活在书的怀抱里,受到书的熏陶。久而久之,孩子就会爱上书。

自从学会了拼音,儿子就开始自主阅读了,我常和儿子共读一本书。和儿子一起阅读多了,我们也就有了共同交流的话题。通过对书中内容的交流和讨论,不仅增加孩子对阅读的兴趣,还增进了我们的亲子关系。同时,在培养孩子读书兴趣的过程中,我经常和儿子一起去寿光书城看书,让孩子置身于书的海洋中,给孩子一种强烈的熏染。

其次,让孩子看自己爱看的书。阅读是一种求知行为,也是一种享受。因此作为家长除了对不健康的读物进行控制外,不需要对孩子所读书籍的内容、类型和范围进行人为的约束和控制。把书的选择权还给孩子。很多家长会很功利地认为,只有作文书、名著这些能提高学习成绩的书才是好书,所以剥夺了孩子选择自己爱看的书的权利,从而减弱了孩子对看书的兴趣,甚至对阅读产生抗拒。

在儿子"咿咿呀呀"刚刚学会说话时,我会常常给他读一些儿歌、小故事,孩子听着读书声会很安静,几乎每晚都要读故事才能悄然睡去。一岁左右的时候,我给

他买各种有图画的卡片、连环画让他翻看。两岁半多的时候，开始阅读绘本，一开始对我给他选的绘本兴趣不是很大，于是给他办理了绘本馆的借阅卡，让他自己到绘本馆挑选一些自己喜欢的绘本。可能是男孩的缘故吧，他比较喜欢图画颜色丰富的绘本，还对恐龙啊、工程车等特别感兴趣，对那些颜色单调的都敬而远之。不过，我也没有阻止。

刚开始给儿子读绘本时我不是单纯地阅读里面的文字，而是比较注重图画里的内容，即使有时候我们俩讨论的内容都和绘本内容相差很多，我也不会强制儿子按书本里的内容去理解，因为当我们被图画里的一个小细节逗得哈哈大笑的时候，儿子无形中就爱上了这本书。就这样，慢慢地，儿子变得喜欢读书了。

还有培养阅读兴趣，我觉得听书也是一个很好的办法。儿子平时很喜欢听故事，由于工作原因我不能随时给他讲故事，就让他在喜马拉雅听上他喜欢的。通过听一段精彩的故事片，"引"孩子去看这本书。现在他会自己慢慢地从听书过渡到看书。

我们的孩子就像一张白纸一样，需要家长和孩子的共同努力才能描画出美好的蓝图。

读书，是人生阅历的积累

一年级四班　徐艺航妈妈

读书，是人生阅历的一大积累，是人类进步的阶梯，它能给予我们前进的力量！

亲子阅读是父母教给孩子知识的绝佳方式，也是培养亲子关系的重要途径！对于孩子来说，阅读是一种巩固学习成果、丰富知识的有效手段。阅读的过程不仅是一次知识摄取的过程，更是一次心灵得到洗礼和滋润的过程。大量有益的阅读，可以让他们如同得到甘露的滋润，受益终生。跟孩子一起读书，把阅读当成一种乐趣，让孩子感受千奇百怪的故事，对神奇的世界充满向往。我们实验中学的亲子阅读就保持得特别棒。

第一次接触亲子阅读还要追溯到艺航在实验中学幼儿园的时候。刚开始的时

候艺航不认识字，我们都是一个字一个字地慢慢指给他看，一本简单的故事书我们都会连续看好几天，等他慢慢地了解整个故事后再换另一本故事书。于是不知不觉中艺航在一年级开学前就认识很多字，一年级学习了拼音后，就能自己独立阅读故事书了，有时还会把他看到有趣的故事讲给我们听。

为了让艺航的书柜更加充实，我们一起到书店选书，当然选择权还是在他自己的手里，这极大地调动了孩子的积极性，发现喜欢的书后总会爱不释手，于是乎书柜里的书也越来越丰富。由于工作三班倒的原因，每天和孩子一起读书是很难做到的事情。再加上有段时间在阅读过程中我发现他只是看热闹，只看里面的图画，明显在应付我们。于是我们就开始了比赛，比谁看得多，看完的要把其中的内容讲给对方听。就这样慢慢的，我们一起讨论其中的精彩，一起交流。有时间的时候，我也会给他读一段，或是让他读给我听，一起享受倾听的快乐！与孩子一起读书不仅是分享快乐，同时也能分享困惑，遇到不懂的问题，我们会一起查资料，会谈谈各自的想法，在亲子阅读的时间里我们一起增长知识，一起学习。

通过亲子阅读，使我在忙碌的生活中体验了一把难得的安逸。如今，我们的亲子阅读活动从最初的被动阅读到现在的主动阅读，慢慢养成了良好的习惯。亲子阅读，和孩子一起成长。

喜欢与孩子一起的读书时光

一年级六班　李雨轩妈妈

忙碌的工作，生活的琐事，唯有每天和孩子坐在一起读书的时间是最放松的时候。曾经的我也喜欢读书，在书中探索未知的世界，汲取广博的知识，而现在更多的是从书中汲取教育孩子的方法。

每当和女儿坐到书桌前，我仿佛回到了自己的学生时代，耳边听着女儿那稚嫩的读书声，带着我的思绪飘远飘远……唐诗中的美好意境，宋词里的花好月圆，那金戈铁马里的激情，那爱恨情仇里的意难平，那如诗如画的人间仙境，那令人心驰神往的田园生活……时间总是那么快，阅读时光总会在我飘远的思绪中结束。

我喜欢和孩子读书的时光，在书桌前一人一本书探索各自书中的奥秘，在图书馆中找寻自己的爱书席地而坐畅游知识的海洋，有时我们会互相讨论，有时我们会各执己见，有时我看到好的句子或段落，我也会分享给女儿听，而女儿总会像十万个为什么一样刨根问底。记得有一次周末晚上，我们相伴读书，我读到"纸上得来终觉浅，绝知此事要躬行"，心中一动，就把正在看《米小圈上学记》的女儿叫到身边，给她看这句陆游的诗，女儿不懂其意，问我："妈妈，这是什么意思啊？"我便顺水推舟，故作高深道："这是说从书本上得来的知识，最好是要亲身感受体验一下才能真正明白。"看见女儿似懂非懂地点了点头，我又说："就好像你从一本折纸书上看到折小燕子的方法，但是只有你自己折上一只，你才能记住怎么折。"女儿一听，恍然大悟，点了点头，冲着我甜甜地说："妈妈，我懂了。"看见女儿那灿烂的笑容，我觉得陪读值了。于是，每每我读到觉得有意思或者感觉对孩子有帮助的句子或文章，我都愿意分享给孩子并听听她的想法；久而久之，孩子也变得喜欢和我分享，而我也慢慢发现，她的语言组织能力变得越来越强，说话变得越来越有条理，这与她的阅读训练是分不开的。

让孩子实现自主阅读

二年级四班　　崔语珊爸爸

阅读是一种求知行为，也是一种享受。因此家长除了对不健康的读物进行控制外，不需要对孩子所读书籍的内容、类型和范围进行人为的约束和控制。所以每次在书店选择图书以及为孩子征订各类杂志时，可以让孩子自己选择书本，有的孩子喜欢卡通动画类书籍，有的孩子喜欢科普类的，还有的孩子喜欢文学类的，但是孩子所读书刊的内容应该是范围越广越好。为了避免阅读上的"偏食"，在他们选择书本的时候适时地给孩子推荐一些其他读物，给他们介绍这些书籍的内容、特点，以提起孩子对这些书本的兴趣，而不对孩子的选择进行简单的干涉，尽量做到不影响孩子的阅读积极性。

跟孩子一起寻找书的声音

二年级六班　　付佳卉家长

我爱上阅读是从陪伴孩子开始的。

女儿上幼儿园的时候,绘本成了她的好朋友,每天按照学校计划完成阅读。有一天,一堆玩具吸引了她,她不想读书了。我很生气,但是看到女儿委屈可怜的样子,我只好放下发怒的情绪,安慰女儿说:"现在你想做什么?"她用娇嫩的声音告诉我:"妈妈,我想玩一会儿。""啊!好啊!"我愉快地答应了女儿的要求,"妈妈带你去公园玩吧!"女儿高兴地拍着小手。我挑了几本书,带着女儿来到公园,我们没有去人多喧闹的地方,而是找了个花草茂盛并且安静的地方坐了下来,女儿依偎在我的身旁,我问她:"现在你听到了什么声音?""有鸟叫声。"她不假思索地回答我的问题。"那你能把鸟的声音说得像音乐那样好听吗?"我接着问,女儿犹豫了,我心中暗自高兴,拿出一本书念道:"微风吹过,柔软的枝条在风中摇啊摇,随风摆动,小鸟也飞上枝头叽叽喳喳的叫,好像在演奏一首欢快的曲子。"

女儿看我读得有声有色,她居然也跟着我读了起来,读完她兴奋地告诉我:"妈妈我又听到青蛙的叫声了。"我们起身去寻找青蛙的足迹,沿着荷花池看到了青蛙。我拿出另一本书念道:"身穿浅绿色的外衣,雪白的肚皮,长着四条深绿色的腿,头上有一双又大又圆的眼睛,在它的两眼前有一张神气的大嘴巴,唱起歌儿来'呱!呱!呱!'"女儿高兴地说:"我们去找别的声音吧!"女儿跑到猴子园听到了猴子的叫声,知了的叫声,她在公园里蹦啊、跳啊!我笑着对女儿说:"我找到了不一样的声音,是小朋友们的笑声。"一阵风吹过,公园里的花随风摇曳,我对女儿说:"花儿在向你点头微笑,表扬你是个爱读书的孩子呢!"女儿的脸上露出了灿烂的笑容。

循序渐进——女儿的阅读旅程

二年级六班　石钰萌家长

从给孩子阅读到一起阅读，再到孩子自己独立阅读，至今已有5年时间了。通过阅读，孩子在语言表达、词汇、想象力、情商、视野等各方面都有了明显进步。

我一开始对阅读并不是很重视，记忆里闺女最早的阅读读物是绘本。绘本以图像或图像搭配文字的形式来叙述一个完整的故事。绘本上的图像色彩鲜艳，内容丰富，很吸引孩子。女儿经常黏着我，让我把绘本上的故事讲给她听，一本、两本……直到睡着。

在她3岁左右，有一天晚上，她跟我说："妈妈，我给你讲故事吧！"她取来绘本《孙悟空被压五行山》打开，指着上面的字，一字一句地读给我听，没读错一个字。当时，我很震惊，了不得了，家里出了个"神童"——无师自通，女儿会认字啦！让她读给爸爸听，读给奶奶听，后来总结发现，是我讲的次数多了，她就会背了。

我们在实验中学上的幼儿园，学校有个比较好的活动"书香伴我成长——亲子绘本阅读"。首先我们一块儿阅读，然后再让孩子以讲故事的形式叙述给我听。通过阅读，孩子认识了一些简单的字，还训练了她的记忆力，也让她慢慢地养成爱读书的好习惯。

升小学后，学了拼音，注音版的书女儿自己都能阅读了，磕磕绊绊从一页15分钟到一页10分钟、5分钟、3分钟，时间慢慢缩短，读得也越来越流畅，还能带入浓浓的感情色彩。在学校听同学们讨论《米小圈上学记》，回家后央求给她买。书到手后，经常听见在自己卧室里或某个角落里"呵呵"地笑，遇到好笑的幽默的故事经常讲给我和她妹妹听。有一次女儿感冒了，药很苦，作为喝药的交换条件就是给她买在学校听同学们谈的比较有意思的《米小圈上学记》《姜小牙上学记》《米小圈脑筋急转弯》等，现在家里"米小圈"都成堆啦！

万达商场在一楼电梯处有卖书的摊位，每次经过那里，她总说："妈妈，你们去逛吧，我在这看书等你们。"节假日去外婆家，她都会带去几本课外书，抽空阅读，偶

尔去厕所,也会带书进去看。假期里孩子阅读没有固定时间,有时写会儿作业后,中场休息看会儿书;有时妹妹会拿着书追着让姐姐讲,然后妹妹会再跟着复述,把妹妹读书的兴趣都培养起来了。

做孩子阅读背后的支持者

二年级六班 杨瞻宇妈妈

我是一个不爱读书的人,所以在孩子上小学之前,对孩子阅读方面的观察和培养错过了太多,没有带他去过书店,没有陪他读过绘本,甚至没有买过孩子喜欢的书籍。直到升入一年级后才发现孩子在阅读方面有很大的渴求,睡觉前要读书,去厕所要读书,外出时在车上也要读书。虽然我自己不喜欢读书,但内心深知读书能够带来的好处,于是开始了疯狂的买书行动。

在买书的过程中,凡是我自己觉得好的书都会买回家,买得多了,新的问题就出现了,这些书放在书架上孩子动都不动,更不用说去看,只是对着"米小圈"系列看了将近半年。带着这个疑惑我咨询了高老师,在跟老师的交流中发现了自己的诸多问题,随之改变了自己的方法。把阅读权和选择权交给了孩子,买什么样的书读什么样的书,孩子自己说了算。当孩子拿到自己喜欢的书时,那种迫切的心情溢于言表,反反复复能读好几遍,有时读到有趣的地方会哈哈大笑,读到不开心的地方会非常生气,还会时不时地发表一下自己的看法,晚上催促关灯睡觉时总会说:"再等一下,我看完这个地方。"

在培养孩子阅读习惯的过程中也出现过小的插曲,有段时间,我发现孩子突然之间不喜欢读书了,一些好的阅读习惯也在慢慢地变化。随后我又找到了高老师,跟老师沟通交流后商定了一个办法,把书以奖励的方式送给他,读完以后还可以转送给他最喜欢的同学,一起阅读,一起交流。这个方法真的收到了意想不到的效果。孩子看一本书可以说到了废寝忘食的地步,看完一遍又一遍,不舍得还给老师,送给同学,害怕再也拿不到了。

阅读习惯这样一点点养成以后,孩子现在跟书成了形影不离的朋友。他不仅

语言表达能力提高了,说话更有自信了,还打开了思维和视野。走在路上,他会用优美的语言去形容自己看到的、听到的。当经过一片小树林时,听到许多的鸟叫声,他会说:"妈妈,它们是在开演唱会吗?"当看到池塘里大片的荷花,他会说:"接天莲叶无穷碧,映日荷花别样红。"当从树下经过听到蝉的叫声,会不自觉地背出"垂緌饮清露,流响出疏桐。居高声自远,非是借秋风"。

我们自己可以不爱读书,可以借工作忙不陪孩子读书,但我们一定要做好孩子阅读路上的支持者和鼓励者。最近网上有一句话说是这样说的:"小学欠下的阅读账迟早要还的。"所以我们每一位小学生家长都要改变固有的观念,抓紧时间,"亡羊补牢,为时不晚。"

阅读有故事

二年级八班　高俪宸爸爸

我喜欢读书,慢慢地爱人和孩子也养成了爱好读书的习惯。因此,我们每个人还都有了自己个性突出的绰号,我叫"书呆子",爱人叫"小书女",女儿叫"小书虫"。我爱看书,常常因为看书入迷而忘记了做饭,甚至突然从沉迷的书中被叫醒,一时回不过神来而惹得女儿和爱人哈哈大笑,因此,"书呆子"的绰号很适合我。家里的书柜甚至酒柜都放满了书,床头案边也会放着几本书,现在女儿的书还在增加。女儿读起书来孜孜不倦,读到不懂的地方会时而追着妈妈时而追着我去刨根问底,所以我们都叫她"小书虫"。爱人读书更是毫不逊色,爱人读书被打断会生气,还会不耐烦地说:"干什么啊,闪一边去。"因此,我跟女儿都反叫她"小书女"。

记得以前女儿有一大堆关于科普、自然方面的书籍,每每读完,女儿都会缠着我问其中的道理或者考考我关于科普的知识,每次我都能对答如流,孩子夸我"上知天文,下知地理",还夸我是家里的"超级百科全书"。女儿小的时候,做事不够专心,总是三心二意,因此我陪着她读了《小猫钓鱼》的故事,顺便还给她讲了一个关于农夫和他做事三心二意的故事,让女儿明白了,做事三心二意会什么都做不好,只有一心一意才能像小猫一样钓到大鱼。现在女儿渐渐长大了,在我和爱人的

带动下一起看书,学会了到书中去寻找答案,比如什么是"头悬梁锥刺股""闻鸡起舞""凿壁偷光"等。这些都是讲古人如何刻苦学习的故事,后来人们用这些词语来形容刻苦学习的精神。

告诉大家一个秘密,读书一定要有做笔记的习惯。我每读一本书均要摘抄美文和名句,并且在抄写的过程中就能背下来了。现在工作中,我还会把读到的好书或者名言警句分享给我的同事们,同事们都非常羡慕我呢。

阅读相伴,快乐成长

二年级八班　黄姝涵妈妈

网上有一句话,读书是唯一没有杂质的享受,比其他任何兴趣都给人以持久的欢乐,唯有读书才是最可靠的。是的,只有提高了阅读能力,孩子才会有丰富的想象、思考和理解能力。

作为一个小学生的家长,说实话,我不怎么爱读书,晚上下班回到家后最喜欢做的事情就是坐在沙发上,拿着手机刷微信、刷抖音、看百度、看那些五花八门的东西,我个人觉得总比看枯燥的书好。但是只要我看手机,我女儿总是探过身子来和我一起看,每次都是我吼她说:"你别看,你去看书。"她总是一副不情愿的样子去看书。俗话说,强扭的瓜不甜,结果是可想而知。书是看了,但是没有看进去,对于书中的内容,大体说了什么事情她都不知道,细节东西更不了解。这时候我才意识到事情的严重性,才明白"身教重于言传"的真正含义。父母有阅读习惯,让孩子看到父母都在读书,用自身的行动带动孩子,自然就能给孩子良好的影响。

从那以后我就和孩子制定了阅读计划,我晚上下班回到家后,手里的手机换成了书,我俩坐在沙发上,每人一本,各人看各人的,互不打扰。家里的茶几上、橱柜上、床头柜上都放了适合我们看的书籍。读书时尽量保持安静,只有营造了安静的读书环境,她才能读进去,才会真正地理解书中的含义,去享受阅读带给她的快乐。

在读书的过程中遇到难懂的地方,我俩也会适当地交流一下,一起去探讨,弄清它的意思后再继续往下读。这时候我俩的关系,我感觉不是母女,而是朋友和朋

友之间、同学和同学之间的交流。我没有了居高临下的态度,有的只是那种和谐融洽的氛围。

家长和孩子共同读书不仅是共同学习的过程,也是增进父母和孩子之间的感情的过程。我们也会在不知不觉中了解孩子的变化,及时进行沟通,何乐而不为?

静待花儿慢慢绽放

二年级八班　李洽其妈妈

在父母眼中,女儿永远都像花儿一样美丽,我们都希望女儿像一朵茶花一样,典雅又含有韵味,做一个乖巧听话的女孩。

鸟欲高飞先振翅,人求上进先读书。读书真的是在给一个人打底子。白岩松成为中央电视台的著名主持人,与他读过的上百本名著不无关系。毕淑敏十三四岁时读《80天环游地球》,在地图上把环游世界的路径都画了出来,从而萌生了环游世界的想法。一个喜欢阅读的人是富足的,一个喜欢阅读的民族必将立于世界之强林!

因此,我从小就鼓励女儿积极阅读,而女儿真正爱上阅读是上了小学学会认字之后。每天做完作业有多余时间的时候,女儿总喜欢叫上小伙伴去离家不远的新华书店看书,刚开始她最喜欢看芭比系列的书,幻想有一天自己也能成为书中的公主。一天,我带她看了《寻梦环游记》的电影,女儿被里面的剧情深深吸引了,便恳求我再给她买本书,过了几天我帮她买了书回来,女儿看到书高兴坏了,反反复复看了好几遍。我问她看了这本书之后有什么启发,她说:"每个人追求梦想的时候,千万不要忘记爱你的家人。"

看书给了女儿快乐,看书丰富了女儿的知识,看书更让女儿知道了做人的道理。充满生命力的花儿在尽情地彰显它的风姿,你瞧,它多么可爱啊!进入小学,是女儿从幼儿向小学生的转变期,在家和学校的每一天都凝聚着家人、亲友、老师对女儿的喜爱,女儿也享受着阅读带给自己成长的快乐!

牵手两代，共品书香

二年级八班 于方卓妈妈

光阴似箭，岁月如梭，转眼女儿已经9岁了。9年的时光，凝聚了太多的记忆，有忙碌、有疲劳、有忧伤，步伐蹒跚，温情流淌，这些难忘快乐的时光总是与女儿的别样"共读"，相伴成长……随着文字，记忆在心里缓缓流淌，和女儿共读的过往如一堆堆篝火，彼此慰藉，彼此温暖……

从小深受父亲的影响，读书一直是我生活中的重要部分，我也一直坚信，腹有诗书气自华。所以在女儿的成长道路上，我首先陪她做的事就是和她一起读书。我们的亲子时光大多是在读书中度过的，从图文并茂的绘本故事到文字复杂的长篇作品，从捧着播放机听故事到把故事读给别人听，从我读文字她看图片到她自己独立阅读，现在还可以把书中有趣的内容绘声绘色地分享给我，一路走来读书成了我和她每天必不可少的事情。各类书籍都是我们的精神大餐，比如天文地理、诗词歌赋、古今中外等，这些都会和女儿一起读。我们一起阅读，一起分享书中的奇闻乐事，一起探讨书中蕴含的智慧道理。读书增长了孩子的知识面，开阔了她的视野，也在不断地影响着她的人生观和价值观。

在亲子阅读中，我们不断总结读书的经验，形成了一些适合我们家庭的读书方法。我们每天都有固定的读书时间，在这个时段里，女儿已完成当日的作业、预习完功课，我也做完了家里的杂务，关闭电视和电脑，放下手机，和女儿一起漫步在书中，享受读书的快乐。有的时候，我都累了，不想读了，而女儿还是乐在其中，还想继续往下读。就这样我们互相监督、互相鼓励、互相切磋，伴着书香一路前行！

有益的书籍让孩子从中学到了很多，如礼貌待人，知书达礼，感恩生命……教育专家坦言，儿童的智力取决于良好的阅读能力。阅读能力培养得越早，越能有效地推动孩子综合素质的发展。孩子通过阅读汲取智慧和勇气，寻找到打开成功之门的金钥匙。良好的阅读能力得益于良好的阅读习惯，遵循孩子的兴趣是形成良好阅读习惯的关键。有人说过，兴趣形成习惯，习惯决定命运，这句话看似有些绝

对,却点出了习惯对于人一生的重要性。选择适合孩子的书是形成良好阅读习惯的基础。因此,选择的书籍既要符合孩子的兴趣所在,又要有一定的阅读价值,如印刷精美、内容丰富有趣、情节发展符合儿童想象和思维特点的图画书。

"半亩方塘一鉴开,天光云影共徘徊。问渠哪得清如许,为有源头活水来"。让我们畅饮这"源头活水",牵着孩子的手,和孩子一起快乐地读书吧!

把阅读当作一种享受

二年级八班　朱子轩家长

我和儿子的阅读要从孩子两岁的时候说起。第一次接触,是我给孩子买回家的几本幼儿故事书。美丽的封面,生动形象的插图,讲完一遍,再讲一遍……孩子被我讲的小故事深深地吸引着,从那以后我们便开始了亲子阅读,每天只要有机会就会给孩子讲有趣的小故事。阅读中更让我惊喜的是孩子只要碰到书总会在最短的时间里安静下来,眨巴着眼睛等待着,不哭也不闹。

后来孩子上幼儿园后,我们的阅读习惯算是真正培养起来了,每天半小时的绘本阅读,正是培养孩子良好习惯养成的好时机。每次给孩子读故事的时候,我都遵循一个原则,就是不要问孩子听懂了没有,更不要让他去讲一讲这个故事的意义,给孩子慢慢体会理解的过程。少了这些啰嗦的提问,孩子听故事的兴致一直很高,从来没有过厌烦情绪,讲到高潮部分,有时候我还会加上夸张的表情和动作,他听后更是激动不已,深深地陶醉在这些情节里面。亲子阅读,教会了孩子如何热爱生活,如何与人相处,为什么要尊老爱幼……孩子在这些唯美有趣的故事中一点一滴地汲取着营养,我知道孩子的成长只有一次,多一点儿心思,多一点儿投入,收获的其实不仅仅是孩子成长,还使亲子之间的感情更加深厚。

孩子上小学后,我就鼓励孩子独立阅读。在选书上,我尊重孩子的选择,首先孩子选择自己喜欢的书来阅读,读书的内容范围越广越好。只要孩子感兴趣,我从不限制书的种类,而是顺应孩子的心理特点,我只观察、了解和引导,不去过多地干涉,因为我觉得培养兴趣是关键。当然阅读最重要的是贵在坚持,每天半小时的阅

读从不间断,慢慢地这种坚持会成为习惯。现在阅读成为了我们每天的必修课,孩子的阅读习惯也在每天的坚持中养成了。曾经有人说过:"如果您想要孩子完全按照你的计划阅读,那注定不会长久。"尊重孩子,引导孩子,孩子才会真正爱上阅读,并会把阅读当快乐,当一种享受。

我与中华优秀传统文化经典

三年级一班　鞠炎雨妈妈

孩子小的时候,性格胆怯懦弱,一次偶然的机会,在老师的督促下,我每晚睡前与孩子一起诵读经典,刚开始的时候感觉有点晦涩难懂,经老师指导,先选择一些朗朗上口的经典,反复大声诵读。孩子居然一步步克服了胆怯心理,增强了自信心,再后来用心慢慢领悟,诵读的水平也在一步步提高。孩子对于那些韵律优美、义理宏深的经典居然有种爱不释手的感觉,书读百遍其义自见,大约就是这个道理了吧。就这样寻着圣贤的足迹,中华优秀传统文化经典在我们的家里生根发芽了。

孩子渐渐长大,中华优秀传统文化也受到了社会越来越多的认可和支持,在学校倡导老师鼓励下,我们会在浓浓的亲子时光里,或全家共读一本经典,或举行简单版诗词大会,或者进行笠翁对韵……让经典文化在家庭里积淀。偷看手机,被孩子撞见,会用"莫等闲,白了少年头,空悲切"来提点我,作为家长的我,居然会偷偷欣喜于经典带给孩子的滋润和熏陶;"学而不思则罔,思而不学则殆",这是孩子对忘性较大的我的鞭策;出门踏青,与孩子一起诵读"左牵黄,右擎苍,老夫聊发少年狂",感受着先贤的豪迈……中华优秀传统文化经典,像一把金色的钥匙,时时把我带回那个"恰同学少年,风华正茂"的时代,让我忍不住心潮澎湃。中华优秀传统文化经典不断塑造着我们的思想行为品格,让我们开阔视野。汲取着知识的养分,中华优秀传统文化经典在我们家遍地开花。

经典诵读并非一日之功,它是一种生活方式,一种精神追求,接触经典的每个人都会受到不同程度的影响。闲暇时光里,泡一杯清茶,捧一本经典,听着三岁的弟弟跟在十岁的哥哥后面,背着"大学之道:在明明德,在亲民,在止于至善……"咿

咿呀呀的童声像细雨一样无声地滋润着我的心田,让浮躁的心逐渐平静,这是很多现代文明给不了我们的东西。让我们引导孩子爱上读书,爱上经典,与孩子一起行走在诵读经典的路上,感受诵读带给我们的喜悦,期待它结出累累硕果。

得阅读者得"天下"

三年级三班　黄俊翔妈妈

正所谓"得阅读者得语文,得语文者得天下"。自从孩子上小学后,我知道了阅读的重要性,"腹有诗书气自华",多读书才是正道。

"阅读是最好的教育"。亲子阅读老师从幼儿园就经常强调,那个时候我并没有足够重视,平时总是借着"工作忙""家务多"等借口来敷衍孩子,只要求孩子自己要好好读书,并没有觉得自己也应该起个模范带头作用,自从学校开展"亲子阅读"活动以来,我的观点彻底改变了。俗话说"言传不如身教,父母是孩子的一面镜子",要让孩子从小有良好的阅读习惯,家长就要给孩子树立良好的榜样,放下手机,放下手中的工作,陪孩子一起阅读,孩子写作业的时候,我们可以在旁边看书,孩子就在潜移默化中被感染,自然而然地就知道阅读了。

刚开始和孩子阅读的时候,我也会因为各种琐事而没有坚持和孩子一起阅读,偶然的机会,结识了济南大 V 店的店长可芯妈妈,通过翻看她的朋友圈,我发现她那两三岁的女儿竟然有满屋子的书,如同是在书堆中长大的,她可以背诵五六百首古诗,认识一千多个汉字,感叹这是人家孩子的同时,也在反思自己没有尽职尽责,没有更好地陪伴孩子。通过反思之后,只要有时间我就陪孩子一起读书,最先开始读的是绘本,而且读的时候分角色扮演,用夸张的动作,用不同的声音切换让孩子喜欢上读书。其次,选择孩子比较感兴趣的书籍,在每次阅读之后,给孩子一些鼓励。让孩子能够坚持下去,鼓励孩子给小朋友们讲故事。在这里,特别感谢在假期期间,可芯妈妈组织的四十一天打卡领奖章活动,还自掏腰包给孩子们定制了精美的奖章,给了孩子们坚持的动力,孩子收到奖章的那一刻,心情无以言表,亲戚朋友来我们家,孩子非常自豪地告诉他们:"看,我得到的奖章。"妈妈更希望的是你能够

坚持下去,做到持之以恒。

亲子共读,共享精神之旅

三年级四班　夏铭哲妈妈

大学毕业后我极少读书,可能由于在校期间老是被动读书,一旦获得"自由"就完全放弃了。工作后由于工作忙,除了工作需要,几乎没有读过其他的书籍。

有家庭后,由于家庭的琐事,除了烹饪和育儿的书籍,其他的书没有空闲去读。得益于儿子开始上学,从幼儿园开始,学校就举办亲子读书活动,我有幸走近孩子们要读的书籍。只看到书籍封面那色彩饱满的画面,就让我爱不释手了,更不用说内容的丰富多彩,我沉浸其中不能自拔。

读着这些书籍,让我感慨万千。孩提时代的我们,由于物质的匮乏,自己所有的书籍就只是课本而已,不记得课本上有丰富的内容和唯美的插图,亦或是自己忘记了。现在的孩子是幸福的,衣食住行且不说,单是课本和随堂读物就丰富多彩,更不用说字字珠玑的课外书籍了。

亲子阅读,以书为媒,以阅读为纽带,让孩子和家长共同分享多种形式的阅读过程,在学生的课外阅读当中起到重要作用,是让孩子爱上阅读的最好方式之一。亲子阅读让我明白了老师的良苦用心,同时让我享受了儿童般的快乐。

在开始的时候,由于时间,由于琐事,我也没有意识到陪读对孩子意味着什么,其实这是一个非常重要的因素。孩子的兴趣及对书籍的喜爱,始终离不开父母的引导和帮助。饭后,找一个角落,和孩子一起开始在智慧的世界里旅行,在知识的海洋里遨游。借助读书,打破时间和空间的限制,一起看勇敢的女孩多萝西是怎么结交了稻草人、铁皮樵夫、胆小狮,一路上他们相互帮助,共同克服种种困难,各自在群体中认识了自己,获得了"身份感"。一起领略三国忠义的关羽、奸诈的曹操、勇猛的张飞、谦逊的刘备、运筹帷幄的诸葛亮,看东汉末年到西晋初年的历史风云。

父母在"陪读"的过程中充实了自己。父母的言传身教加上书籍的道理,可以使孩子正确地进入到成长的过程中,懂得取舍之道,明白友善与关爱的坚持。在人

生的长河里,会带来不可或缺的动力,从而知书达理,明理重教,从小就培养孩子对知识的热爱、对文化的向往,对人生许多道理的初步掌握,从而帮助孩子开始扎实的人生之旅,培养孩子从小坚持原则、乐观开朗,尊师重教的良好精神风貌。

读书,伴随儿子的成长。每次阅读,都是一次精神的旅行。

阅读,教孩子成长

三年级五班　庞浩宇妈妈

喜欢读书,原来真的可以改变一个人! 感谢学校组织每天读书打卡的活动以及暑假学写读后感的活动,20 天坚持下来让我看到进步飞快的儿子。

儿子开始时不耐烦,读书也只是"看书",半小时的读书量也是 10 分钟解决,在我的鼓励下,以及活动的要求下,他不得不坚持半小时。早上 7 点和晚上 8 点是我们共同制定的读书时间,约定好雷打不动。坚持了一周,我发现他读书时在凳子上坐住了,还时不时传来大笑的声音,可能身临其境吧! 又坚持一周,已经不需要我唠叨了,到点他自觉地坐在书桌旁,此时的我真是窃喜。写第一篇读后感时,他跟在我屁股后面追着问怎么写,到今天他已经独立写了三篇了。这都是读书养成的好习惯! 他的变化让我骄傲!

读书,是人生的一大积累,它能塑造健全的人格,锤炼顽强拼搏的意志,更能丰富课外知识与大脑的智慧积累。它可能影响我们新一代的一生。一个不重视读书的学生,是一个难以发展的学生,一个不关心孩子学习的家长,也是一个不称职的家长。

由于工作的关系,我并不能做到每一天陪儿子共读,但这次挑战亲子共读让我加倍珍惜。在与儿子一同阅读,一同学习中,我又重新找回了那种美妙与神奇,每次亲子共读都是乐在其中,回味无穷!

在阅读过程中,我和儿子互相讨论、交流,提高儿子的语言表达能力。有时间的时候,我会给儿子读一段,让儿子享受倾听的快乐,然后共同讨论书中的故事、人物、语言,让儿子养成了读书讨论、思考的习惯,以前儿子读书是读书,懒得做笔记,

我们亲子共读以来，一起边读书边把看到的好词好句画下来，注重引导儿子记录好词好句，让儿子逐步养成了用心读书的习惯，而不是只看故事情节。

一段时间下来，儿子基本能做到边读边找好词好句，读书也用心多了，这有利于提高儿子的写作水平。

书能香我何须花

三年级六班　李一鑫爸爸

古语云："书能香我何须花"，能让阅读伴随我一生，去了解世界的奇妙、文化的昌盛、历史的演变以及最深处的自我，真是一件人生幸事。

书为我的家庭生活增添了生动文化的色彩，为帮助我引导孩子的优秀品质，铺开了崭新的道路。

由于我工作的原因，孩子从小在奶奶家长大，老人的过分溺爱让孩子从小就霸道不讲理，对待爷爷奶奶颐指气使，外出玩的时候，看到别人的玩具想抢就抢……诸如此类的事情屡见不鲜。我们意识到事情的严重性，所以从幼儿园开始，就有目的地陪伴他阅读。

一本本有趣的绘本渐渐地塞满了孩子的书柜。为了提高孩子的阅读兴趣，我们还下载了一个个有趣的阅孩 APP。孩子渐渐沉寂下来，我们每天花费在阅读上的时间越来越多。直到有一天他对我说："爸爸，书上说了，吃饭有规矩，先让长辈入座，爷爷奶奶、爸爸妈妈先吃我才可以吃；爸爸，我是哥哥，书上的小朋友会让梨给弟弟妹妹，我也会。"那一刻，我是惊喜的。

慢慢地，他会学着书上的样子给我们端水、捶背、递拖鞋，会礼貌地跟邻居打招呼，甚至会关注一些社会问题：为什么有人会闯红灯？为什么会有人不排队？这都是阅读在潜移默化中对孩子人生观、价值观的改变。波罗果夫说："书就是社会，一本好书就是一个好的世界，好的社会。它能陶冶人的感情和气质，使人高尚。"我确实体会到，对孩子人生观、价值观的影响最重要的因素就是阅读。

孩子现在上三年级了，在实验中学大力推广阅读教学的氛围中，我的孩子有了

更多的阅读机会。从一年级开始,他已经背完了《弟子规》《三字经》《笠翁对韵》三种经典诵读书目。每月都有读书漂流,每晚都有 30 分钟的常规阅读。在学校老师的帮助下,孩子越来越爱阅读,阅读的类型也越来越多样化。只要健康合理,我从来不约束他。

"读史使人明智,读诗使人聪慧"。孩子想学有所成,最有效的法宝就是让他爱上读书,我很庆幸,在学校和老师的督促下,很好地培养了我的孩子爱读书、读好书的习惯。

亲子阅读,最长情的陪伴

四年级四班 刘书宁妈妈

从女儿上幼儿时期开始,我们就开始了亲子阅读。从最初简单的绘本,到后来的桥梁书、现在的儿童文学,这样有趣的阅读时光已坚持了 7 年了。

书是甜的,亲子共读是我和女儿之间最安静、最甜蜜的教养方式和沟通方式。我觉得有效的亲子阅读,首先要给孩子一个自由的读书环境。让书成为孩子生活的一部分。书籍的摆放不必拘泥于形式,阅读也不仅局限在书房、客厅、卧室甚至是卫生间,只要想看,到处都有书。一切为阅读提供方便,让阅读随意自由地融入到生活中。

现在家里除了一个大书橱,还有大中小不等的四个书架,可以让孩子随时随地方便地享受阅读的快乐。一个适宜的读书环境并不只是孩子一个人的事,孩子读书,家长不要沉迷于手机、电视和游戏,参与阅读中,能起到至关重要的榜样力量。阅读时,气氛非常重要,无声的陪伴比反复强调、唠叨、指导更容易让孩子接受。让孩子按自己的节奏自由地阅读,孩子会觉得阅读是一件非常舒适又自然的事情,必然会爱上阅读。

二是要给孩子一个适当自由选择的机会。随着年龄的增长,孩子思想发生变化,对书籍的喜好也会随之变化,家长要替孩子在选书中把好关,但也要给孩子适当的自由。我虽不太赞成孩子多读当下流行的快餐类书籍,但也不反对,存在必定

有其道理。如果孩子说想要本什么样的书,那就尽量满足,不要质疑他们的选择,降低他们阅读的兴趣。让孩子在阅读中慢慢养成自己的风格和偏好。

三是把亲子阅读当作陪伴的一种方式。柔和的灯光,喜欢的书籍,促膝而坐,共享一段亲子时光。当孩子捧起一本书,就像一帧帧静止无声的画面,慢慢打开了一扇美丽世界的大门。

"你或许拥有无限的财富,一箱箱珠宝与一柜柜的黄金,但你永远不会比我富有,我有一位读书给我听的妈妈"。

书香陪伴,阅读改变人生

六年级二班　张智栋妈妈

张智栋从小喜欢读书,读书带给孩子很多快乐,更多的是促进了孩子语言能力的发展。从上中班时,我就和孩子加大阅读量,一方面注重朗读,一方面最大限度地给孩子扩充词汇量,孩子从阅读中汲取了大量的词汇,让还能赶上语言末班车的他,加快了提高语言能力的步伐。孩子的语言能力提高到同龄孩子的水平,最大的功劳就是得益于阅读。

上了小学,方校长倡导的诵读经典,更是激发了孩子阅读的兴趣。《弟子规》《三字经》里的小故事,深深地吸引了他,读书不仅诵读了经典,还潜移默化地影响了孩子的品德。现在儿子上六年级了,家里属于他的藏书已经有千余册了,占了满满的三个书橱。不知不觉中,儿子的读物从起初以图片为主的绘本渐渐转变成了拼音读物,到现在的全文字,。书本从薄薄的几十页到现在的四五百页,阅读量从每天的一二十页到现在的两天一本。书的类型也从绘本、童话增添到沈石溪等作家的文学作品、《少儿百科全书》《世界百科全书》《中华上下五千年》《四大名著》《中国历代皇帝》《二十五史》等。

孩子阅读的范围也很广,孩子似乎遗传爸爸这方面的基因,都喜欢读历史、地理方面的书籍,而且还有些过目不忘。爷俩有时间就一起交流历史和地理知识,喜欢读文学作品的我在一旁都插不上话。

现在,家里随处可以拿到书,除了做作业的时间,张智栋基本上都是沉浸在知识的海洋里,为此,作为家长,我们也是经常提醒他要注意休息眼睛,要多活动。无奈,孩子的近视度数仍然一路攀升。受孩子教室读书角的启发,我们在家也创设了读书角。放几个坐垫,全家席地而坐,在轻松惬意的读书氛围中,既收获了知识,又增进了亲子间的和谐。

读书在给孩子带来快乐的同时,也从小养成了他良好的阅读习惯——边读书,边做读书笔记。张智栋从小时候开始写的积累词语,到现在学会积累好词好句。读书笔记已有好几个本子,这对他来说,就是读书获得的财富。在寿光市"新华杯"假期读书征文活动中,张智栋两次获奖,在参加的寿光小记者活动中,他的两篇文章获得发表。2019年张智栋家庭获得寿光和潍坊的"书香家庭"的称号。

书香陪伴,阅读改变人生!

在阅读中陪孩子长大

六年级一班　杜梓毓妈妈

我从儿子小时候开始,只要有时间我就陪着他读书。从开始时我读给他听,到后来他自己独立阅读。家里书架上的书也渐渐多了起来,俨然成了一个小型图书室。从百科全书到儿童文学、从优秀作文到成套的小说,有孩子自己要的、有学校推荐的、有我给他买的。从图画册到拼音版的再到纯文字版的,各种类型的都有。对于每一本新书,孩子拿到的时候都很兴奋,迫不及待地阅读。对于那些成套的书籍,更是宝贵的财富,孩子表示要好好收藏起来,以后给弟弟读。自己小时候没条件读那么多书,现在有机会,我感觉经常陪孩子阅读是一件愉快的事情,我觉得共同阅读对孩子来说也是一种陪伴。

孩子读的书越来越多,其中有两本让我印象深刻:一本是沈石溪的《狼王梦》,一本是《小王子》。

孩子似乎对动物类的小说更感兴趣。在学校老师的推荐下,我给他买了本《狼王梦》。母狼为了实现孩子成为狼王的梦想,经历了种种磨难,她与猎狗周旋、独自

哺育狼崽,她费尽心思地培养自己的孩子,最后在与老雕的搏斗中与老雕同归于尽。通过母狼的故事,我能深刻体会作为母亲的不容易。可怜天下父母心,没有哪个父母不爱自己的孩子。在孩子成长中我也是煞费苦心,努力想把他培养好。从吃喝拉撒到上学、兴趣班,其中也争吵过、打过他。而另一方面,通过阅读这本小说,孩子也懂得了母爱的伟大,更加理解母亲的所作所为都是为了自己的健康成长。

我们虽称不上书香门第,但希望孩子将阅读培养成一生的习惯,上学时阅读课本、参考书,专业学习时阅读专业书籍、工具书,工作时阅读工作相关业务书籍,业余时读读古今中外的名著,努力成为一个有内涵的人,有良好人格的人。儿子,我们共同阅读,我陪伴你!

个性阅读,让女儿找回自己

六年级四班　李礼好妈妈

女儿今年六年级了,要说她最大的兴趣爱好,那就是读书,只要是带字儿的,不管什么题材她都能顺手拿起来读,总之她对阅读很痴迷。

我觉得让孩子爱上阅读很重要的一点是感兴趣,有好奇心,重复地阅读同一本书,最重要的还是陪伴、坚持,最后成为习惯。

阅读习惯从小的培养很重要,甚至是从怀孕的时候开始。我自己不爱读书,从小特别羡慕饱读诗书、上知天文下知地理的人。为了弥补自己的缺失,女儿在我肚子里的时候我都坚持给她讲故事,出生后不管她听不听得懂,几乎每天晚上我都会讲故事,是拿着书讲的那种而不是瞎编。开始时她还好奇我们手里的书,等她自己会翻书了,她会主动地去看,把她小时候的好奇心解决掉,好奇是探索世界的第一把钥匙,这也是培养爱好很重要的一点。开始时她可能看不懂,只是喜欢书中漂亮的图画和颜色,慢慢地长大后,她会跟着我的节奏看图看字。

家长为孩子创造有利的读书条件也很重要,要为孩子去买或者借他们喜欢感兴趣的书或者画。幼儿园的时候孩子至少读过三百本以上的绘本,一二年级的时

候我给她买的很多注音版的世界名著,以及科学、天文、地理、历史故事等,虽然很多字不认识,但她也是乐此不彼。记得三年级的时候,孩子读《聊斋志异》晚上吓得不敢睡觉,也挺有意思的。还有一点就是让孩子重复地去读一本书,我觉得也是孩子爱上阅读很重要的一点,"读书百遍,其义自现"这个道理我们都知道,我家的书每一本女儿都读了很多遍,有些都能背下来了,这是一个很好的习惯。重复去做一件事直到自己爱上它,习惯它。

让孩子爱上阅读要解决的一个重要的问题就是少让孩子看电子产品,我在女儿5岁前让她看和听了大量的经典动画片,后来怕她近视,不让她看电视了,就慢慢地陪她看书,各种各样的书,可买书也是费钱的活动,后来家里的书越来越多,不买书了以后她就反复地看原来的书,很多的书她都能从头背到尾,后来想到"书非借不能读也",就开始借书了,基本一到两天一本。

爱阅读对孩子的影响可是巨大的。有时候咱们的孩子读书,读过就没有留下印象,我们做家长的也不要非逼孩子要讲述给我们或者写出感想。只要孩子读过,即使没记住多少东西,但终究会在脑子留有印象,就如雁过留声一样,阅读多了,自然会厚积而薄发。

女儿学习整体成绩一般,唯独语文还不错,我觉得与她爱读书息息相关,她对读书近似有一种痴迷,她有时候吃饭、上厕所时都需要看书。

读书的目的,不在于取得多大成就,而在于当你被生活打回原形陷入泥潭时,给你一种内心的力量,让你能找回自己,面对自己。读书到最后,是为了让我们更宽容地去理解这个复杂的世界。